胜民 编

新能源汽车驱动电机系统及控制技术

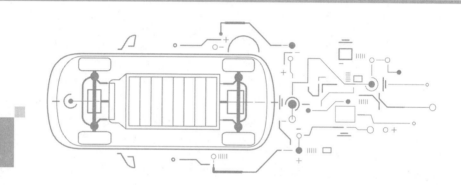

化学工业出版社

·北京·

内容简介

本书全面阐述了新能源汽车驱动电机及其控制技术的核心知识。首先从驱动电机的定义和分类入手,深入探讨了新能源汽车驱动电机的特性及涉及的软硬件、性能指标、功能需求与配置,还介绍了电机控制器的关键要素;接着详细介绍了永磁同步电机、异步电机及电机控制器技术,包括基础知识、控制策略、测试技术及故障诊断方法,展现了不同驱动电机技术的独特优势与应用潜力;最后是变速器及电驱动系统技术,解析了变速器的基本原理、测试技术与故障诊断,并探讨了电驱动系统一体化集成技术的最新进展,为新能源汽车驱动系统的整体设计与优化提供了参考。

本书适合作应用型本科院校和职业院校新能源汽车类专业的教材,同时为新能源汽车从业人员和爱好者提供了参考资料。

图书在版编目(CIP)数据

新能源汽车驱动电机系统及控制技术 / 崔胜民编. 北京:化学工业出版社,2025.3. -- ISBN 978-7-122-47082-9

Ⅰ.U469.720.3

中国国家版本馆 CIP 数据核字第 2025V2D501 号

责任编辑:陈景薇	文字编辑:冯国庆
责任校对:王 静	装帧设计:张 辉

出版发行:化学工业出版社
  (北京市东城区青年湖南街 13 号 邮政编码 100011)
印　　装:北京云浩印刷有限责任公司
787mm×1092mm 1/16 印张 15¼ 字数 378 千字
2025 年 2 月北京第 1 版第 1 次印刷

购书咨询:010-64518888　　　　　售后服务:010-64518899
网　　址:http://www.cip.com.cn

凡购买本书,如有缺损质量问题,本社销售中心负责调换。

定　　价:69.80 元　　　　　　　　版权所有　违者必究

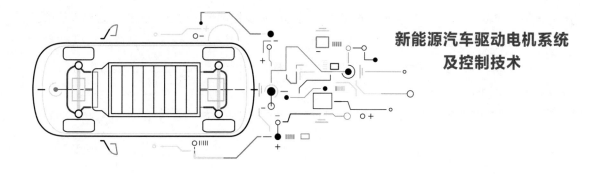

前　言

随着全球能源危机与环境问题的日益严峻，新能源汽车作为汽车工业转型升级的重要方向，正以前所未有的速度发展。新能源汽车的核心技术之一——驱动电机及控制技术，直接关系到车辆的动力性能、能效比及可靠性，是新能源汽车研发与产业化的关键环节。鉴于此，编写了本书，旨在为读者提供一个全面、系统、深入的学习与研究平台。

本书共分为5章，每章内容紧密相连，层层递进，全面覆盖了新能源汽车驱动电机及其控制系统的各个方面。第1章作为开篇，首先界定了驱动电机的定义与分类，阐述了新能源汽车用驱动电机的特殊要求与特点，随后详细分析了驱动电机系统所涉及的硬件与软件、性能指标、功能需求与配置等关键要素，为后续章节的深入探讨打下了坚实基础。

第2~第4章，分别对永磁同步电机、异步电机及电机控制器这三大核心技术领域，进行了全面而细致的阐述。每一章都从基础知识入手，逐步深入到控制技术、测试技术及故障诊断等核心环节，不仅介绍了各种电机的基本类型、结构、原理与特点，还深入剖析了它们的控制策略、优化方法及实际应用中的常见问题与解决方案。这些内容不仅有助于读者掌握新能源汽车驱动电机及控制技术的基本理论与方法，还能为他们在实际工作中遇到的技术难题提供有益的参考与指导。

第5章则聚焦于变速器及电驱动系统技术，这一章不仅介绍了变速器的基础知识、主要类型及其测试与故障诊断方法，还深入探讨了电驱动系统一体化集成技术的最新进展与应用前景。通过对本章的学习，读者可以更加全面地理解新能源汽车驱动系统的整体架构与工作原理，为进一步提升新能源汽车的性能与可靠性提供有力支持。

通过阅读本书，读者可以了解新能源汽车驱动电机及控制技术的各个方面，为将来从事新能源汽车方面的工作奠定基础。

由于笔者学识有限，书中难免存在不足之处，恳请广大读者在阅读过程中给予指正，并提出宝贵的意见和建议。

编者

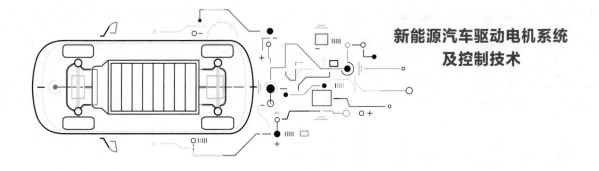

目 录

第1章 绪论 / 001

1.1 驱动电机的定义与分类 …………………………………………… 002
    1.1.1 驱动电机的定义 ………………………………………… 002
    1.1.2 驱动电机的类型 ………………………………………… 002
    1.1.3 新能源汽车用驱动电机 ………………………………… 006
1.2 电驱动系统涉及的硬件和软件 …………………………………… 013
    1.2.1 电驱动系统涉及的主要硬件 …………………………… 013
    1.2.2 电驱动系统涉及的主要软件 …………………………… 014
    1.2.3 电驱动系统涉及的主要理论 …………………………… 014
    1.2.4 电驱动系统涉及的主要技术 …………………………… 015
1.3 驱动电机和电机控制器的性能指标 ……………………………… 016
    1.3.1 驱动电机的性能指标 …………………………………… 016
    1.3.2 电机控制器的性能指标 ………………………………… 018
1.4 驱动电机的功能需求与配置 ……………………………………… 019
    1.4.1 驱动电机的功能需求 …………………………………… 019

1.4.2　驱动电机的配置 ··· 021

1.5　驱动电机控制器的功能需求与配置 ··· 024

　　1.5.1　驱动电机控制器的功能需求 ·· 024

　　1.5.2　驱动电机控制器的配置 ··· 026

第 2 章　永磁同步电机技术　/ 031

2.1　永磁同步电机的基础知识 ··· 032

　　2.1.1　永磁同步电机的类型 ··· 032

　　2.1.2　永磁同步电机的结构 ··· 034

　　2.1.3　永磁同步电机的原理 ··· 041

　　2.1.4　永磁同步电机的特点 ··· 042

2.2　永磁同步电机的控制技术 ··· 043

　　2.2.1　永磁同步电机数学模型 ·· 043

　　2.2.2　永磁同步电机的矢量控制 ··· 049

　　2.2.3　永磁同步电机的直接转矩控制 ··· 054

　　2.2.4　永磁同步电机的无传感器控制 ··· 057

2.3　永磁同步电机的测试技术 ··· 064

　　2.3.1　永磁同步电机的电气性能测试 ··· 064

　　2.3.2　永磁同步电机的机械性能测试 ··· 070

　　2.3.3　永磁同步电机的温升与散热性能测试 ··································· 075

　　2.3.4　永磁同步电机的环境与可靠性测试 ······································ 080

2.4　永磁同步电机的故障诊断技术 ·· 084

　　2.4.1　电机故障诊断的基本原则 ··· 084

　　2.4.2　电机故障诊断的基本方法 ··· 086

　　2.4.3　电机故障诊断的基本流程 ··· 087

　　2.4.4　电机的故障分级 ·· 089

　　2.4.5　电机的故障模式 ·· 090

　　2.4.6　永磁同步电机故障模式及分类举例 ······································ 093

　　2.4.7　永磁同步电机的典型故障分析 ··· 095

第 3 章　异步电机技术　/ 101

3.1　异步电机的基础知识 …………………………………………………………… 102
3.1.1　异步电机的类型 …………………………………………………………… 102
3.1.2　异步电机的结构 …………………………………………………………… 103
3.1.3　异步电机的原理 …………………………………………………………… 105
3.1.4　异步电机的特点 …………………………………………………………… 107
3.2　异步电机的控制技术 …………………………………………………………… 108
3.2.1　异步电机数学模型 ………………………………………………………… 108
3.2.2　异步电机恒压频比控制 …………………………………………………… 110
3.2.3　异步电机矢量控制 ………………………………………………………… 113
3.2.4　异步电机直接转矩控制 …………………………………………………… 114
3.3　异步电机的测试技术 …………………………………………………………… 116
3.3.1　异步电机的电气性能测试 ………………………………………………… 116
3.3.2　异步电机的力学性能测试 ………………………………………………… 122
3.3.3　异步电机的环境适应性测试 ……………………………………………… 129
3.3.4　异步电机的安全性测试 …………………………………………………… 135
3.3.5　异步电机的耐久性测试 …………………………………………………… 138
3.4　异步电机的故障诊断 …………………………………………………………… 141
3.4.1　异步电机故障模式及分类举例 …………………………………………… 141
3.4.2　异步电机的典型故障分析 ………………………………………………… 144

第 4 章　电机控制器技术　/ 150

4.1　电机控制器的基础知识 ………………………………………………………… 151
4.1.1　电机控制器的功能 ………………………………………………………… 151
4.1.2　电机控制器的组成 ………………………………………………………… 153
4.1.3　电机控制器的工作原理 …………………………………………………… 157
4.1.4　电机控制器的特点 ………………………………………………………… 159
4.2　电机控制器的测试 ……………………………………………………………… 161
4.2.1　电机控制器的功能性测试 ………………………………………………… 161
4.2.2　电机控制器的性能测试 …………………………………………………… 166
4.2.3　电机控制器的可靠性测试 ………………………………………………… 170
4.2.4　电机控制器的安全性测试 ………………………………………………… 174
4.3　电机控制器的故障诊断 ………………………………………………………… 179
4.3.1　电机控制器故障模式及分类举例 ………………………………………… 179

4.3.2 电机控制器的典型故障分析 …………………………………………………… 181

第 5 章　变速器及电驱动系统技术　/ 187

5.1 变速器的基础知识 …………………………………………………………………… 188
5.1.1 变速器的基本要求 ……………………………………………………………… 188
5.1.2 变速器的主要类型 ……………………………………………………………… 190
5.1.3 单挡变速器 ……………………………………………………………………… 194
5.1.4 两挡变速器 ……………………………………………………………………… 205
5.2 变速器测试技术 ……………………………………………………………………… 210
5.2.1 变速器传动效率测试 …………………………………………………………… 210
5.2.2 变速器平稳性测试 ……………………………………………………………… 211
5.2.3 变速器耐久性测试 ……………………………………………………………… 212
5.2.4 变速器噪声和振动测试 ………………………………………………………… 213
5.2.5 变速器极端条件测试 …………………………………………………………… 215
5.3 变速器的故障诊断 …………………………………………………………………… 217
5.3.1 变速器的故障诊断方法 ………………………………………………………… 217
5.3.2 变速器的故障诊断流程 ………………………………………………………… 221
5.3.3 变速器的典型故障诊断 ………………………………………………………… 223
5.4 电驱动系统一体化集成技术 ………………………………………………………… 226
5.4.1 电驱动系统的组成 ……………………………………………………………… 226
5.4.2 电驱动系统一体化集成技术的特点 …………………………………………… 228
5.4.3 典型的电驱动系统一体化集成技术介绍 ……………………………………… 230

参考文献　/ 236

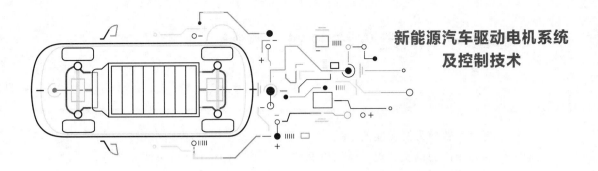

第1章
绪论

  作为新能源汽车的"心脏",驱动电机及其控制技术是实现电能向机械能高效转换的关键。它们不仅决定了车辆的动力性能与能效水平,还影响着驾驶的平顺性与安全性。随着材料科学、电力电子及控制理论的不断进步,驱动电机正向更高效、更紧凑、更智能的方向发展。控制技术的持续优化,让电机在复杂工况下依然能够保持精准、稳定的运行,为新能源汽车的普及与发展提供了强大支撑。

1.1 驱动电机的定义与分类

1.1.1 驱动电机的定义

电动机是将电能转换为机械能的电机。它通过电磁力使内部的线圈（转子）产生旋转运动，进而带动与之相连的机械装置。电动机的结构一般包括定子和转子两大部分，通过改变输入电流的方向，可以实现电动机的正反转。由于其高效、可控和稳定的特性，电动机广泛应用于各种工业设备、家用电器以及交通工具中。

发电机则是将机械能转换为电能的电机。它利用电磁感应原理，通过外部机械力的作用使导体切割磁力线，从而在导体中产生感应电动势，进而产生电流。发电机的种类繁多，包括直流发电机、交流发电机等，广泛应用于电力、交通、通信等领域。

在新能源汽车中，驱动电机发挥着至关重要的作用。它既是电动机，为车辆提供动力；也是发电机，在制动等情况下实现能量回收。新能源汽车通过控制驱动电机的运行来实现车辆的前进、后退和制动等操作，使得汽车的运行更加高效、环保和智能。图 1-1 所示为新能源汽车驱动电机。

图 1-1　新能源汽车驱动电机

1.1.2 驱动电机的类型

新能源汽车驱动电机的类型主要有直流电机、异步电机、永磁同步电机和开关磁阻电机。

（1）直流电机　直流电机是一种将直流电能转换为机械能的电机，其工作原理基于电磁感应和洛伦兹力。当直流电流通过电机的线圈时，会产生磁场，这个磁场与电机中的永磁体或另一个线圈产生的磁场相互作用，从而产生旋转力矩，驱动电机转动。通过改变电流的方向，可以实现电机的正反转。

直流电机的优点如图 1-2 所示，缺点如图 1-3 所示。

尽管直流电机存在一些缺点，但在新能源汽车领域，它仍然具有一定的应用价值。特别是在一些低速、大转矩的场合，直流电机能够发挥其优势。例如，在一些特殊用途的电动汽车（如电动叉车、电动高尔夫球车等）中，直流电机被广泛应用于驱动系统。此外，在一些

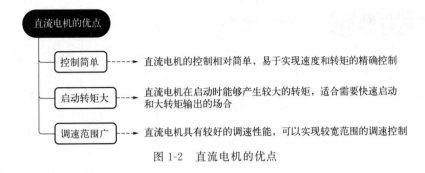

图 1-2 直流电机的优点

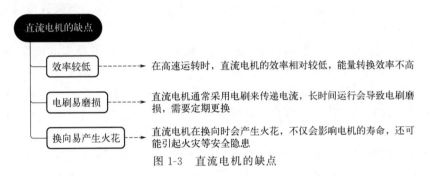

图 1-3 直流电机的缺点

混合动力汽车中,直流电机也被用作辅助驱动或发电装置。

随着新能源汽车技术的不断发展和对驱动电机性能要求的提高,直流电机的应用逐渐减少。相比之下,永磁同步电机等新型电机因其高效率、高功率密度和优异的调速性能而受到更多的关注和应用。

(2)异步电机 异步电机又称感应电机,其工作原理基于电磁感应。当异步电机的定子绕组中通入三相交流电时,会产生一个旋转磁场。这个旋转磁场与转子中的感应电流相互作用,产生电磁力,从而驱动转子旋转。由于转子旋转的速度与定子磁场的旋转速度存在差异(即"异步"),因此得名异步电机。

异步电机的优点如图 1-4 所示,缺点如图 1-5 所示。

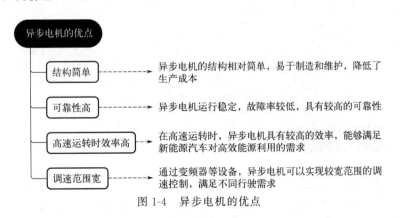

图 1-4 异步电机的优点

异步电机在新能源汽车的驱动系统中占据重要地位。它可以作为主驱动电机,为车辆提供稳定的动力输出。特别是在一些高速巡航和加速场景下,异步电机能够充分发挥其高效率的优势,降低能耗,提升续航。除了主驱动系统外,异步电机还可用于新能源汽车的辅助系

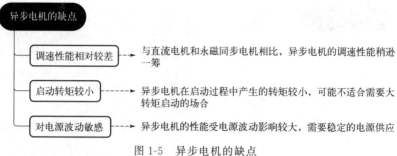

图 1-5　异步电机的缺点

统，如空调压缩机、水泵等。在这些应用中，异步电机的结构简单、可靠性高以及易于维护等特点使其成为理想的选择。

特斯拉作为新能源汽车行业的领军企业，其多款车型均采用了异步电机作为驱动电机。特斯拉选择异步电机的主要原因在于其高效率、高可靠性和良好的调速性能。特斯拉通过对异步电机的精确控制和优化，实现了高效的动力输出和稳定的行驶性能。同时，特斯拉还采用了先进的热管理技术，确保电机在高负荷运行时能够保持较低的温度，进一步提高电机的可靠性和寿命。

(3) 永磁同步电机　永磁同步电机是一种采用永磁体作为励磁源的同步电机。它通过电磁感应原理将电能转换为机械能，具有与定子磁场同步旋转的特性。永磁同步电机的结构简单，主要由定子、转子和永磁体组成，其中永磁体一般安装在转子上。

永磁同步电机的优点如图 1-6 所示，缺点如图 1-7 所示。

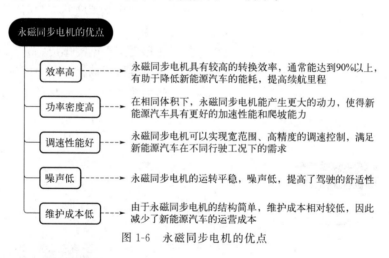

图 1-6　永磁同步电机的优点

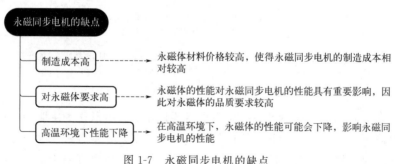

图 1-7　永磁同步电机的缺点

随着新能源汽车技术的不断发展，永磁同步电机在新能源汽车中的应用越来越广泛。永磁同步电机可以作为新能源汽车的主驱动电机，为车辆提供稳定的动力输出。在电动汽车中，永磁同步电机能够实现高效的能量转换，提高续航里程；在混合动力汽车中，永磁同步电机可以与内燃机协同工作，提高整车的动力性能和燃油经济性。除了主驱动系统外，永磁同步电机还可以应用于新能源汽车的辅助系统，如电动空调、电动转向、电动制动等。在这些系统中，永磁同步电机能够实现精确的功率输出和调速控制，提高系统的性能和效率。

比亚迪新能源汽车以其卓越的性能和先进的技术备受瞩目。其中，永磁同步电机作为其核心驱动技术之一，发挥着关键作用。例如，比亚迪某款热销电动汽车采用了高性能的永磁同步电机，不仅提供强劲的动力输出，还能实现高效能量转换。这种电机的运用，不仅提升了车辆的续航里程，还保证了驾驶过程中的稳定性和舒适性。同时，永磁同步电机的精准控制也为车辆提供了更智能化的驾驶体验。比亚迪通过不断的技术创新，将永磁同步电机应用于新能源汽车中，为用户带来更加绿色、高效的出行方式。

（4）开关磁阻电机 开关磁阻电机是一种利用磁阻最小原理产生转矩的电机。其结构相对简单，主要由定子、转子和控制器组成。在电机运行过程中，通过控制定子各相绕组的通电顺序和电流大小，改变定子磁场的分布，进而实现转子在不同位置的转动，从而实现电能到机械能的转换。

开关磁阻电机的优点如图1-8所示，缺点如图1-9所示。

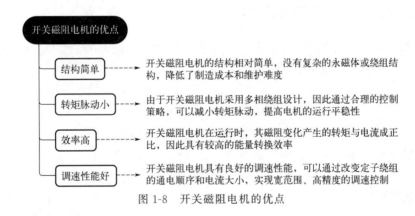

图1-8 开关磁阻电机的优点

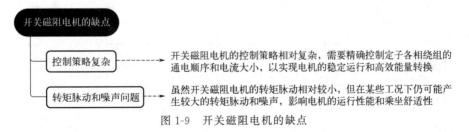

图1-9 开关磁阻电机的缺点

尽管开关磁阻电机在新能源汽车领域的应用相对较少，但随着控制技术的不断发展和完善，其潜在应用价值逐渐显现。开关磁阻电机的高效率、宽调速范围以及良好的调速性能，使其在新能源汽车驱动系统中具有潜在的应用前景。未来，随着相关技术的进一步突破和优化，开关磁阻电机有望在新能源汽车领域得到更广泛的应用。

四种电机的比较见表 1-1。

表 1-1 四种电机的比较

项目	电机类型			
	直流电机	异步电机	永磁同步电机	开关磁阻电机
转速范围	较宽	宽	宽	宽
功率密度	中等	中等	高	中等
过载能力	中等	高	高	高
效率	中等	高	高	中等
调速性能	优秀	良好	优秀	良好
噪声	较高	适中	低	较高
可靠性	中等	高	高	中等
控制难度	适中	较低	较高	适中
重量	较重	适中	较轻	适中
尺寸	较大	适中	较小	适中
结构	复杂	简单	较复杂	简单
成本	适中	较低	较高	中等
应用情况	低速电动汽车	多数新能源汽车	多数新能源汽车	应用较少

1.1.3 新能源汽车用驱动电机

新能源汽车包括纯电动汽车、混合动力电动汽车和燃料电池电动汽车，驱动电机在不同类型新能源汽车中的安装位置是不同的。

1.1.3.1 纯电动汽车中的驱动电机

纯电动汽车的驱动形式主要有前轮驱动、后轮驱动和四轮驱动。

(1) 前轮驱动 前轮驱动布置形式如图 1-10 所示。前轮驱动布置形式在现代纯电动汽

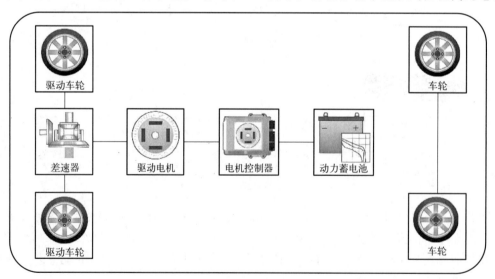

图 1-10 前轮驱动布置形式

车中占据主流地位。该布局使车辆结构紧凑，为其他总成的配置提供了便利，且在行驶中展现出优良的转向与加速稳定性。然而，前轮驱动同时负责转向，其结构相对复杂，且在上坡时，前轮附着力减弱，易发生打滑现象。尽管如此，因其适应性强，成本效益高，仍成为中级及中级以下电动轿车的优选方案，深受市场青睐。

特斯拉 Model 3 采用前置前驱布局，将驱动电机和电池组集成在车辆前部，结构紧凑且重量分布合理。Model 3 行驶稳定，操控优秀，加速迅猛，为驾驶者带来畅快体验。同时，低能耗、低排放和长续航满足了用户需求，使 Model 3 成为前驱纯电动汽车的杰出代表。图 1-11 所示为特斯拉 Model 3 前轮驱动系统。

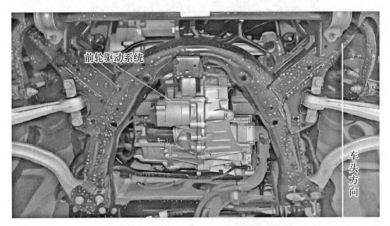

图 1-11　特斯拉 Model 3 前轮驱动系统

（2）后轮驱动　后轮驱动布置形式如图 1-12 所示。后轮驱动指驱动电机的转矩经传动轴至后轮，驱动车辆前行。其优点在于明确的前后轮职责分工，增强了操控性和驾驶乐趣，尤其在加速和过弯时表现突出。同时，后轮驱动有助于车辆重量分布均衡，提高行驶稳定性。然而，其结构相对复杂，导致制造成本较高，且在雪地或湿滑路面上可能因后轮打滑导致失控现象，需驾驶者特别留意。

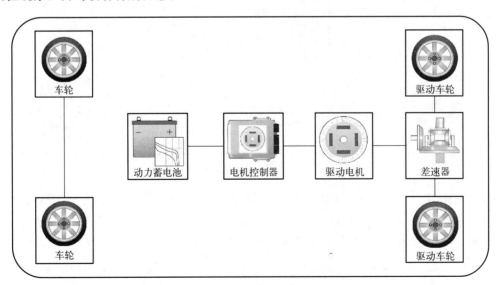

图 1-12　后轮驱动布置形式

后轮驱动纯电动汽车的杰出例子是保时捷 Taycan，如图 1-13 所示。这款车型不仅继承了保时捷经典的操控基因，更通过后轮驱动的布局，展现了纯电动汽车独特的驾驶魅力。

图 1-13　后轮驱动的保时捷 Taycan

（3）四轮驱动　四轮驱动布置形式如图 1-14 所示。四轮驱动是纯电动汽车的一种先进驱动形式。它通过智能分配动力到四个车轮，不仅提供了卓越的牵引力和稳定性，还使得车辆在复杂路况下表现出色。四轮驱动纯电动汽车在加速、爬坡和高速行驶时都能提供稳定的动力输出，为驾驶者带来更为安全、平稳的驾驶体验。同时，这种驱动形式也展现了纯电动汽车在技术创新方面的不断探索与进步。

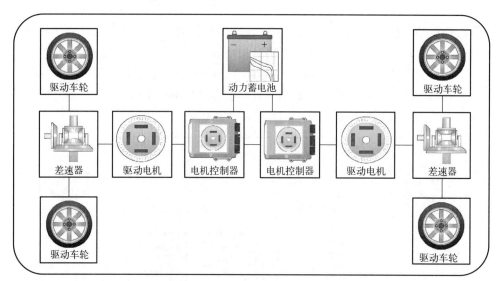

图 1-14　四轮驱动布置形式

蔚来 ES8 作为国产四轮驱动纯电动汽车的佼佼者，凭借其先进的电动四驱技术，为驾驶者提供了出色的操控性和稳定性。ES8 的四轮独立驱动系统能够智能分配动力，确保在各种路况下都能保持卓越的行驶性能。图 1-15 所示为蔚来 ES8 四轮驱动纯电动汽车底盘。

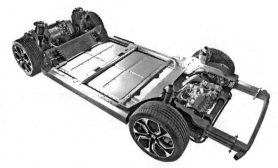

图 1-15　蔚来 ES8 四轮驱动纯电动汽车底盘

1.1.3.2　混合动力电动汽车中的驱动电机

混合动力电动汽车分为串联式混合动力电动汽车、并联式混合动力电动汽车和混联式混合动力电动汽车。

(1) 串联式混合动力电动汽车　串联式混合动力电动汽车是一种独特的汽车类型，其驱动力仅来源于驱动电机，如图 1-16 所示。它的核心特点是发动机不直接驱动车辆，而是通过发电机产生电能，经由控制器和功率转换器，将电能输送给驱动电机或充电至蓄电池组。这种结构实现了动力源的灵活分配和高效利用，展现了混合动力电动汽车在节能减排方面的技术优势和创新发展。

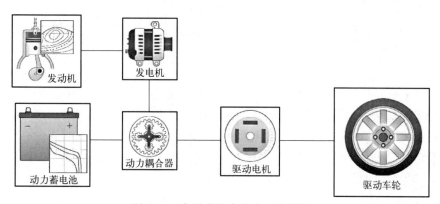

图 1-16　串联式混合动力电动汽车

雪佛兰 Volt 是一款典型的串联式混合动力电动汽车，如图 1-17 所示。其独特之处在于，发动机不直接驱动车辆，而是通过发电机为电池组充电，再由电池组为驱动电机供电，从而驱动车辆前进。这种设计不仅提高了能量转换效率，还降低了燃油消耗和尾气排放，展现了混合动力电动汽车环保、节能的优势。

(2) 并联式混合动力电动汽车　并联式混合动力电动汽车实现了动力源的多样化，其驱动力可以单独由发动机、驱动电机提供，也可同时由两者联合提供，如图 1-18 所示。这种设计使车辆在行驶过程中更加灵活，能根据不同路况和需求智能调整动力源。在电机驱动时，动力电池通过 DC/DC 转换器为驱动电机提供合适电压，确保系统高效、稳定运行。并联式混合动力电动汽车以其高效、环保的特点，成为现代汽车技术发展的重要方向。

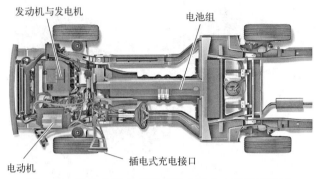

图 1-17 雪佛兰 Volt 串联式混合动力电动汽车底盘

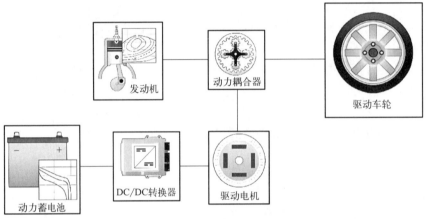

图 1-18 并联式混合动力电动汽车

比亚迪秦 Pro DM 混合动力电动汽车采用并联式混合动力技术,如图 1-19 所示。这款车型将传统汽油发动机与驱动电机相结合,通过智能控制系统实现两者的最佳配合。在城市拥堵路段,秦 Pro DM 可优先使用驱动电机驱动,减少尾气排放;而在高速或需要更多动力时,汽油发动机会介入,确保车辆动力充沛。通过这种技术,秦 Pro DM 在保持强劲动力的同时,也实现了较低的油耗和环保性能。

图 1-19 比亚迪秦 Pro DM 并联式混合动力电动汽车底盘

(3) 混联式混合动力电动汽车 混联式混合动力电动汽车凭借其独特设计,集成了串联和并联混合动力系统,如图 1-20 所示。该车型可在串联模式下工作,以实现高效的能源利用;同时,也能在并联模式下运行,确保动力输出的强劲。这种设计充分结合了两种模式的优点,满足了不同的驾驶需求。

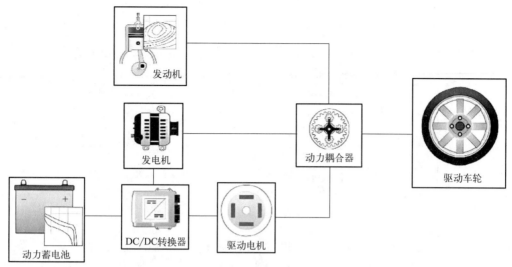

图 1-20　混联式混合动力电动汽车

丰田普锐斯是一款典型的混联式混合动力电动汽车,如图 1-21 所示。它结合了串联式和并联式的特点,可以根据驾驶条件智能选择动力源。在低速或启动阶段,主要由驱动电机驱动,提供更为安静、环保的驾驶体验;而在高速行驶或需要更多动力时,发动机和驱动电机共同工作,确保车辆具有出色的动力性能和燃油经济性。

图 1-21　丰田普锐斯混联式混合动力电动汽车底盘

1.1.3.3　燃料电池电动汽车中的驱动电机

燃料电池电动汽车主要分为纯燃料电池驱动的电动汽车、燃料电池与辅助动力电池联合驱动的电动汽车。

(1) 纯燃料电池驱动的电动汽车　纯燃料电池驱动的电动汽车仅依赖燃料电池作为其唯一的动力源,所有必要的功率均由此提供。燃料电池通过化学反应产生电能,不仅实现了零排放,而且确保了持续稳定的动力输出。纯燃料电池电动汽车以其高效、环保的特点,展现了未来可持续交通的美好愿景。纯燃料电池电动汽车的动力系统如图 1-22 所示。

(2) 燃料电池与辅助动力电池联合驱动的电动汽车　燃料电池与辅助动力电池联合驱动的电动汽车动力系统中,两者共同为驱动电机提供能量。正常行驶时驱动电机将电能转化为动

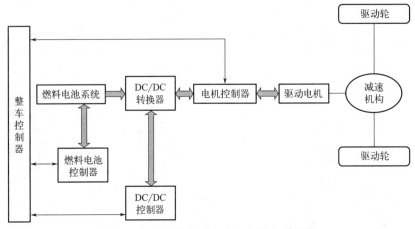

图 1-22　纯燃料电池电动汽车的动力系统

能驱动车辆，制动时驱动电机则作为发电机为动力电池充电。该系统优化了能量输出：燃料电池提供稳定基础能量，动力电池则灵活应对能量需求的高频变化，确保了车辆行驶的平稳性和能源利用效率。燃料电池与辅助动力电池联合驱动的电动汽车的动力系统如图 1-23 所示。

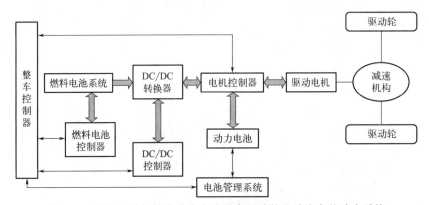

图 1-23　燃料电池与辅助动力电池联合驱动的电动汽车的动力系统

图 1-24 所示为燃料电池电动汽车。

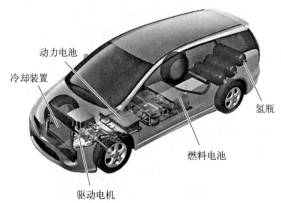

图 1-24　燃料电池电动汽车

1.1.3.4 不同类型新能源汽车驱动电机的联系

(1) 功能相同 无论纯电动汽车、混合动力电动汽车还是燃料电池电动汽车，驱动电机的主要功能都是将电能转换为机械能，从而驱动汽车行驶。

(2) 性能要求相似 在高效性、可靠性、轻量化等方面，这些驱动电机都有着相似的性能要求，它们都需要具备较高的效率、较低的热损失以及较小的重量和体积。

(3) 技术趋势一致 随着新能源汽车技术的不断发展，驱动电机技术也在不断进步。例如，提高电机效率、降低制造成本、优化散热性能等都是当前和未来驱动电机技术的重要发展方向。

1.1.3.5 不同类型新能源汽车驱动电机的区别

(1) 能源来源不同 纯电动汽车的驱动电机完全依赖车载电池组供电；混合动力电动汽车的驱动电机在车辆起步、加速或重载等情况下提供辅助动力，而主要动力来源仍为燃油发动机；燃料电池电动汽车的驱动电机则通过燃料电池产生电能来驱动。

(2) 电机类型与配置不同 由于能源来源和应用场景的不同，三种类型的电动汽车在电机类型和配置上也有所区别。例如，纯电动汽车和燃料电池电动汽车通常采用高效、高功率密度的永磁同步电机或交流异步电机；而混合动力电动汽车则可能采用多种类型的电机，如发电机、起动机等。

(3) 控制策略不同 由于能源来源和电机类型的不同，三种类型的电动汽车在驱动电机的控制策略上也有所区别。例如，纯电动汽车和燃料电池电动汽车的电机控制系统主要关注电机的效率、热管理和能量回收等方面；而混合动力电动汽车的电机控制系统则需要与燃油发动机控制系统进行协调，以实现最佳的动力性能和燃油经济性。

1.2 电驱动系统涉及的硬件和软件

1.2.1 电驱动系统涉及的主要硬件

新能源汽车电驱动系统是指利用电力作为动力源，通过一系列核心硬件（如驱动电机、电机控制器、传动部件等）将电能转换为机械能，从而驱动车辆行驶的系统。该系统是新能源汽车的核心组成部分，直接决定了车辆的动力性能和能效水平。电驱动系统以其高效、环保的特点，为新能源汽车的发展提供了强大支持。

(1) 驱动电机 驱动电机是新能源汽车电驱动系统的核心部件，它将电能转换为机械能，驱动车辆行驶。根据车辆类型、使用场景和性能需求的不同，驱动电机可以采用多种类型，如永磁同步电机、交流异步电机等。这些电机需要具备高效率、高功率密度、低噪声和低振动等特点，以满足新能源汽车对于动力性能和能效的要求。

(2) 电机控制器 电机控制器是新能源汽车电驱动系统中的重要组成部分，它负责接收来自驾驶人或车载控制系统的指令，对驱动电机进行精确控制。电机控制器需要具备高性能的功率转换能力，以及先进的控制算法和策略，以实现对驱动电机的精确控制。同时，电机控制器还需要具备故障诊断和保护功能，确保电驱动系统的安全、可靠运行。

（3）减速器和差速器　减速器和差速器是新能源汽车电驱动系统中的重要传动部件。减速器主要用于降低电机的转速，提高转矩，以满足车辆在不同行驶条件下的动力需求。差速器则用于调整左右轮的转速差，实现车辆的正常转向。这些传动部件的设计和优化对于提升新能源汽车的动力性能和驾驶舒适性具有重要意义。

（4）传感器和执行器　新能源汽车电驱动系统中还需要配备多种传感器和执行器，以实现对车辆状态、电机状态和外部环境的实时监测和精确控制。常见的传感器包括电机温度传感器、电机电流传感器、车速传感器等，它们为控制系统提供重要的反馈信息。执行器则包括电机本身以及相关的电磁阀、继电器等，它们根据控制指令执行相应的动作，确保电驱动系统的正常运行。

（5）热管理系统　由于电机在运行过程中会产生大量的热量，因此热管理系统是新能源汽车电驱动系统中不可或缺的部分。热管理系统通过采用散热器、风扇、冷却液等，对电机和其他关键部件进行有效的散热和温度控制，以确保它们在适宜的温度范围内运行，提高电驱动系统的可靠性和耐久性。

1.2.2　电驱动系统涉及的主要软件

新能源汽车电驱动系统不仅包含硬件组件，还依赖一系列软件来实现其高效、精确的控制和管理。这些软件在电驱动系统中扮演着至关重要的角色，它们负责监控、优化和保护整个系统，确保车辆的安全、可靠和高效运行。

（1）电机控制软件　电机控制软件是新能源汽车电驱动系统的核心软件之一。它负责接收来自驾驶人或车载控制系统的指令，对驱动电机进行精确控制。该软件通常包括电机控制算法、功率转换算法、故障诊断和保护算法等，以确保电机在最佳状态下运行，并实现对车辆动力性能的精确控制。

（2）能量管理软件　能量管理软件是新能源汽车电驱动系统中另一个重要的软件组件。它负责监控电池组的状态，包括电量、电压、温度等参数，并根据车辆行驶工况和驾驶人需求，智能地分配和管理电能。该软件通过优化能量使用策略，提高能量利用效率，延长车辆续航里程，同时确保电池组的安全和可靠性。

（3）热管理软件　热管理软件负责监控和管理电驱动系统中各部件的温度。它根据传感器采集的温度数据，通过控制散热风扇、冷却液泵等部件的工作状态，实现对电机、控制器等关键部件的有效散热和温度控制。该软件有助于防止因过热而导致的系统性能下降或故障，提高系统的可靠性和耐久性。

（4）故障诊断与监控软件　故障诊断与监控软件是新能源汽车电驱动系统中必不可少的软件之一。它实时监控电驱动系统中各部件的运行状态，一旦检测到异常或故障，立即进行诊断并采取相应的保护措施。该软件通过提供详细的故障信息和诊断结果，帮助维修人员快速定位问题并进行修复，确保车辆的安全和可靠运行。

1.2.3　电驱动系统涉及的主要理论

新能源汽车电驱动系统作为现代汽车技术的核心，其设计、开发和应用涉及众多关键的理论知识。这些理论不仅为电驱动系统的性能优化提供了理论基础，也为新能源汽车的可持续发展提供了技术支撑。

(1) 电机学理论 电机学理论是新能源汽车电驱动系统的基础理论之一。它主要研究电机的结构、工作原理、性能参数以及控制方法。在新能源汽车中，驱动电机通常采用永磁同步电机或交流异步电机等高效能电机，因此需要对这些电机的结构和工作原理进行深入的理解和研究。同时，电机学理论还涉及电机的电磁场分析、功率损耗计算以及优化设计等方面的知识。

(2) 电力电子学理论 电力电子学理论是新能源汽车电驱动系统另一个重要的基础理论。它主要研究电能转换、控制以及传输的理论和技术。在电驱动系统中，电力电子学主要用于实现电能从电池组到电机的转换，并控制电机的运行状态。因此，电力电子学理论对于新能源汽车电驱动系统的性能优化和能效提升具有重要意义。它涉及功率半导体器件、功率转换器、脉宽调制技术等关键技术和理论。

(3) 控制理论 控制理论是新能源汽车电驱动系统设计和应用中的关键理论之一。它主要研究如何通过控制策略和方法来实现对系统状态的控制与优化。在电驱动系统中，控制理论被广泛应用于电机控制、能量管理、故障诊断等方面。例如，通过先进的控制算法和策略，可以实现对电机的高效控制，提高车辆的动力性能和能效水平；同时，控制理论还可以帮助实现对电池组状态的精确监测和管理，延长电池的使用寿命。

(4) 热管理理论 热管理理论是新能源汽车电驱动系统中的重要理论之一。它主要研究如何通过对系统内部温度的控制来实现对系统性能和可靠性的优化。在电驱动系统中，由于电机和电力电子器件在工作过程中会产生大量的热量，因此需要采取有效的热管理措施来防止过热现象的发生。热管理理论涉及热传导、热对流、热辐射等基本原理和方法以及热管理系统的设计和优化等方面的知识。

1.2.4 电驱动系统涉及的主要技术

新能源汽车电驱动系统作为新能源汽车的核心部分，其技术水平直接决定了整车的动力性能、能效以及驾驶体验。

(1) 高效能电机技术 高效能电机技术是新能源汽车电驱动系统的关键技术之一。它涉及电机的设计、制造和控制等方面。目前，常用的高效能电机主要有永磁同步电机和交流异步电机等。这些电机具有高效率、高功率密度、低噪声和低振动等特点，能够满足新能源汽车对于动力性能和能效的要求。

(2) 先进的电机控制技术 先进的电机控制技术是新能源汽车电驱动系统中的重要技术之一。它通过对电机进行精确控制，实现车辆的高效、稳定和安全运行。电机控制技术主要包括矢量控制、直接转矩控制、无传感器控制等。这些控制技术能够实现电机的精确调速、转矩控制和故障诊断等功能，提高车辆的驾驶性能和可靠性。

(3) 电力电子与能量转换技术 电力电子与能量转换技术是新能源汽车电驱动系统的另一个关键技术。它涉及电能的转换、分配和管理等方面。电力电子器件如逆变器、整流器等在电驱动系统中起着至关重要的作用，它们负责将电池组的直流电转换为电机所需的交流电，并控制电能的流向和大小。同时，能量转换技术还涉及电池管理系统，它负责监测和管理电池组的状态，确保电池的安全、可靠和高效使用。

(4) 热管理与散热技术 热管理与散热技术是新能源汽车电驱动系统中必不可少的技术之一。由于电机和电力电子器件在运行过程中会产生大量的热量，因此必须采取有效的热管理和散热措施，以防止过热现象的发生。热管理与散热技术包括风扇散热、液体冷却、热管技术等，它们能够有效地降低电驱动系统的温度，提高系统的稳定性和可靠性。

（5）**智能化技术** 随着智能化技术的不断发展，新能源汽车电驱动系统也在逐步实现智能化。智能化技术包括自动驾驶技术、车联网技术等，它们能够与电驱动系统相结合，实现更高级别的车辆控制和优化。例如，通过自动驾驶技术，车辆能够自动调整行驶速度和方向，以适应不同的路况和交通环境；通过车联网技术，车辆能够与其他车辆和基础设施进行通信，实现信息的共享和协同工作。

1.3 驱动电机和电机控制器的性能指标

1.3.1 驱动电机的性能指标

（1）**额定功率** 额定功率是衡量驱动电机性能的关键指标之一，它表示在特定的标准工作条件下，电机能够长期稳定输出的最大功率。简单来说，就是电机"正常工作"时的最大"力气"。

例如，某款电动汽车驱动电机的额定功率为100kW。这意味着在正常的行驶过程中，无论车辆是匀速行驶还是轻微加速，只要不超过这一功率限制，电机都能稳定、持续地为车辆提供动力。然而，如果车辆需要进行更激烈的加速或爬坡，电机可能会暂时超出额定功率运行，但长时间超过额定功率可能会导致电机过热或其他潜在问题。因此，额定功率不仅是电机性能的重要指标，也是确保车辆安全、稳定运行的关键因素。

（2）**峰值功率** 在新能源汽车的驱动系统中，峰值功率是一个极为重要的性能参数。它代表了驱动电机在极短时间内能够输出的最大功率，主要用于应对车辆加速、爬坡等需要大转矩和高速度的场景。与额定功率相比，峰值功率往往更高，以满足车辆在这些特定工况下的高负载需求。

例如，某款高性能电动汽车驱动电机的峰值功率高达200kW。这意味着在需要迅速加速或克服陡峭坡度的关键时刻，电机能够迅速爆发出强大的动力，确保车辆能够流畅、稳定地应对这些挑战。峰值功率的出色表现让车辆具备了更加优异的驾驶性能。

（3）**额定转速** 额定转速是驱动电机性能的关键指标之一，它指的是电机在正常工作条件下，以额定功率运行时所能达到的转速。这一参数通常以转/分钟（r/min）为单位来表示，直接反映了电机的工作效能和效率。

例如，某款电动汽车驱动电机的额定转速设定为5000r/min。这意味着当车辆以稳定速度行驶，并且电机以额定功率输出时，其转速将保持在5000r/min左右。额定转速的设定不仅保证了电机的稳定运行，也确保了整车动力传递的顺畅性和高效性。在实际应用中，了解并合理运用电机的额定转速，对于优化车辆性能、延长电机寿命具有重要意义。

（4）**最高转速** 最高转速是驱动电机性能的关键参数之一，它标志着电机在安全运行条件下能够达到的最大旋转速度。在这个转速下，电机仍能保持一定的输出转矩和功率，满足车辆的加速、超车等高性能需求。

例如，某电动汽车的驱动电机最高转速设定为10000r/min。当驾驶人需要紧急超车或加速通过高速路段时，电机能够在极短时间内达到这一高转速，提供足够的动力支持。然而，需要注意的是，长时间维持高转速可能会对电机造成热负荷和机械磨损，因此在实际应用中需要合理控制电机的转速范围，以确保其安全稳定运行。

（5）额定转矩 额定转矩是驱动电机性能的重要参数之一，它表示在额定转速和额定功率下，电机所能提供的稳定输出转矩。额定转矩通常以牛顿·米（N·m）为单位来衡量，反映了电机在正常工作状态下的负载能力。

例如，某款电动汽车驱动电机的额定转矩为250N·m。这意味着当电机在额定转速和额定功率下工作时，它能够提供持续且稳定的250N·m的转矩，从而驱动车辆平稳行驶。额定转矩的大小直接影响到车辆的加速性能和爬坡能力，是评估电机性能的重要指标之一。

（6）峰值转矩 在新能源汽车中，峰值转矩是衡量驱动电机性能的重要指标。它代表了电机在短时间内能够爆发出的最大转矩，以满足车辆突然加速、快速起步等高强度动力需求。与额定转矩相比，峰值转矩通常更大，是电机性能的极限体现。

例如，某高性能电动汽车驱动电机的峰值转矩高达400N·m。在驾驶人需要迅速提速或起步时，电机能在极短时间内达到这一转矩值，为车辆提供强劲的动力支持。峰值转矩的强大性能展示了驱动电机在瞬时动力输出上的卓越能力。

（7）堵转转矩 堵转转矩是评估驱动电机性能时不可忽视的重要参数。它描述了当电机转子被完全固定，无法旋转时，电机能够输出的最大转矩值。这一性能参数直接体现了电机的过载能力和机械强度。

例如，某款高性能电动汽车驱动电机的堵转转矩设计得相当高，这意味着即使在极端的条件下，如车辆陷入泥潭或遇到障碍物导致车轮无法转动时，电机仍能够产生巨大的转矩，尝试推动车辆前行。堵转转矩的大小反映了电机在极端情况下的应对能力。

（8）额定电压 额定电压是驱动电机正常工作时的关键参数，它定义了电机所需的电源电压。这一参数对于电机的稳定运行和性能发挥至关重要。

例如，某型号电动汽车的驱动电机额定电压为300V。这意味着当车辆连接至该电压的电源时，电机能够保持最佳的工作状态，为车辆提供持续且稳定的动力输出。额定电压的准确设定和稳定供应，不仅确保了电机的正常运行，也保障了整车的安全性能。在实际应用中，了解和遵守电机的额定电压要求，对于维护车辆的正常运行和延长电机寿命具有重要意义。

（9）额定电流 额定电流是驱动电机在正常工作状态下所需的电流值，其大小受额定电压和额定功率的影响。在额定电压下，电机以额定功率运行时，所需的电流即为额定电流。

例如，某电动汽车驱动电机的额定电压为300V，额定功率为100kW。根据电机的工作原理，可以计算出这台电机在正常工作时的额定电流大约为333.33A。这意味着，在电动汽车的电源系统中，需要确保稳定的300V电压供应，并且电流不超过该额定值，以确保驱动电机的正常运行和良好性能。额定电流的合理设定和控制对于电机的效率和安全性具有重要影响。

（10）额定频率 额定频率是驱动电机设计和运行的重要参数，它指的是电机所接入电网的标准频率。在全球范围内，这个频率通常为50Hz或60Hz，取决于不同的国家和地区。

例如，某款电动汽车驱动电机的额定频率设定为50Hz。这意味着该电机在接入50Hz的电网时，能够按照设计要求正常运行，并输出相应的转速和功率。额定频率的设定对于电机的稳定性和效率具有重要影响。过高或过低的频率都可能导致电机性能下降或出现故障。因此，在选择和使用电机时，必须确保其与所接入电网的频率相匹配，以确保电机的正常运行和良好性能。

（11）电机效率 电机效率是衡量驱动电机性能的重要指标之一，它反映了电机在能量转换过程中的效率高低。高效率意味着电机在将电能转化为机械能的过程中，损失的能量较少，从而提升了整车的能量利用率。

例如，某电动汽车驱动电机的电机效率高达90%。这意味着当车辆消耗100单位的电能时，电机能够将其中的90单位有效地转化为机械能，驱动车辆行驶。而剩余的10单位能量则作为损失被消耗。高电机效率不仅提高了电动汽车的续航里程，还降低了能源消耗和运营成本。因此，电机效率的优化是电动汽车技术进步的关键方向之一。

（12）功率密度 功率密度是驱动电机性能的关键指标之一，它代表了电机在单位质量或单位体积下所能输出的功率大小。

假设有一款高性能电动汽车的驱动电机，其功率密度达到了5kW/kg（仅作为示例，实际值可能因电机型号和技术而异）。这一数值意味着，相对于其他同体积或同质量的电机，这款电机能够在单位质量下产生5kW的功率。高功率密度不仅减小了电机的质量和体积，还为整车带来了更高的性能输出。这种设计优势使得电动汽车在追求轻量化、提高续航里程和加速性能等方面具有更大的潜力。

（13）转矩密度 在电驱动领域，转矩密度是衡量驱动电机性能的重要参数，它代表着电机在单位质量或单位体积下所能产生的转矩大小。这一参数直接反映了电机在轻量化设计下依然保持强劲动力的能力。

例如，某电动汽车驱动电机的转矩密度高达200N·m/kg（具体数值依电机型号和技术水平而定）。这意味着在相同质量条件下，这款电机能够输出比传统电机更大的转矩。这种高转矩密度设计使得电动汽车在启动、加速以及爬坡时都能展现出卓越的性能，为驾驶者带来更为流畅和强劲的驾驶体验。同时，高转矩密度还有助于提升整车的能效和续航里程，为电动汽车的普及和发展提供了有力支持。

1.3.2 电机控制器的性能指标

（1）控制精度 控制精度是电机控制器性能的重要指标之一。它指的是控制器对电机转速、转矩等参数的精确控制能力。高精度的控制能够确保电机在各种工况下都稳定、高效地运行，提高整车的动力性和经济性。

例如，某知名新能源汽车品牌的电机控制器，在转速控制上达到了±1r/min的精度，这意味着电机在实际运行中，转速与设定值之间的偏差非常小，几乎可以忽略不计。这样的高精度控制保证了车辆行驶的稳定性和乘坐的舒适性。

（2）功率转换效率 功率转换效率反映了电机控制器将电能转换为机械能的能力。高功率转换效率意味着控制器在能量转换过程中的损耗较小，从而提高整车的能量利用率和续航里程。此外，高效率的控制器还有助于降低整车的能耗和运营成本。

例如，某款高效能电机控制器，在功率转换上达到了95%的效率。这意味着在电能转换为机械能的过程中，只有5%的能量损失，其余95%的能量都被有效利用。这大大提高了车辆的续航里程，降低了能源消耗。

（3）响应速度 响应速度是衡量电机控制器动态性能的重要指标。它指的是控制器对输入指令的响应时间和对电机状态的调整速度。快速的响应速度能够确保电机在加速、减速和变向等动态工况下都迅速响应，提高整车的操控性和舒适性。

例如，在加速测试中，某新能源汽车的电机控制器能够在0.1s内从静止状态达到最大转矩输出。这种快速的响应速度让车辆在起步和加速时都能够迅速响应驾驶者的意图。

(4) 可靠性 可靠性是电机控制器性能的基本保障。它指的是控制器在长时间、复杂工况下能够稳定运行，不出现故障或损坏的能力。高可靠性的控制器能够确保新能源汽车在各种环境下都安全、可靠地运行，减少故障率和维修成本。

例如，某经过严格测试的电机控制器，在长时间、高强度的运行下，仍能保持稳定的性能输出。该控制器经过了数万次的循环测试，包括高温、低温、高湿、振动等恶劣环境下的运行测试，都表现出出色的可靠性和耐久性。

(5) 热管理能力 热管理能力是电机控制器性能的重要考量因素。在新能源汽车中，电机控制器面临着复杂的热环境，因此需要具备良好的热管理能力。优秀的热管理能力能够确保控制器在高温、高湿等恶劣环境下依然稳定、高效地运行，提高整车的可靠性和耐久性。

例如，某高性能电机控制器采用了先进的热管理技术，即使在高温环境下也能保持稳定的运行温度。该控制器内置了高效的散热系统，能够快速将内部热量散发出去，避免因过热导致的性能下降或部件损坏。

1.4 驱动电机的功能需求与配置

1.4.1 驱动电机的功能需求

随着全球环保意识的提高和新能源技术的飞速发展，新能源汽车已逐渐成为汽车行业的未来发展方向。驱动电机作为新能源汽车的核心动力部件，其性能直接决定了整车的动力性、经济性和可靠性。因此，对新能源汽车驱动电机的功能需求进行单项描述分析，对于指导电机设计、优化整车性能具有重要意义。

1.4.1.1 新能源汽车驱动电机的功能需求

(1) 高效能量转换 新能源汽车驱动电机的高效能量转换是其核心功能需求之一。高效能量转换意味着电机在将电能转化为机械能的过程中，能够最大限度地减少能量损失，提高能量利用率。为了实现这一目标，驱动电机需采用高效的材料和制造工艺，优化电机结构和控制策略，以确保在各种工况下都能保持较高的能量转换效率。

例如，某知名品牌的新能源汽车驱动电机采用了先进的稀土永磁材料和精密的制造工艺，确保电机内部结构的精确性和稳定性。同时，通过优化电机的电磁设计和散热设计，使电机在运行时热量得以有效散发，从而避免因高温导致的性能下降。此外，该电机还配备了智能控制策略，能够根据车辆的实际运行工况实时调整电机的工作状态，确保电机始终处于最佳的能量转换效率状态。

(2) 宽广的调速范围 新能源汽车在行驶过程中需要适应不同的路况和行驶状态，因此驱动电机需要具备宽广的调速范围。宽广的调速范围意味着电机能够在不同转速和负载条件下稳定工作，为车辆提供足够的动力支持。为了实现这一功能需求，驱动电机需具备强大的转矩输出能力和良好的调速性能，以满足车辆在各种工况下的动力需求。

例如，某新能源汽车的驱动电机采用先进的控制算法和精确的电子调节系统，能够在极低的转速下提供足够的转矩，确保车辆在起步和爬坡时拥有强劲的动力。同时，在高速行驶时，电机也能迅速、平滑地调整转速，以满足车辆对速度和动力输出的需求。这种宽广的调速范围使得新能源汽车能够轻松应对各种复杂的路况和行驶状态。

(3) 快速响应　新能源汽车的驾驶体验与驱动电机的快速响应能力密切相关。快速响应意味着电机能够迅速响应驾驶人的驾驶意图，及时调整输出转矩和转速，为车辆提供流畅、平稳的加速和减速过程。为了实现这一功能需求，驱动电机需具备快速响应的控制系统和优化的电机设计，以确保电机在接收到驾驶指令后能够迅速做出反应。

例如，当驾驶人踩下加速踏板时，高性能的驱动电机能够立即感知到这一指令，并通过其快速响应的控制系统迅速调整输出转矩和转速。这个过程中，电机内部的传感器和控制器协同工作，确保电机在毫秒级的时间内做出反应，为车辆提供流畅、平稳的加速过程。

(4) 高可靠性和耐久性　新能源汽车驱动电机的高可靠性和耐久性是其长期稳定运行的关键。高可靠性意味着电机在长时间、高负荷的工作条件下仍能保持稳定的性能表现，减少故障发生的可能性。耐久性则要求电机能够承受各种复杂工况和恶劣环境的考验，保持较长的使用寿命。为了实现这一功能需求，驱动电机需采用高品质的材料和先进的制造工艺，加强电机的结构设计和防护措施，以提高其可靠性和耐久性。

例如，某知名品牌的驱动电机采用了特殊合金材料和优化设计的电磁线圈，这些材料具有优异的耐高温、耐磨损和抗腐蚀性能，即使在高温、高湿等恶劣环境下也能保持稳定的性能。此外，电机还配备了智能温度控制系统和故障预警机制，能够实时监测电机的运行状态，并在发现异常时及时采取措施，避免故障的发生，从而进一步提高了电机的可靠性和耐久性。这种高品质的设计和制造确保了新能源汽车驱动电机能够在长时间、高负荷的工作条件下稳定运行。

(5) 轻量化与紧凑化　新能源汽车的轻量化与紧凑化是提升其性能和经济性的重要途径。对于驱动电机而言，轻量化与紧凑化意味着电机在保持性能的同时，能够减小自身的体积和重量，降低整车重量，提高能源利用效率。为了实现这一功能需求，驱动电机需采用先进的材料和制造工艺，优化电机结构和设计，以实现轻量化和紧凑化的目标。

例如，某新能源汽车品牌在其驱动电机的设计中，采用了高性能的轻质合金材料，这些材料不仅强度高、重量轻，而且具有优良的散热性能，确保了电机在高负荷工作下的稳定性和可靠性。同时，通过优化电机的电磁设计和结构布局，进一步缩小了电机的体积，使其更加紧凑。

(6) 低噪声和低振动　新能源汽车在行驶过程中需要保持较低的噪声和振动水平，以提高乘坐舒适性和减少对环境的干扰。对于驱动电机而言，低噪声和低振动是其重要的功能需求之一。为了实现这一需求，电机需采用先进的降噪和减振技术，如优化电机结构、使用低噪声轴承等，以降低噪声和振动水平。

例如，通过优化电机的电磁设计和结构布局，减少了电机内部零件的摩擦和碰撞，有效降低了噪声水平。同时，采用了低噪声轴承和振动隔离材料，进一步减少电机在运转过程中产生的振动。这些技术的应用，使得驱动电机在运行时几乎无噪声，振动极小，显著提升了乘客的乘坐体验和整车的环保性能。

(7) 智能控制和故障诊断　随着智能技术的不断发展，新能源汽车的驱动电机需要具备智能控制和故障诊断功能。智能控制功能能够使电机实现自主调节和优化，提高整车的性能和效率。故障诊断功能则能够及时发现和处理潜在的安全隐患和故障问题，确保整车的安全稳定运行。为了实现这一功能需求，驱动电机需配备先进的控制系统和故障诊断系统，以实现智能控制和故障诊断的目标。

例如，某新能源汽车品牌在其最新款的驱动电机中集成了智能控制和故障诊断系统。当车辆行驶在拥堵的城市道路上时，智能控制系统能够根据车速、路况等信息自动调节电机的输出转矩和转速，以提供更加流畅和舒适的驾驶体验。同时，故障诊断系统能够实时监测电机的运行状态和温度等参数，一旦发现异常情况立即进行预警或自动修复。这种智能化的设计不仅提高了整车的性能和效率，还确保了驾驶的安全性和可靠性。

1.4.1.2 不同类型新能源汽车驱动电机功能需求的比较

不同类型新能源汽车驱动电机功能需求的比较见表1-2。

表1-2 不同类型新能源汽车驱动电机功能需求的比较

功能需求	纯电动汽车	混合动力电动汽车	燃料电池电动汽车
高效能量转换	至关重要	较为关键	较为关键
宽广的调速范围	至关重要	至关重要	至关重要
快速响应	至关重要	至关重要	至关重要
高可靠性和耐久性	至关重要	至关重要	至关重要
轻量化与紧凑化	至关重要	较为关键	较为关键
低噪声和低振动	至关重要	较为关键	较为关键
智能控制和故障诊断	较为关键	较为关键	较为重要

对于所有类型的电动汽车来说，高效能量转换都是一个核心的功能需求。然而，由于纯电动汽车完全依赖电池供电，因此它们对高效能量转换的需求更为迫切。

轻量化与紧凑化是纯电动汽车设计中的重要考量因素。通过减小驱动电机的体积和重量，可以降低整车的重量，从而提高能源利用效率、减少能耗，并可能提升车辆的操控性和动力性能。

低噪声和低振动有助于提高驾驶的舒适性。对于纯电动汽车来说，由于它们没有内燃机产生的噪声和振动，因此对驱动电机的低噪声和低振动需求更为迫切。混合动力电动汽车虽然也有内燃机，但在某些工况下也会依赖电动驱动，因此对低噪声和低振动也有一定要求。燃料电池电动汽车的驱动电机同样需要满足这一需求。

智能控制和故障诊断有助于提高车辆的智能化水平和运行效率。纯电动汽车和混合动力电动汽车在这方面的需求较高，因为它们需要更加复杂的控制系统来管理电池和电机的运行。燃料电池电动汽车虽然在这方面的需求相对较低，但随着技术的进步，智能控制和故障诊断也将成为其重要的功能需求。

1.4.2 驱动电机的配置

1.4.2.1 驱动电机的配置原则

(1) 性能匹配原则 新能源汽车驱动电机的配置首先需与整车性能需求相匹配。这包括电机的最大功率、最大转矩、最高转速等参数，应与车辆的设计目标、使用场景以及驾驶人的驾驶习惯相匹配。例如，高性能电动汽车需要配置功率大、转矩足的电机以满足加速和爬坡需求；而城市通勤用电动汽车则可以配置功率适中、经济性较好的电机以平衡动力性和经济性。

例如,国内新能源汽车品牌吉利最新推出的纯电动SUV"几何C"在驱动电机配置上便很好地体现了性能匹配原则。为了满足消费者对强劲动力和高效能耗的双重需求,"几何C"搭载了高性能的电机,既保证了车辆的加速性能和爬坡能力,又实现了低能耗和长续航里程。

(2) 效率优化原则 驱动电机的效率直接影响到整车的能源利用效率。因此,在配置电机时,应优先考虑高效率的电机产品,以减少能量损失,提高整车的续航里程。同时,电机的控制系统也应具备高效能量转换的能力,以确保电机在不同工况下都能保持较高的工作效率。

例如,蔚来汽车驱动电机设计充分考虑了效率优化原则。蔚来选用了高性能、高效率的电机产品,这些电机在设计和制造过程中注重减少能量损失,从而提高能量转换效率。同时,蔚来汽车的电机控制系统也采用了先进的技术,能够根据不同工况智能调节电机运行参数,确保电机在不同条件下都能保持较高的工作效率。这种设计不仅提高了整车的能源利用效率,还增加了续航里程。

(3) 轻量化与紧凑化原则 新能源汽车驱动电机的轻量化与紧凑化不仅有助于降低整车重量,提高能源利用效率,还能提升车辆的操控性和安全性。因此,在配置电机时,应尽可能采用轻质材料、优化电机结构以及提高集成度等方式来实现轻量化与紧凑化。

例如,在特斯拉驱动电机的设计和制造中,始终贯彻轻量化与紧凑化原则。特斯拉通过采用高强度铝合金等轻质材料来减轻电机的重量,同时优化电机结构,减少不必要的零部件,使得电机在保持高性能的同时体积更加紧凑。这样的设计不仅使得特斯拉的电动汽车具有更高的能源利用效率,更长的续航里程,还使得车辆操控更为灵活,安全性更高。

(4) 可靠性与耐久性原则 新能源汽车驱动电机的可靠性和耐久性直接关系到车辆的使用寿命和维修成本。因此,在配置电机时,应选择品质可靠、性能稳定的电机产品,并采取必要的防护措施,以确保电机在长时间、高负荷的工作条件下仍能保持稳定的性能表现。

例如,丰田公司的混合动力汽车驱动电机就充分体现了可靠性与耐久性原则。丰田公司在电机选择上,始终坚持品质优先,采用经过严格测试与验证的高品质电机产品。这些电机不仅具有出色的性能稳定性,还具备高强度和长寿命的特点。此外,丰田公司还采取了多重防护措施,如智能散热系统、防水防尘设计等,以确保电机在各种恶劣工况下仍能稳定运行。

(5) 智能控制与故障诊断原则 随着智能技术的不断发展,新能源汽车驱动电机的智能控制和故障诊断功能日益重要。通过配置先进的控制系统和故障诊断系统,可以实现电机的智能调节和优化,提高整车的性能和效率。同时,故障诊断系统还能及时发现和处理潜在的故障问题,确保整车的安全稳定运行。

例如,特斯拉新能源汽车驱动电机就配备了高度智能的控制系统和故障诊断系统。这个系统不仅能提升整车的能效和动力性能,还能在电机出现故障时,迅速准确地定位问题,并通过远程升级或自动修复功能,减少维修时间,保障用户安全驾驶。

(6) 环保与可持续发展原则 新能源汽车作为绿色出行的代表,其驱动电机的配置也应符合环保和可持续发展的要求。在选择电机材料、生产工艺以及运行方式时,应优先考虑环保性能,减少对环境的污染和破坏。同时,通过技术创新和产业升级,推动新能源汽车驱动电机的可持续发展。

例如，比亚迪公司的新能源汽车驱动电机在配置时就充分考虑了环保与可持续发展。比亚迪公司选用了低污染、易回收的材料，并采用先进的生产工艺，确保了电机生产过程中的环保性。

1.4.2.2 驱动电机的配置策略

(1) 根据车辆类型选择合适的电机类型 新能源汽车的种类繁多，不同车型对驱动电机的需求也有所不同。对于城市通勤车而言，其主要需求是高效能和轻量化，以便实现更好的续航里程和驾驶体验。因此，可以选择永磁同步电机等高效能、轻量化的电机类型。而对于越野车型，由于需要应对复杂多变的路况，对电机的转矩和动力性能要求较高，因此可以选择高转矩、高功率的交流异步电机或特殊设计的永磁同步电机。

(2) 优化电机的性能参数 在选择电机类型的基础上，需要根据车辆的具体需求优化电机的性能参数。这些参数包括功率、转矩、转速和效率等。通过优化这些参数，可以确保车辆在各种工况下都能保持优秀的动力性能和能效。例如，在低速行驶时，电机应能提供足够的转矩以应对起步和爬坡等需求；在高速行驶时，电机应能保持较高的效率以降低能耗。

(3) 推动电机的集成化设计 集成化设计是新能源汽车发展的重要趋势之一。通过采用集成化的设计思路，将电机、控制器和减速器等部件集成在一起，可以大幅减少整车重量和体积，降低制造成本，并提高系统效率。集成化设计还可以提高电机的可靠性和稳定性，降低故障率，减少后期维护成本。

(4) 采用先进的控制策略 控制策略是驱动电机性能的关键因素之一。采用先进的控制策略可以优化电机的响应速度、稳定性和效率，改善驾驶体验。例如，矢量控制、直接转矩控制等先进的控制技术可以根据车辆的实际工况调整电机的输出，实现更加高效、平稳的驱动。此外，还可以通过智能算法和大数据分析等手段，进一步优化电机的控制策略，提升整车的性能表现。

(5) 关注电机的维护成本 在选择驱动电机时，需要充分考虑电机的维护成本。选择易于维护、可靠性高的电机型号和品牌可以降低后期的维护成本。此外，还需要建立完善的维护体系和售后服务网络，提供及时、高效的维修服务，确保车辆在使用过程中始终保持良好的性能状态。

1.4.2.3 不同类型新能源汽车驱动电机配置的比较

不同类型新能源汽车驱动电机配置的比较见表1-3。

表1-3 不同类型新能源汽车驱动电机配置的比较

项目	纯电动汽车	混合动力电动汽车	燃料电池电动汽车
电机类型	永磁同步电机、异步电机	永磁同步电机、异步电机	永磁同步电机、异步电机
电机特性	高效能、轻量化	综合性能平衡	高效能、低噪声
集成化程度	高	中到高	中到高
控制策略	矢量控制、直接转矩控制等	智能控制算法、电池能量管理等	智能能量分配、功率协调等
最大功率范围	中到大	中到大	大到超大
能效表现	高	较高	高
维护成本	较低	适中	较高

图1-25所示为蔚来ET7的双电机四驱底盘，前轴搭载了一台180kW永磁同步电机，负责提供高效、稳定的动力输出；后轴则配备了一台300kW感应异步电机，以其强大的爆发力和转矩输出，为车辆加速和爬坡提供充足动力。这种前后轴双电机的配置方式，不仅提升了车辆的整体性能，还增强了操控性和稳定性。

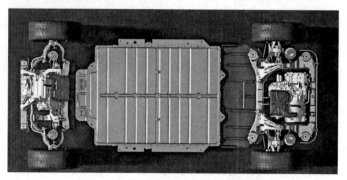

图1-25 蔚来ET7的双电机四驱底盘

1.5 驱动电机控制器的功能需求与配置

1.5.1 驱动电机控制器的功能需求

1.5.1.1 新能源汽车驱动电机控制器的功能需求

(1) 高精度控制 在新能源汽车领域，对驱动电机的控制精度要求极高，这是因为电机的运行稳定性直接关系到车辆的行驶安全和舒适性。为了实现这一目标，驱动电机控制器需要配备高精度的控制算法。

例如，某知名新能源汽车在驱动电机控制上采用了先进的矢量控制算法。这种算法通过实时监测电机的运行状态，包括电流、电压、转速等参数，精确计算出电机所需的驱动电流和电压，从而实现对电机的高精度控制。无论是在城市道路、高速公路还是复杂路况下，该车型都能保持电机的稳定运行。

(2) 高响应速度 在车辆行驶过程中，驾驶人的操作需要得到迅速的响应。因此，驱动电机控制器应具备高响应速度，能够迅速响应驾驶人的指令，调整电机的输出。

例如，某款高端新能源汽车驱动电机控制器采用了先进的微处理器和高速通信总线技术，确保了对驾驶人指令的即时响应。当驾驶人踩下油门或转动方向盘时，控制器能够在毫秒级别内完成对电机输出的调整，从而实现车辆的快速响应和灵活操控。

(3) 多模式控制 新能源汽车可能需要在不同的模式下运行，如节能模式、运动模式等。控制器应支持多模式控制，能够根据驾驶人的选择调整电机的输出。

例如，某款新能源汽车提供了节能模式和运动模式供驾驶人选择。在节能模式下，控制器会优化电机的运行效率，降低能耗，提高车辆的续航里程。而在运动模式下，控制器则会提升电机的输出功率和响应速度，使车辆具备更加灵敏和动态的驾驶感受。驾驶人只需通过简单的操作，即可轻松切换不同的驾驶模式。

(4) 网络通信与数据交换 随着智能化和网联化的发展,新能源汽车的控制系统需要与车载网络进行通信和数据交换。驱动电机控制器应具备网络通信功能,能够与车辆其他控制系统进行信息交互。

例如,某先进新能源汽车驱动电机控制器采用了最新的车联网技术,实现了与车载网络的高效通信。当驾驶人选择特定功能(如智能驾驶辅助系统)时,驱动电机控制器能够快速接收来自车辆其他控制系统的数据指令,如车速、转向角度等,并据此调整电机的输出,确保车辆的安全、稳定行驶。同时,驱动电机控制器还能将自身的工作状态数据反馈给车载网络,供其他系统参考和决策。

(5) 故障诊断与自修复 除了基本的故障诊断功能外,控制器还应具备自修复能力。在发现故障后,控制器应能够自动采取适当的措施,如调整工作参数、切换备份系统等,以减少故障对车辆的影响。

例如,当某新能源汽车的驱动电机控制器检测到电池温度过高时,除了立即发出故障警报外,它还能自动启动自修复机制。控制器会首先尝试调整电池的充电和放电参数,以控制温度上升。如果这一措施无法有效解决问题,控制器将切换到备份散热系统,通过增加冷却风扇的转速或启动其他散热装置来降低电池温度。

(6) 能量管理与优化 为了提高新能源汽车的能量利用率和续航里程,控制器应具备能量管理与优化功能。通过对电机、电池等关键部件的能耗进行实时监控和优化,降低车辆的能耗。

例如,某款先进的新能源汽车驱动电机控制器配备了能量管理与优化功能。通过实时监控电机、电池等关键部件的能耗数据,控制器能够精确计算出车辆在不同工况下的能量消耗情况。基于这些数据,控制器会智能地调整电机的运行参数,如转速、转矩等,以减少不必要的能量损失。同时,控制器还会与电池管理系统协同工作,优化电池的充放电策略,进一步提高能量利用率。

(7) 安全保护功能 控制器应具备完善的安全保护功能,如过流保护、过压保护、过热保护等。在极端工况下,控制器能够迅速切断电源,确保车辆和乘员的安全。

例如,某新能源汽车驱动电机控制器配备了多种安全保护功能。当车辆在运行过程中出现异常情况,如电机电流过大、电池电压过高或电机温度过高时,控制器会立即启动相应的保护机制。例如,在过流情况下,控制器会迅速切断电源,避免电机和电池受到损坏;在过热时,控制器会启动散热系统,降低关键部件的温度。这些安全措施能够在极端工况下迅速响应,有效保障车辆和乘员的安全。

1.5.1.2 不同类型新能源汽车驱动电机控制器功能需求的比较

不同类型新能源汽车驱动电机控制器功能需求的比较见表1-4。

表1-4 不同类型新能源汽车驱动电机控制器功能需求的比较

功能需求	纯电动汽车	混合动力电动汽车	燃料电池电动汽车
能量管理	驱动电机控制器需要精确管理电池的充放电过程,确保能量高效利用,同时延长电池寿命	控制器不仅要管理电池的能量流动,还需与发动机协同工作,确保两者之间的能量分配最优化	除了管理电池能量外,还需监测燃料电池的状态,包括氢气供应、反应生成等,以确保整个系统的稳定运行

续表

功能需求	纯电动汽车	混合动力电动汽车	燃料电池电动汽车
驱动控制	控制器需要实时调整电机的转速和转矩,以响应驾驶人的指令,提供平稳、高效的驾驶体验	控制器同样需要精确控制电机的工作状态,但与纯电动汽车不同的是,还需考虑发动机的介入时机和输出	控制器的主要任务也是调整电机的运行状态,但在燃料电池汽车中,电机是唯一的动力来源,因此对其控制要求更为严格
模式控制	控制器应支持多种驾驶模式(如节能模式、运动模式等),并根据驾驶人的选择调整电机的输出	在混合动力汽车中,控制器还需管理混合动力模式(如纯电驱动、发动机驱动、混合动力驱动等)的切换	燃料电池电动汽车的控制器也应支持多种驾驶模式,但具体的切换逻辑可能与混合动力电动汽车略有不同
故障诊断与自修复	控制器应具备强大的故障诊断能力,能够实时监测电机、电池等关键部件的状态,并在发现异常时及时采取修复措施(如切换备份系统)	除了纯电动汽车控制器所需的功能外,混合动力电动汽车的控制器还需考虑发动机部分的故障诊断与自修复	燃料电池电动汽车的控制器在故障诊断与自修复方面需同时考虑燃料电池和电机两部分
安全保护	控制器应具备完善的过流、过压、过热等安全保护功能,确保在极端工况下车辆和乘员的安全	混合动力电动汽车的控制器也需要具备相应的安全保护功能,但还需考虑发动机部分的安全问题	燃料电池电动汽车的控制器在安全保护方面需同时关注燃料电池和电机的安全
网络通信与数据交换	控制器需要与车载网络进行实时通信,与其他控制系统交换数据,以实现车辆的整体优化	混合动力电动汽车的控制器在网络通信方面还需与发动机控制系统进行紧密的数据交换	燃料电池电动汽车的控制器在网络通信方面需同时考虑燃料电池、电池和电机等多个控制系统的数据交换

1.5.2 驱动电机控制器的配置

1.5.2.1 配置原则

(1) 安全性原则 驱动电机控制器的配置应首先满足安全性要求,确保在极端工况下车辆和乘员的安全。控制器应具备完善的安全保护功能,如过流保护、过压保护、过热保护等,并能迅速切断电源以防止故障扩大。

例如,当驱动电机控制器检测到电池过流时,它会立即启动过流保护功能。这个功能能够迅速切断电源,防止电流过大对电机和电池造成损害,进而避免可能引发的火灾或爆炸等严重事故。同样,当控制器检测到电池过压或电机过热时,也会迅速采取相应的保护措施,如降低电压、启动散热系统等,以减少潜在的安全隐患。

(2) 性能原则 控制器的配置应能充分满足车辆的性能需求,包括电机的精确控制、高效能量利用、平稳驾驶体验等。控制器应能够实时调整电机的转速和转矩,实现不同驾驶模式下的动力输出。

例如,当驾驶人选择运动模式时,高性能的驱动电机控制器能够迅速响应,实时调整电机的转速和转矩,以实现更为强劲的动力输出。这种精确的控制使得车辆加速更加迅猛,同时保证了驾驶体验的平稳性和舒适性。此外,控制器还能通过优化电机的运行参数,如电流、电压等,提高能量利用效率,延长续航里程。

(3) 可靠性原则 控制器的配置应具有较高的可靠性,能够在各种复杂环境下稳定运行。控制器应具备良好的环境适应性,如防水、防尘、耐高温等,以确保在各种恶劣条件下的可靠性。

例如，某新能源汽车品牌的驱动电机控制器，经过严格的环境适应性测试，能够在 $-40\sim85℃$ 的温度范围内正常工作，并且具备 IP67 级别的防水和防尘能力。

(4) 成本效益原则 在满足以上原则的基础上，控制器的配置应考虑成本效益，避免浪费。应根据车辆的实际需求和市场需求，选择性价比高的控制器配置方案。

例如，某新能源汽车制造商在开发新款电动汽车时，充分考虑了市场需求和成本控制。他们深入分析了车辆的动力需求、续航里程等关键指标，并结合消费者的购买能力和偏好，选择了一款性能优异且成本适中的驱动电机控制器。这款控制器不仅保证了车辆的性能和安全性，还降低了生产成本，提高了市场竞争力。

1.5.2.2 硬件配置策略

(1) 主控芯片 主控芯片是控制器的核心，负责处理各种控制算法和数据。在选择主控芯片时，应优先考虑高性能、低功耗的芯片。高性能的主控芯片可以确保控制器能够实时、准确地处理各种复杂的控制任务，而低功耗的芯片则可以降低控制器的能耗，提高能效比。此外，主控芯片还应具备足够的计算能力和存储能力，以满足控制器在不同工况下的运行需求。

例如，英飞凌的 AURIX 系列微控制器芯片专为高性能汽车应用而设计，具备出色的实时处理能力和低功耗特性。AURIX 系列微控制器采用多核架构，能够提供强大的计算能力和丰富的外设接口，满足新能源汽车驱动电机控制器在各种复杂工况下的需求。此外，AURIX 系列芯片还具有良好的稳定性和可靠性，为控制器的稳定运行提供了有力保障。

(2) 功率模块 功率模块是控制器的动力输出部分，负责将电池的直流电转换为交流电以驱动电机运行。在选择功率模块时，应根据电机的功率需求进行匹配，确保功率模块能够输出足够的电流和电压以满足电机的驱动需求。同时，功率模块还应具备高效的能量转换能力和较低的损耗，以提高车辆的续航里程和能效比。

例如，某款高性能新能源汽车电机需求大功率、高电压的电流供应以确保快速响应和稳定运行。为此，该车型采用了某知名品牌的功率模块，其高效的能量转换能力和低功耗设计确保了电流的稳定输出，并最大限度地减少了能量浪费。这种选择使得该新能源汽车在加速性能、最高车速和续航里程等方面都取得了显著的提升。

(3) 接口电路 接口电路是控制器与其他系统通信的桥梁，它负责将控制器的控制信号和数据传输给其他系统，并将其他系统的信号和数据反馈给控制器。在配置接口电路时，应充分考虑整车的通信需求和控制器的功能需求，配置必要的接口电路，如 CAN 总线接口、脉冲宽度调制信号接口等。同时，接口电路还应具备良好的兼容性和稳定性，以确保控制器与其他系统的通信畅通无阻。

例如，某款新能源汽车控制器采用了精心设计的接口电路。为了满足整车的通信需求和控制器的功能需求，这款控制器配置了多种接口电路，包括 CAN 总线接口用于与整车控制系统进行通信，以及脉冲宽度调制信号接口用于精确控制电机的运行。这些接口电路不仅满足了基本的通信需求，还通过优化设计提高了数据的传输效率和稳定性。此外，该接口电路还具备良好的兼容性和稳定性，能够适应各种工作环境和电气条件，确保控制器与其他系统之间的通信畅通无阻。

(4) 电源模块 电源模块负责为控制器提供稳定的电源供给，确保控制器在各种工况下都能正常工作。在配置电源模块时,应选择稳定性好、可靠性高的电源模块,并根据控制器的功耗需求进行合理的设计。同时,还应考虑电源的冗余备份设计,以确保控制器在电源故障时仍能正常工作。

例如,某款新能源汽车控制器电源模块采用了先进的电源管理技术和高品质的电子元件,保证了电源的稳定性和可靠性。同时,根据控制器的功耗需求,该电源模块经过精心设计和优化,确保在高效供电的同时,降低能耗。此外,该电源模块还具备冗余备份设计,当主电源发生故障时,备份电源能够迅速接管供电任务,确保控制器持续稳定运行。

(5) 散热系统 散热系统是控制器的重要辅助设备,它负责降低控制器在工作过程中的温度,确保控制器的稳定性和可靠性。在配置散热系统时,应根据控制器的功耗和散热需求进行合理的设计,配置足够的风扇、散热器等散热设备。同时,还应考虑散热系统的可靠性和维护性,以确保散热系统能够长期稳定地工作。

例如,某型新能源汽车控制器在散热系统的配置上进行了精心考虑。根据控制器的功耗和散热需求,配备了高性能的风扇和散热器,确保热量能够及时、有效地散发出去。这些散热设备不仅具有良好的散热效果,还具备较低的噪声和长寿命特点,保证了散热系统的可靠性。此外,针对该散热系统还考虑了维护性,采用了易于拆卸和清洁的设计,使得在必要时能够方便地进行维护,确保散热系统能够长期稳定地工作。

1.5.2.3 软件配置策略

(1) 控制算法 新能源汽车电机的控制算法是软件配置的核心,它直接决定了电机运行的效率和稳定性。常见的控制算法包括矢量控制、直接转矩控制等。这些算法能够精确地控制电机的转速、转矩和电流等关键参数,从而实现电机的高效、稳定运行。在选择控制算法时,应根据电机的特性和车辆的实际需求进行选择和优化。

例如,矢量控制算法是一种基于电机磁链和电流矢量的控制方法。通过对电机内部磁链和电流进行精确控制,矢量控制算法能够实现电机的高效能量转换和精确转矩输出。这种算法适用于对电机性能要求较高的新能源汽车,能够显著提升车辆的加速性能和行驶稳定性。

在选择控制算法时,需要综合考虑电机的特性、车辆的实际需求以及控制算法的复杂度等因素。通过合理的算法选择与优化,可以进一步提高新能源汽车的性能表现,满足用户的需求。

(2) 安全保护功能 安全保护功能是新能源汽车驱动电机控制器软件配置的重要组成部分。通过在软件中实现过流保护、过压保护、过热保护等功能,可以确保车辆和乘员的安全。当控制器检测到电机电流、电压或温度超过设定阈值时,会立即启动保护程序,降低或切断电机的供电,避免故障扩大和损害车辆。

例如,当控制器检测到电机电流超过设定的安全阈值时,软件会立即启动过流保护程序。该程序会迅速降低电机的供电电流,防止电机因过载而受损,同时避免对整车电气系统造成潜在危害。类似地,过压保护和过热保护功能也能在检测到电压过高或温度异常时,及时启动相应的保护程序,确保车辆的安全运行。

(3) 故障诊断与排除 故障诊断与排除功能是控制器软件配置的重要辅助功能。当控制器出现故障时,通过软件中的诊断程序可以快速定位故障原因,并给出相应的排除建议。这有助于维修人员迅速解决问题,减少车辆维修的时间和成本。同时,故障诊断与排除功能还可以记录故障信息,为后续的故障分析和改进提供依据。

例如，当控制器检测到电机运行异常时，故障诊断程序会立即启动，对电机控制相关的各个模块进行全面检查。一旦发现某个模块出现故障，程序会立即给出相应的故障码和排除建议，指导维修人员快速定位并解决问题。这种快速、准确的故障诊断能力，不仅大大缩短了车辆维修时间，降低了成本，还为后续的故障分析和改进提供了数据支持。

（4）通信协议　通信协议是控制器与其他系统进行通信和数据交换的基础。根据整车的通信需求，配置相应的通信协议，如 CAN 总线协议等。通过通信协议，控制器可以与整车控制系统、电池管理系统、车载网络等系统进行实时通信，实现数据共享和协同控制。这有助于提高整车的运行效率和安全性。

例如，CAN 总线协议以其高速率、高可靠性及优秀的扩展性，在新能源汽车领域得到广泛应用。控制器通过 CAN 总线可以与电池管理系统实时交换电池状态信息，确保电池在安全、高效的范围内工作。同时，与其他车载系统如仪表盘、导航系统等的通信，也使得整车运行更为智能和协同。

（5）软件升级与维护　软件升级与维护功能是控制器软件配置的必要组成部分。通过提供软件升级和维护功能，可以在不更换硬件的情况下对控制器进行升级和维护，提高控制器的性能和可靠性。同时，对软件进行升级与维护还可以及时发现和解决软件中的潜在问题，确保控制器的稳定运行。

例如，某款新能源汽车控制器具备便捷的软件升级与维护功能。通过车载网络或专业的服务站点，用户可以获取最新的软件版本，并进行远程升级。这种升级方式不仅简化了操作流程，还减少了用户的等待时间。同时，软件升级还伴随着性能优化和潜在问题的修复，进一步提升了控制器的稳定性和可靠性。此外，专业的技术支持团队还会定期推出软件维护服务，确保控制器始终运行在最佳状态。

1.5.2.4　配置优化措施

（1）选择高性能的元器件和材料　高性能的元器件和材料是提升控制器整体性能的基础。在元器件的选择上，应优先考虑那些具有高集成度、低功耗、高热稳定性和高精度等特点的器件。同时，对于材料的选择也应注重其导热性、耐热性、耐腐蚀性等方面的性能，以确保控制器在高温、高湿等恶劣环境下的稳定运行。

例如，控制器中的微处理器应选择具有高集成度、低功耗的先进型号，以保证高效的数据处理能力和节能效果。同时，为了应对高温、高湿等恶劣环境，控制器的散热片、电路板等部件应采用导热性好、耐热性强的优质材料。

（2）优化控制算法　控制算法是控制器软件配置的核心，对电机的控制精度和效率具有决定性作用。通过不断优化控制算法，可以实现更精确的电机控制，提高整车的动力性能和驾驶体验。在优化控制算法时，可以借鉴先进的控制理论和技术，结合电机特性和车辆实际工况，进行有针对性的优化。

例如，针对某一型号的新能源汽车电机，可以引入先进的控制算法如模型预测控制，并结合电机的特性及实际运行工况进行针对性优化。这样的优化使得控制器能够更加精准地控制电机转速、转矩等参数，进而提升车辆的加速性能和稳定性。

（3）加强散热设计　散热设计是确保控制器在高温环境下稳定运行的关键因素。通过加强散热设计，可以有效地降低控制器在工作过程中的温度，提高其可靠性和寿命。在散热设计方面，可以采用先进的散热技术，如液体冷却、热管技术等，并结合控制器的结构和布局,进行合理的散热布局设计。

例如,某型新能源汽车控制器的散热系统采用了高效的液体冷却系统,通过冷却液循环,迅速带走控制器内部产生的热量。同时,结合热管技术,优化了散热布局,使热量能够更均匀、快速地散发出去。

(4) **提高控制器的环境适应性** 新能源汽车的使用环境复杂多变,控制器需要具备较高的环境适应性才能确保在各种环境下都能稳定运行。为了提高控制器的环境适应性,可以采取多种措施,如增加防水、防尘、耐高温等功能设计,以确保控制器在恶劣环境下的正常运行。此外,还可以通过提高控制器的抗震性和抗冲击性,来应对复杂多变的道路环境。

例如,某品牌的新能源汽车控制器在设计中特别注重环境适应性。它增加了防水和防尘功能,确保在潮湿或多尘的环境下依然能够正常工作。同时,控制器还采用了耐高温材料,使其在高温环境下也能保持稳定的性能。此外,该控制器的抗震性和抗冲击性也得到了显著增强,从而能够应对复杂多变的道路环境。

(5) **引入冗余备份和容错设计** 冗余备份和容错设计是提高系统可靠性的重要手段。在控制器设计中,可以引入冗余备份和容错设计来提高系统的可靠性。例如,在关键部件和模块上设置冗余备份,一旦某个部件或模块出现故障,备份部件或模块可以立即接管工作,确保系统继续稳定运行。同时,还可以通过引入容错设计来降低系统对单一故障的敏感性,提高系统的容错能力。

例如,某先进的新能源汽车控制器的关键部件和模块均设有冗余备份。这意味着,当某一部件或模块因故障无法工作时,备份部件或模块将迅速启动,确保整个控制器系统不会因此中断运行。此外,该控制器还引入了先进的容错设计,通过智能化的故障检测和处理机制,大大降低了系统对单一故障的敏感性,显著提高了整车的安全性和可靠性。

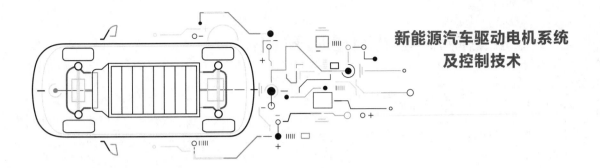

第2章
永磁同步电机技术

　　永磁同步电机技术作为电机领域的前沿技术，以其高功率密度、卓越的效率、优秀的动态响应及精准的调速控制，引领电动汽车、工业自动化及新能源等领域的发展。该技术的核心在于利用高性能永磁体产生恒定磁场，与定子电流产生的旋转磁场相互作用，实现高效能量转换。近年来，随着材料科学、控制技术及电力电子技术的进步，永磁同步电机在降低成本、提升性能及增强可靠性方面取得了显著成就，正逐步成为众多高端应用的优选动力方案。

2.1 永磁同步电机的基础知识

2.1.1 永磁同步电机的类型

按照永磁体在转子上位置的不同,永磁同步电机可分为表面式永磁同步电机和内置式永磁同步电机两大类。

2.1.1.1 表面式永磁同步电机

表面式永磁同步电机是指永磁体(永磁磁极)直接粘贴在转子外表面的电机。这种设计简化了电机结构,提高了整体效率。在运行时,电机的永磁体与定子绕组产生的磁场相互作用,实现高效电能转换。图 2-1 所示为表面式永磁转子结构。

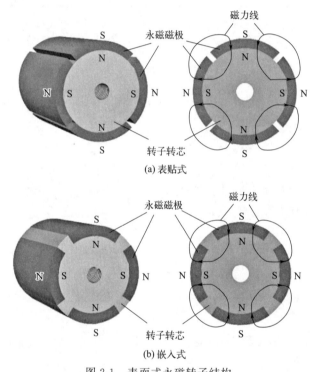

图 2-1 表面式永磁转子结构

2.1.1.2 内置式永磁同步电机

内置式永磁同步电机的永磁体位于转子铁芯内部,通过铁磁物质的极靴保护永磁体,确保永磁体免受外界影响。典型的内置式永磁转子结构包括径向式、切向式和混合式三种形式,这些设计不仅提高了电机的抗去磁能力,还增强了电机的稳定性和可靠性。内置式永磁同步电机因其卓越的性能和广泛的应用领域而备受瞩目。内置式永磁转子结构如图 2-2 所示。

内置式永磁同步电机和表面式永磁同步电机的比较见表 2-1。

图 2-2 内置式永磁转子结构

表 2-1 内置式永磁同步电机和表面式永磁同步电机的比较

项目	内置式永磁同步电机	表面式永磁同步电机
永磁体位置	转子内部	转子外表面
结构特点	凸极结构,永磁体受极靴保护	结构简单,永磁体直接粘贴
功率密度	较高	相对较低
调速性能	优异	良好
抗去磁能力	较强	较弱
转矩脉动	较小	较大
制造成本	较高	较低
应用场景	需要高功率密度和调速性能的场合,如电动汽车、高性能数控机床	中低性能要求的场合,如家用电器、小型工业设备

(1) 径向内置式永磁同步电机 径向内置式永磁同步电机的永磁体沿转子径向方向嵌入转子内部,形成凸极结构。这种电机具有较高的功率密度和较好的调速性能。径向内置式永磁转子结构如图 2-3 所示。

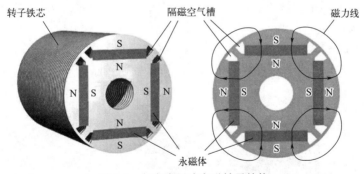

图 2-3 径向内置式永磁转子结构

(2) 切向内置式永磁同步电机 切向内置式永磁同步电机的永磁体沿转子切向方向嵌入转子内部,形成多极结构。这种电机具有较高的转矩密度和较好的过载能力。切向内置式永磁转子结构如图 2-4 所示。

(3) 混合内置式永磁同步电机 混合内置式永磁同步电机结合径向和切向两种嵌入方式,使电机在功率密度、转矩密度和调速性能等方面达到更优的平衡。

不同内置式永磁同步电机的比较见表 2-2。

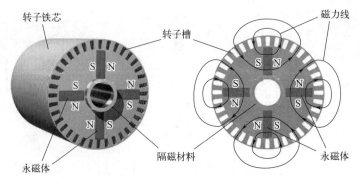

图 2-4 切向内置式永磁转子结构

表 2-2 不同内置式永磁同步电机的比较

项目	径向内置式永磁同步电机	切向内置式永磁同步电机	混合内置式永磁同步电机
永磁体布置	沿转子径向方向嵌入	沿转子切向方向嵌入	径向与切向相结合
结构特点	结构紧凑,凸极结构明显	漏磁较少,磁阻转矩大	兼具两者优点,设计灵活
功率密度	适中	较高	高
调速性能	优秀	优秀	优秀
抗去磁能力	适中	较强	强
制造工艺复杂度	较低	较高	较高
成本	较低	适中	较高
适用场景	中高功率需求	高功率密度需求	高性能、高可靠性需求

2.1.2 永磁同步电机的结构

永磁同步电机属于交流电机的一种,其转子由带有永久磁场的钢制成,电机工作时给定子通电,产生旋转磁场推动转子转动,而"同步"的意思是在稳态运行时,转子的旋转速度与磁场的旋转速度同步。

永磁同步电机主要由定子、转子、冷却系统(水道)及旋变传感器等组成,其结构示意如图 2-5 所示。动力线将电机控制器产生的三相交流电输送到电机的定子上,定子在三相交

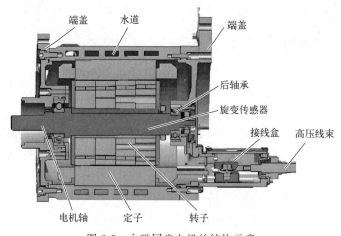

图 2-5 永磁同步电机的结构示意

流电的作用下产生按照一定规律变化的旋转磁场，转子在定子产生的旋转磁场的作用下旋转，电机轴将转子产生的动能输出，旋变传感器可以检测电机转子转动时的角度和角速度并输出到电机控制器作为控制电机的依据，水道用于给电机散热。

2.1.2.1 定子

定子是永磁同步电机的固定部分，通常由定子铁芯和定子绕组等组成，如图 2-6 所示。

(1) 定子铁芯 定子铁芯是定子的主体部分，通常由硅钢片叠压而成。硅钢片具有良好的导磁性能和较小的磁滞损耗，能够有效传递磁场并减小电机的能量损耗。定子铁芯的结构一般呈圆筒形，内部有多个槽用于容纳定子绕组。

目前电动汽车用永磁同步电机主要采用厚度为 0.25mm、0.27mm、0.3mm 及 0.35mm 的硅钢片，部分电机采用厚度为 0.2mm 冲片，以进一步降低铁损。

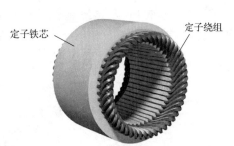

图 2-6 永磁同步电机的定子

定子在永磁同步电机中发挥着至关重要的作用，主要体现在以下几个方面。

① 产生磁场：定子绕组通过电流时会产生磁场，与永磁体的磁场相互作用，形成旋转磁场。这个旋转磁场与转子上的永磁体相互作用，产生电磁力矩，从而驱动电机转动。

② 实现能量转换：定子绕组中的电流由外部电源提供，通过与永磁体磁场的相互作用，实现了电能到机械能的转换。在电机运行过程中，定子绕组不断地将电能转换为机械能，驱动电机转动。

③ 控制电机运行：通过控制定子绕组中的电流大小、方向和频率等参数，可以实现对电机运行状态的精确控制。例如，通过调整定子电流的相位和频率，可以实现对电机转速和转矩的调节；通过调整定子电流的大小和方向，可以实现对电机转向的控制。

(2) 定子绕组 定子绕组是定子的重要组成部分，由导线绕制而成，通常嵌在定子铁芯的槽中。定子绕组通过电流时会产生磁场，与永磁体的磁场相互作用，从而驱动电机转动。定子绕组通常采用多相结构，以实现电机的高效运行和稳定控制。

绕组分为分数槽集中式绕组和分布式绕组，如图 2-7 所示。分数槽集中式绕组是一种绕组设计方式，其主要特点是绕组线圈按照分数槽数进行布置，每个槽内的线圈数量相同或相近。这种绕组设计方式可以充分利用电机内部的空间，使得电机在相同体积下能够拥有更高的功率密度。分布式绕组是一种传统的绕组设计方式，其主要特点是绕组线圈按照一定规律

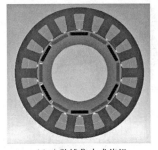
(a) 分数槽集中式绕组

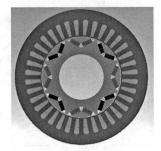
(b) 分布式绕组

图 2-7 分数槽集中式绕组和分布式绕组

分布在电机的各个槽内。这种绕组设计方式可以使得电机内部的磁场分布更加均匀，从而降低电机的振动和噪声。

下面通过一个 12 槽 8 极的分数槽集中式绕组永磁同步电机模型介绍其基本结构。分数槽集中式绕组永磁同步电机的最大特点是集中式绕组，图 2-8(a) 所示是定子铁芯结构，铁芯内圆周开了 12 个槽，形成 12 个齿，每个齿端部有极靴；把线圈直接绕在定子齿极上，所有线圈节距为 1，称为集中绕组，共 12 个线圈。为显示清晰，在介绍原理时采用单层线圈表示，图 2-8(b) 所示是绕有线圈的定子。显然，集中式绕组的线圈端部长度短，铜损小，效率高；绕组无重叠，相间绝缘好；线圈易机械下线，生产成本低。

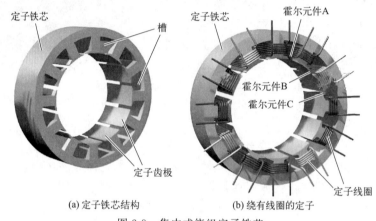

(a) 定子铁芯结构　　(b) 绕有线圈的定子

图 2-8　集中式绕组定子铁芯

除了定子铁芯和定子绕组外，定子还包括一些辅助部件，如端盖、绝缘材料等。这些部件共同构成完整的定子结构。

2.1.2.2　转子

转子是永磁同步电机的旋转部分，由永磁体、转子铁芯和转轴等组成，如图 2-9 所示。永磁体是转子的核心部分，通常采用高性能的稀土永磁材料制成，具有高剩磁、高矫顽力和高磁能积等特点；转子铁芯通常由硅钢片制成，以减少涡流损耗和磁滞损耗；转轴则是转子的支撑部分，承受电机的转矩和转速。

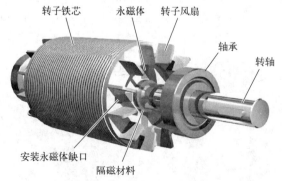

图 2-9　永磁同步电机的转子

12 个槽的分数槽集中式绕组永磁同步电机的转子可以有 8 个极、10 个极、14 个极和 16

个极。图 2-10 所示模型的永磁转子有 8 个极（4 对极），8 个永磁体采用表面贴片式，磁极的磁场方向为径向，N 极永磁体磁场方向向外，S 极永磁体磁场方向向内。图 2-10(a) 所示是转子结构示意图，图 2-10(b) 所示是定子与转子布置图。

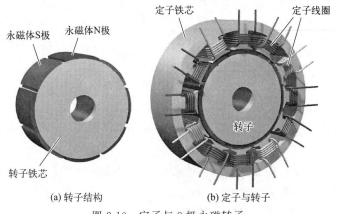

图 2-10　定子与 8 极永磁转子

48 槽 8 极的结构如图 2-11 所示。48 槽 8 极结构在电动汽车驱动电机中具有显著的优势和应用价值，其高效性能、平稳运行、宽广的调速范围以及易于制造和维护等特点使得这种结构的电机成为电动汽车领域的优选方案。

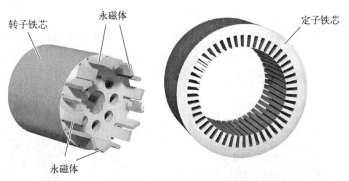

图 2-11　48 槽 8 极的结构

典型的分布式绕组有丰田普锐斯 THS 系统的驱动电机绕组，从第一代至第四代均采用分布式绕组，通过电机的高速化，实现了功率密度的不断提升。丰田普锐斯的驱动电机从第一代到第四代均采用 48 槽 8 极电机，其中第一代到第三代为圆铜线绕组，第四代为扁铜线绕组，如图 2-12 所示。

(a) 第三代丰田普锐斯电机的圆铜线绕组

(b) 第四代丰田普锐斯电机的扁铜线绕组

图 2-12　丰田普锐斯电机的圆铜线绕组和扁铜线绕组

圆铜线绕组的加工工艺比较简单，绕组的匝数便于调节，但端部尺寸一般较大，用铜量较多，发热严重，如果设计不合理，会使槽满率降低，严重时会影响电机的温升。扁铜线绕组与圆铜线绕组相比，由于扁铜线绕组下线前形状已经成型，而且不会轻易变形，所以扁铜线绕组的端部可以做到规则且短，既节省了端部的用铜量，又减小了电阻，同时规则的排列有利于端部绕组的散热。由于扁铜线绕组是成形绕组，所以在槽内接触紧密，和铁芯接触良好，能够充分进行散热；由于接触面积大，可以使得槽满率做得很高，效率相对就高。

2.1.2.3 冷却系统

永磁同步电机在运行过程中会产生一定的热量，如果不能及时散出，会影响电机的性能和寿命。因此，冷却系统对于永磁同步电机至关重要。永磁同步电机的冷却方式主要有水冷和油冷两种形式。

(1) 水冷方式 水冷方式通过循环的冷却液（通常为水或水与乙二醇的混合物）在电机内部或外部的冷却通道中流动，吸收电机产生的热量，并通过散热器将热量散发到空气中。水冷方式具有散热效果好、热容量大、维护方便等优点。

图 2-13 所示为永磁同步电机的水冷却。该冷却方式可满足大部分的使用要求，但也有不足，主要表现在电机的内部热量需经过层层材料传递到外部，才能被机壳中的冷却液带走。比如电机内部的绕组，其产生的热量要先传递到定子铁芯，再传递到机壳，最后才传递到冷却液。由于热阻的存在，冷却液和绕组之间必然存在一定的温度梯度，从而导致绕组温度聚积，形成局部热点。

宝马 i3 驱动电机经典的冲片形式及水道设计，已经成为行业经典案例。宝马 i3 驱动电机的峰值功率为 125kW，峰值转矩为 250N·m，总质量为 42kg，采用螺旋水道冷却方式，72 槽 12 极结构。宝马 i3 驱动电机螺旋水道模型如图 2-14 所示。

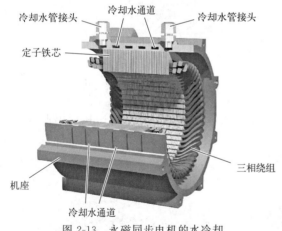

图 2-13　永磁同步电机的水冷却

图 2-14　宝马 i3 驱动电机螺旋水道模型

(2) 油冷方式 油冷方式通过循环的润滑油在电机内部流动，吸收电机产生的热量，并通过热交换器将热量散发到空气中。油冷方式具有散热效果好、对电机内部的绝缘性能影响小等优点。

油冷属于直接冷却方式，按冷却结构形式分为转子油冷却和定子油冷却两大类。转子油冷却的工作原理：冷却油从空心轴进油口流入，经空心轴内油道，流向各处出油口，冷却油部分喷洒在轴承处，部分通过空心轴喷洒在转子支撑处和绕组端部，达到良好的散热效果。定子油冷却的工作原理：冷却油从电机下端流入机壳，通过电机内的周向油道，流入电机机壳上端，电机机壳上端分布多个均匀喷油孔，在压力的作用下，冷却油从电机机壳上端喷油孔处直接喷洒在绕组端部，同时冷却油可流经电机内其他发热零部件，以达到电机内降温散热的效果。永磁同步电机的油冷却如图 2-15 所示。

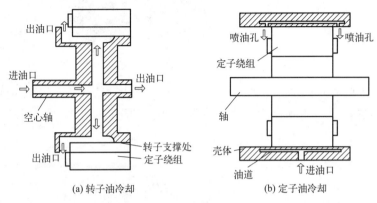

图 2-15　永磁同步电机的油冷却

转子油冷却和定子油冷却虽然有一定的散热效果，但也有各自的局限性，在实际生产中多采用两种冷却相组合的方式，如第四代丰田普锐斯电机采用的就是转子油冷却和定子油冷却相组合的方式，电机的冷却油路分为定子和转子两条路线，由一个齿轮泵进行供油，如图 2-16 所示。

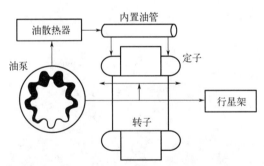

图 2-16　第四代丰田普锐斯电机油路示意

2.1.2.4　位置传感器

位置传感器用于检测转子位置，并以此对电枢电流进行控制，从而控制永磁同步电机。永磁同步电机的位置传感器一般采用旋转变压器（也称为旋变传感器），如图 2-17 所示。旋转变压器具有环境适应性强、响应速度快、可靠性高等特点。旋转变压器包括一路励磁绕组、两路输出绕组，通过励磁绕组的是高频正弦交流励磁电压，随着转子的旋转，两相正交输出绕组分别感应到相差 90°电角度的高频交流电压。输出绕组的电压随转子位置不同发生有规律的变化，可以通过解码该电压获取转子位置、转速信息，也可以采用专用的解码芯片 AU6802、AD2S80 等进行解码，还可以采用微控制器进行解码。

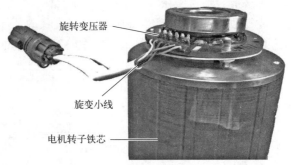

图 2-17 旋转变压器

不同企业生产的永磁同步电机的具体结构是有差异的，图 2-18 所示为通用电动汽车的永磁同步电机构造，图 2-19 所示为奥迪电动汽车的永磁同步电机构造。

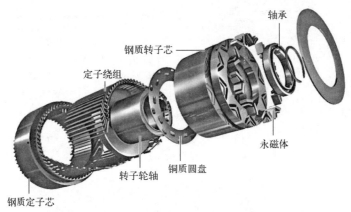

图 2-18 通用电动汽车的永磁同步电机构造

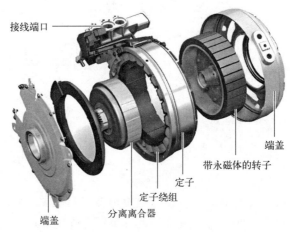

图 2-19 奥迪电动汽车的永磁同步电机构造

图 2-20 所示为高尔夫电动汽车使用的永磁同步电机，电机峰值功率为 100kW，峰值转矩为 290N·m。该电机是一个永磁同步三相交流水冷电机，由一个带永久磁性的转子和一个定子组成。定子连接至 U、V 和 W 相线后，通过三相矩形波信号驱动。为了保证定子的旋转磁场与转子的磁场同步运行，需要一个电机转子位置传感器 G713。电机温度传感器

G712 安装在定子上。该传感器用于调节整个冷却回路并监控定子温度。如果发现温度过高，驱动电机就会减少电力输出。

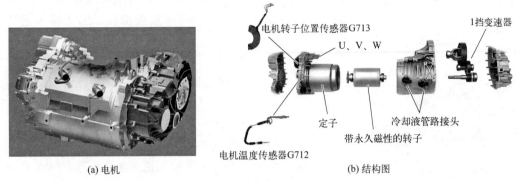

(a) 电机　　(b) 结构图

图 2-20　高尔夫电动汽车使用的永磁同步电机

2.1.3　永磁同步电机的原理

永磁同步电机工作原理逻辑如图 2-21 所示，由于转子自带磁性，当定子绕组通电后，转子立即受力，这就使得定子磁场与转子两者的转速达到同步。

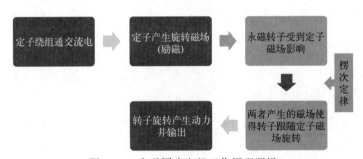

图 2-21　永磁同步电机工作原理逻辑

(1) 定子绕组通交流电　在永磁同步电机运行过程中，首先向定子绕组中通入交流电。这个步骤是电机工作的基础，为后续的磁场产生提供了必要条件。

(2) 定子产生旋转磁场（励磁）　根据电磁感应定律，当定子绕组中通入交流电时，定子绕组周围会产生磁场。由于交流电具有周期性变化的特性，因此定子产生的磁场也会随时间发生变化，形成旋转磁场。

(3) 永磁转子受到定子磁场影响　定子产生的旋转磁场会对永磁转子产生作用。此时，转子永磁体所产生的磁场与定子旋转磁场之间会发生相互作用，导致转子受到力矩作用。

楞次定律是解释这种现象的关键。根据楞次定律，当一个导体回路中的磁通量发生变化时，回路中会产生感应电流，以阻碍磁通量的变化。在永磁同步电机中，转子永磁体可视为一个导体回路，其磁通量受到定子旋转磁场的影响而发生变化。因此，转子永磁体中会产生感应电流，以阻碍磁通量的变化。

(4) 两者产生的磁场使得转子跟随定子磁场旋转　定子旋转磁场与转子永磁体产生的感应电流相互作用，产生电磁力矩。这个力矩会使转子尝试跟随定子旋转磁场的旋转方向进行旋转。同时，转子永磁体的磁场也会与定子旋转磁场相互作用，进一步增强转子旋转的趋势。

(5) 转子旋转产生动力并输出 在电磁力矩的作用下，转子开始旋转。随着转子的旋转，电机输出轴也会相应地转动，从而驱动机械设备工作。同时，转子永磁体的磁场与定子旋转磁场的相互作用也会不断发生变化，形成连续的转矩输出。

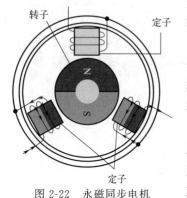

图 2-22 永磁同步电机的转子和定子

永磁同步电机的转子和定子如图 2-22 所示，电机的转子是永磁体，N、S 极沿圆周方向交替排列，定子磁场是旋转的。电机运行时，定子存在旋转磁动势，转子像磁针在旋转磁场中旋转一样，随着定子的旋转磁场同步旋转。

永磁同步电机的定子采用三相对称绕组，三相正弦波电压在定子三相绕组中产生对称三相正弦波电流，并在气隙中产生旋转磁场。旋转磁场与已充磁的磁极作用，带动转子与旋转磁场同步旋转并力图使定子、转子磁场轴线对齐。当外加负载转矩以后，转子磁场轴线将落后定子磁场轴线一个功率角，负载越大，功率角也越大，直到一个极限角度，电机停止。由此可见，同步电机在运行中，转速必须与频率严格成比例旋转，否则会失步停转。所以，转子的转速与旋转磁场同步，其静态误差为零。在负载扰动下，只是功率角变化，而不引起转速变化，转子的响应时间是实时的。

2.1.4 永磁同步电机的特点

2.1.4.1 永磁同步电机的优点

(1) 效率高 永磁同步电机最显著的特点之一就是其高效率。这主要得益于电机采用永磁体作为励磁源，无须消耗额外的能量来产生磁场。相比传统感应电机，永磁同步电机能够在相同的负载条件下产生更高的输出功率，并显著降低能耗，实现能源的高效利用。

高效率意味着更少的能源消耗和更长的使用寿命。在电动汽车领域，高效率的永磁同步电机可以显著提高续航里程；在工业应用中，则能够降低生产成本，提高生产效率。

(2) 功率密度高 永磁同步电机的另一个显著特点是其高功率密度。由于电机的转子由永磁体构成，这使得电机的磁通密度更高，进而在相同体积下能够实现更高的功率输出。这种高功率密度使得永磁同步电机在电动汽车、航空航天等领域具有显著优势，能够在有限的空间内提供更大的动力。

在电动汽车中，高功率密度的永磁同步电机能够提供更强劲的动力，使车辆加速更快、爬坡能力更强；在航空航天领域，高功率密度的电机则能够提供更稳定的推力和更精确的控制，满足各种复杂工况下的需求。

(3) 调速性能优异 永磁同步电机的转速与电源频率之间呈严格的线性关系，这使得其调速性能非常优异。通过控制电源频率，可以精确地调节电机的转速，实现宽范围、高精度的调速。此外，永磁同步电机还具有快速响应和动态性能好的特点，能够满足各种复杂工况下的需求。

优异的调速性能使得永磁同步电机在工业自动化、电动工具、家用电器等领域具有广泛的应用前景。在这些领域中，电机需要频繁地调节转速和扭矩，以适应不同的工作负载和工况。永磁同步电机的优异调速性能能够确保设备在各种工况下都能稳定、可靠地运行。

(4) 节能环保 永磁同步电机的高效率和低能耗特点使其具有显著的节能环保优势。相比传统电机，永磁同步电机能够减少能源消耗，降低碳排放，对环境保护具有积极作用。此外，由于电机结构简单、维护方便，也能够降低维护成本和环境污染。

在能源危机和环境污染日益严重的今天，永磁同步电机的节能环保特点符合绿色发展的理念，得到了越来越多的关注和应用。

(5) 结构简单、体积小 永磁同步电机从整体部件构成和装配角度来看，结构较为简单，减少了部件数量和复杂度，同时也降低了整体重量和体积。这使得永磁同步电机在安装、维护和使用方面更加方便，并能够在紧凑的空间内实现高性能的驱动。

2.1.4.2 永磁同步电机的缺点

(1) 成本高 永磁同步电机面临的一个显著挑战是成本高。这主要是由于其关键组成部分——永磁体，多采用如钕铁硼等价格较高的稀土材料。高昂的材料成本直接推高了电机的整体制造成本，使其在成本敏感型应用中缺乏市场竞争力。此外，为了保证电机的性能和质量，制造商还需采用高质量的制造工艺和材料，这进一步增加了成本，使得永磁同步电机在一些对价格敏感的领域显得不太经济。

(2) 永磁体稳定性问题 永磁体在高温、高湿等恶劣环境下容易发生失磁现象，这是永磁同步电机的另一个缺点。失磁会导致电机性能下降，甚至无法正常工作。此外，如果电机受到强烈的冲击或振动，也可能导致永磁体损坏或脱落。这些问题使得永磁同步电机对运行环境的要求较高，需要采取一定的保护措施来确保永磁体的稳定性。

为了解决这些问题，制造商通常会采用耐高温、耐高湿的永磁体材料，并在电机设计中加入防护措施。然而，这些措施往往会增加电机的制造成本和复杂度。

(3) 对控制器要求高 永磁同步电机需要配备较为复杂的控制器来实现高精度、高可靠性的控制。这增加了系统的复杂度和成本，同时也对控制器的设计和调试提出了更高的要求。如果控制器设计不当或出现故障，可能会导致电机性能下降或损坏。

此外，由于永磁同步电机的控制算法相对复杂，因此需要对控制器进行精确的校准和调试，这要求制造商具备较高的技术水平和丰富的经验。对于一些不具备这些条件的制造商来说，生产高质量的永磁同步电机可能会面临较大的挑战。

(4) 维修困难 永磁同步电机的部分结构较为复杂，且永磁体一旦损坏则难以修复。这使得永磁同步电机的维修相对困难。此外，永磁体的更换和修复也需要一定的技术和经验支持，增加了维修的难度和成本。

为了降低维修成本和难度，制造商通常会提供完善的售后服务和技术支持。然而，在某些情况下，即使得到制造商的支持，维修也可能需要较长时间和较高的成本，这对于一些对设备可用性要求较高的应用来说可能是一个问题。

2.2 永磁同步电机的控制技术

2.2.1 永磁同步电机数学模型

永磁同步电机的控制性能很大程度上依赖其数学模型的精确性。该模型需能够全面反映电机的静态特性和动态行为，包括电磁关系、机械运动等，以支持复杂控制策略的实现。然而，由于电机系统本身的复杂性，直接建立精确的模型面临诸多挑战。因此，在构建模型时，通常需要做出一些合理的假设以简化分析过程。

2.2.1.1 假设条件

为了建立有效的永磁同步电机数学模型，通常做出以下假设。

(1) 电机定子三相绕组均匀分布 三相绕组在空间上均匀间隔120°，确保三相电流产生的磁动势在空间上对称分布。

(2) 电机参数恒定 认为电机的电阻、电感等电气参数不随外界环境（如温度、湿度）的变化而变化。

(3) 电感参数不变 各相绕组的自感和互感不随电机运行状态（如转速、负载）的变化而改变。

(4) 转子磁链正弦分布 转子永磁体产生的磁链在气隙中以正弦波形式分布，这是推导电压和转矩方程的基础。

(5) 定子绕组参数一致性 三相绕组的电气参数（如电阻、电感）完全相同，简化分析过程。

2.2.1.2 常见的坐标系

基于上述假设，永磁同步电机的数学模型可以根据所选用的坐标系不同而有所差异。常见的坐标系包括三相静止坐标系（ABC坐标系）、两相静止坐标系（α-β坐标系）和两相旋转坐标系（d-q坐标系）。

(1) 三相静止坐标系（ABC坐标系） 在ABC坐标系下，直接根据电机的物理结构建立电压、电流和磁链的关系方程。该模型直观反映了电机实际运行情况，但方程复杂，不利于控制器设计。

(2) 两相静止坐标系（α-β坐标系） 通过Clarke变换，将ABC坐标系下的电机模型转换到α-β坐标系。该坐标系下，模型得到简化，但仍包含交流分量，适合进行矢量控制的初步分析。

(3) 两相旋转坐标系（d-q坐标系） 通过Park变换，进一步将α-β坐标系下的模型转换到与转子同步旋转的d-q坐标系。在d-q坐标系下，电机的定子电流、电压及磁链均变为直流分量或恒频交流分量，大大简化了控制器的设计。

2.2.1.3 三相静止坐标系下的永磁同步电机数学模型

三相静止坐标系下的永磁同步电机物理模型如图2-23所示。图中A、B、C为三相定子绕组的轴线，彼此相差120°；θ为转子位置角，是转子N极轴线与定子A相绕组轴线之间的夹角。

在三相静止坐标系下，永磁同步电机的数学模型较为复杂，包含三个相互耦合的电压方程、磁链方程以及转矩方程。

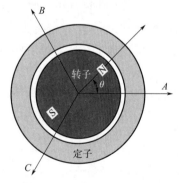

图2-23 三相静止坐标系下的永磁同步电机物理模型

(1) 电压方程 定子三相绕组的电压方程可表示为

$$\begin{bmatrix} u_A \\ u_B \\ u_C \end{bmatrix} = \begin{bmatrix} R_s & 0 & 0 \\ 0 & R_s & 0 \\ 0 & 0 & R_s \end{bmatrix} \begin{bmatrix} i_A \\ i_B \\ i_C \end{bmatrix} + \frac{d}{dt} \begin{bmatrix} \psi_A \\ \psi_B \\ \psi_C \end{bmatrix} \tag{2-1}$$

式中，u_A、u_B、u_C 和 i_A、i_B、i_C 分别为定子 A、B、C 三相绕组的电压和电流；R_s 为电机定子电阻；ψ_A、ψ_B、ψ_C 分别为定子 A、B、C 三相绕组的磁链。

(2) 磁链方程 磁链方程描述了磁链与电流及转子位置的关系，对于永磁同步电机，磁链包括定子磁链和转子永磁体产生的磁链。由于三相绕组间存在互感，所以磁链方程较为复杂，通常通过磁链矩阵表示。

电机在 A、B、C 三相静止坐标系下的磁链方程为

$$\begin{bmatrix} \psi_A \\ \psi_B \\ \psi_C \end{bmatrix} = \begin{bmatrix} L_{AA}(\theta) & M_{AB}(\theta) & M_{AC}(\theta) \\ M_{BA}(\theta) & L_{BB}(\theta) & M_{BC}(\theta) \\ M_{CA}(\theta) & M_{CB}(\theta) & L_{CC}(\theta) \end{bmatrix} \begin{bmatrix} i_A \\ i_B \\ i_C \end{bmatrix} + \psi_f \begin{bmatrix} \cos\theta \\ \cos\left(\theta - \dfrac{2\pi}{3}\right) \\ \cos\left(\theta - \dfrac{4\pi}{3}\right) \end{bmatrix} \tag{2-2}$$

式中，$L_{AA}(\theta)$、$L_{BB}(\theta)$、$L_{CC}(\theta)$ 分别为定子 A、B、C 三相绕组的自感；$M_{XY}(\theta)$ 为定子 X 相（表示 A、B、C 三式）绕组对 Y 相（表示 A、B、C 三式）绕组的互感；ψ_f 为转子磁链的最大值。

(3) 转矩方程 电磁转矩是驱动电机旋转的力，其大小与电流和磁链的相互作用有关。在三相静止坐标系下，电磁转矩方程可以通过磁共能求导得到。

三相静止坐标系下的永磁同步电机的电磁转矩方程为

$$T_e = -p\psi_f \left[i_A \sin\theta + i_B \sin\left(\theta - \frac{2\pi}{3}\right) + i_C \sin\left(\theta - \frac{4\pi}{3}\right) \right] \tag{2-3}$$

式中，p 是电机的极对数。

永磁同步电机的运动方程为

$$T_e - T_L = J \frac{d\omega_m}{dt} \tag{2-4}$$

式中，T_L 为永磁同步电机的负载转矩；J 为永磁同步电机转子的转动惯量；ω_m 为永磁同步电机转子的机械角速度。

这种基于三相静止坐标系的数学模型呈现出显著的非线性时变特性，使得直接在此框架下对电机进行深入分析和控制设计变得尤为困难。因此，为了有效实施对永磁同步电机的精准控制，必须寻求更为合适、易于处理的数学模型，如通过坐标变换至 d-q 轴系下，将非线性时变系统转化为线性定常系统，从而简化控制策略的制订与优化。这一过程对于提升电机控制性能、实现高效能驱动具有重要意义。

2.2.1.4 两相静止坐标系（α-β 坐标系）下的永磁同步电机数学模型

为了简化数学模型，常将三相静止坐标系下的方程转换到两相静止坐标系（α-β 坐标系）下。这一变换基于 Clarke 变换，实现了从三相到两相的降维。

在三相静止坐标系下，永磁同步电机的电压方程中含有微分算子，分析模型时较为烦琐，为了简化模型，建立如图 2-24 所示的两相静止坐标系。两相静止坐标系中的 α 轴与定

子 A 相绕组的轴线重合；α 轴逆时针旋转 90°空间电角度得到 β 轴。

(1) 电压方程 将三相静止坐标系下的电压方程，经过变换得到两相静止坐标系下的电压方程为

$$\begin{bmatrix} u_\alpha \\ u_\beta \end{bmatrix} = \begin{bmatrix} R_s & 0 \\ 0 & R_s \end{bmatrix} \begin{bmatrix} i_\alpha \\ i_\beta \end{bmatrix} + \frac{\mathrm{d}}{\mathrm{d}t} \begin{bmatrix} \psi_\alpha \\ \psi_\beta \end{bmatrix} \tag{2-5}$$

式中，u_α、u_β 和 i_α、i_β 分别为定子 α 轴和 β 轴的电压和电流；ψ_α、ψ_β 分别为定子 α 轴和 β 轴的磁链。

(2) 磁链方程

$$\begin{bmatrix} \psi_\alpha \\ \psi_\beta \end{bmatrix} = \begin{bmatrix} L_d\cos^2\theta + L_q\sin^2\theta & (L_d - L_q)\sin\theta\cos\theta \\ (L_d - L_q)\sin\theta\cos\theta & L_d\cos^2\theta + L_q\sin^2\theta \end{bmatrix} \begin{bmatrix} i_\alpha \\ i_\beta \end{bmatrix} + \psi_f \begin{bmatrix} \cos\theta \\ \sin\theta \end{bmatrix} \tag{2-6}$$

式中，L_d 和 L_q 分别为电机直轴和交轴电感。

(3) 转矩方程

$$T_e = \frac{3}{2} p (\psi_\alpha i_\beta - \psi_\beta i_\alpha) \tag{2-7}$$

在 α-β 坐标系下，电压方程、磁链方程和转矩方程得到简化，但仍保持耦合性。电磁转矩方程虽然形式上有所简化，但直接控制仍较为复杂。

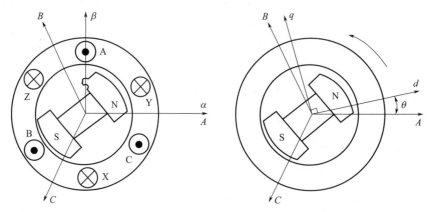

图 2-24 三相静止坐标系和两相静止坐标系　　图 2-25 两相旋转坐标系

2.2.1.5 两相旋转坐标系（d-q 坐标系）下的永磁同步电机数学模型

为了完全解耦电机的电磁关系并实现独立控制，通常将数学模型进一步转换到两相旋转坐标系（d-q 坐标系）下。这一变换基于 Park 变换，将 α-β 坐标系下的变量转换到与转子同步旋转的 d-q 坐标系中。

d-q 坐标系是旋转坐标系，随电机磁场的旋转而转动，其中 d 轴称为直轴，直轴方向永远是永磁同步电机转子励磁磁链的方向；q 轴称为交轴，q 轴超前 d 轴 90°，如图 2-25 所示。

(1) 电压方程 两相旋转坐标系下的永磁同步电机的定子电压方程为

$$\begin{bmatrix} u_d \\ u_q \end{bmatrix} = \begin{bmatrix} R_s & 0 \\ 0 & R_s \end{bmatrix} \begin{bmatrix} i_d \\ i_q \end{bmatrix} + \begin{bmatrix} 0 & -\omega_e \\ \omega_e & 0 \end{bmatrix} \begin{bmatrix} \psi_d \\ \psi_q \end{bmatrix} + \frac{\mathrm{d}}{\mathrm{d}t} \begin{bmatrix} \psi_d \\ \psi_q \end{bmatrix} \tag{2-8}$$

式中，u_d、u_q 和 i_d、i_q 分别为定子电压和电流在 d 轴和 q 轴的分量；ψ_d、ψ_q 分别为定子磁链在 d 轴和 q 轴的分量；ω_e 为转子电角速度。

(2) 磁链方程

$$\begin{bmatrix} \psi_\alpha \\ \psi_\beta \end{bmatrix} = \begin{bmatrix} L_d & 0 \\ 0 & L_q \end{bmatrix} \begin{bmatrix} i_\alpha \\ i_\beta \end{bmatrix} + \psi_f \begin{bmatrix} 1 \\ 0 \end{bmatrix} \tag{2-9}$$

(3) 转矩方程

$$T_e = p(\psi_d i_q - \psi_q i_d) \tag{2-10}$$

将式（2-9）代入式（2-10）得

$$T_e = \frac{3}{2} p [\psi_f i_q + (L_d - L_q) i_d i_q] \tag{2-11}$$

对于隐极式永磁同步电机，有 $L_d = L_q$，则

$$T_e = \frac{3}{2} p \psi_f i_q \tag{2-12}$$

永磁同步电机的运动方程为

$$T_e - T_L = J \frac{d\omega_m}{dt} + B\omega_m \tag{2-13}$$

式中，B 为电机阻尼系数。

在 d-q 坐标系下，电压方程、磁链方程和转矩方程得到极大简化，且实现了电磁关系的完全解耦。

2.2.1.6 坐标变换

(1) 坐标变换的基本思想　坐标变换的基本思想来源于矢量旋转理论，其核心目的是将复杂的交流信号（如三相电流、电压）通过数学变换，转化为更加简单和易于处理的直流信号或解耦的交流信号。在永磁同步电机控制中，这一转换过程主要涉及三相静止坐标系（ABC 坐标系）、两相静止坐标系（α-β 坐标系）和两相旋转坐标系（d-q 坐标系）之间的转换。

(2) 坐标变换原理　坐标变换原理如图 2-26 所示。

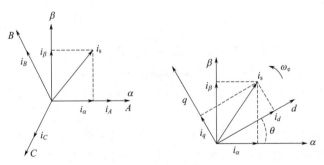

图 2-26　坐标变换原理

① 三相静止坐标系（ABC 坐标系）到两相静止坐标系（α-β 坐标系）的变换（Clarke 变换）：Clarke 变换是三相系统到两相系统的简化过程，通常用于将三相电压或电流转换到 α-β 坐标系中。这一变换基于等功率或等幅值原则，确保了变换前后的总功率或幅值保持不变。

三相静止坐标系到两相静止坐标系的 Clarke 变换为

$$\begin{bmatrix} i_\alpha \\ i_\beta \end{bmatrix} = \sqrt{\frac{2}{3}} \begin{bmatrix} 1 & -\frac{1}{2} & -\frac{1}{2} \\ 0 & \frac{\sqrt{3}}{2} & -\frac{\sqrt{3}}{2} \end{bmatrix} \begin{bmatrix} i_A \\ i_B \\ i_C \end{bmatrix} \tag{2-14}$$

Clarke 逆变换为

$$\begin{bmatrix} i_A \\ i_B \\ i_C \end{bmatrix} = \sqrt{\frac{2}{3}} \begin{bmatrix} 1 & 0 \\ -\frac{1}{2} & \frac{\sqrt{3}}{2} \\ -\frac{1}{2} & -\frac{\sqrt{3}}{2} \end{bmatrix} \begin{bmatrix} i_\alpha \\ i_\beta \end{bmatrix} \tag{2-15}$$

② 两相静止坐标系（α-β 坐标系）到两相旋转坐标系（d-q 坐标系）的变换（Park 变换）：Park 变换是将 α-β 坐标系下的变量转换到与电机转子同步旋转的 d-q 坐标系中。这一变换实现了电机电磁关系的完全解耦，使得 d 轴（励磁轴）和 q 轴（转矩轴）上的电流可以独立控制。

将两相静止坐标系变换到两相旋转坐标系的 Park 变换为

$$\begin{bmatrix} i_d \\ i_q \end{bmatrix} = \begin{bmatrix} \cos\theta & \sin\theta \\ -\sin\theta & \cos\theta \end{bmatrix} \begin{bmatrix} i_\alpha \\ i_\beta \end{bmatrix} \tag{2-16}$$

Park 逆变换为

$$\begin{bmatrix} i_\alpha \\ i_\beta \end{bmatrix} = \begin{bmatrix} \cos\theta & -\sin\theta \\ \sin\theta & \cos\theta \end{bmatrix} \begin{bmatrix} i_d \\ i_q \end{bmatrix} \tag{2-17}$$

三相静止坐标系变换到两相旋转坐标系的电流方程为

$$\begin{bmatrix} i_d \\ i_q \end{bmatrix} = \sqrt{\frac{2}{3}} \begin{bmatrix} \cos\theta & \cos\left(\theta-\frac{2\pi}{3}\right) & \cos\left(\theta+\frac{2\pi}{3}\right) \\ -\sin\theta & -\sin\left(\theta-\frac{2\pi}{3}\right) & -\sin\left(\theta+\frac{2\pi}{3}\right) \end{bmatrix} \begin{bmatrix} i_A \\ i_B \\ i_C \end{bmatrix} \tag{2-18}$$

通过坐标变换，永磁同步电机的数学模型得到了极大简化，特别是 d-q 坐标系下的模型，实现了电磁关系的完全解耦，使得控制策略更加直观和有效。

(3) 坐标变换应用 坐标变换可用于永磁同步电机的矢量控制、无传感器控制以及故障诊断与保护等。

① 矢量控制：在矢量控制中，通过 Park 变换将三相电流转换到 d-q 坐标系下，分别对 d 轴电流和 q 轴电流进行闭环控制，实现了对电机磁通和转矩的独立控制。这种控制方式大大提高了电机的动态响应速度和稳态精度。

② 无传感器控制：在无传感器控制中，坐标变换也是估算转子位置和速度的重要工具。通过构建基于电机模型的观测器，并利用坐标变换处理测量数据，可以实时估算出转子的位置和速度，从而实现无传感器的电机控制。

③ 故障诊断与保护：坐标变换还可以用于电机的故障诊断与保护。通过监测不同坐标系下电机参数的变化情况，可以及时发现电机运行中的异常情况，并采取相应的保护措施，防止故障进一步扩大。

2.2.2 永磁同步电机的矢量控制

2.2.2.1 永磁同步电机矢量控制的定义

永磁同步电机矢量控制是基于电机理论中的矢量变换原理，通过对电机定子电流的励磁分量（d 轴电流）和转矩分量（q 轴电流）进行独立控制，实现了对永磁同步电机转速和转矩的精确调节。该技术通过坐标变换将三相静止坐标系下的电机参数转换为两相旋转坐标系下的参数，简化了控制算法，提高了系统的动态响应速度和控制精度。矢量控制使得永磁同步电机在各种工况下都能保持高效的运行状态，广泛应用于电动汽车、工业自动化、风力发电等领域。

例如，当电动汽车需要加速时，控制系统会迅速增加 q 轴电流，从而提高电机的输出转矩，使车辆快速响应加速指令。而在高速行驶阶段，为了避免电机因过压而失效，控制系统会采用弱磁控制策略，通过调整 d 轴电流来减小磁通，进而降低电机的反电动势，使电机能够在更高转速下稳定运行。这一过程充分展示了永磁同步电机矢量控制技术在复杂工况下的灵活性和高效性。

2.2.2.2 永磁同步电机矢量控制策略

(1) $i_d=0$ 控制（也称磁场定向控制） 该策略的核心思想是将 d 轴电流（即励磁电流）设置为 0，仅通过调节 q 轴电流（即转矩电流）来控制电机的输出转矩。由于永磁体已经提供了必要的磁场，因此无须再通过 d 轴电流来产生磁通，这使得控制策略变得简单且高效。

例如，电动汽车驱动电机采用 $i_d=0$ 控制策略时，控制系统会根据车辆加速需求精确调节 q 轴电流，以产生相应的输出转矩，驱动车辆前进。由于无须额外控制 d 轴电流，控制系统能够迅速响应驾驶人的加速指令，提供平滑且强劲的动力输出。这种控制方式不仅降低了能耗，还提升了电动汽车的续航里程和驾驶体验。

(2) 最大转矩/电流比控制 最大转矩/电流比控制策略是在给定的转矩输出下，通过优化 d 轴和 q 轴电流的组合，使得电机所需的电流最小。这种策略可以在保证电机输出转矩的同时，最小化铜耗，从而提高电机效率。

例如，当驾驶人踩下电动汽车加速踏板时，最大转矩/电流比控制策略会根据当前车辆的速度、负载以及电池的剩余电量，自动计算出最优的 d 轴和 q 轴电流组合。这种实时优化确保了电机能够以最高效的方式输出转矩，推动车辆前进。

(3) 弱磁控制 弱磁控制策略是在电机高速运行时采用的一种特殊控制方法。通过降低 d 轴电流（通常为负值），产生去磁效应，从而减弱永磁体磁场，拓宽电机的转速范围。这种方法允许电机在电压限制下继续提高转速，而不会出现电流饱和或失速现象。

例如，电动汽车在高速巡航或超车时，弱磁控制策略使电机能够迅速响应驾驶人的加速需求，即便在接近电机转速极限的情况下，也能保持强劲的动力输出。

2.2.2.3 永磁同步电机矢量控制算法原理

矢量控制算法基于坐标变换理论，将三相静止坐标系（ABC 坐标系）下的电机变量转换为两相旋转坐标系（d-q 坐标系）下的直流分量，从而实现对电机电磁转矩和磁通的独立控制。

(1) 坐标变换 坐标变换包括 Clarke 变换（ABC 到 α-β 变换）和 Park 变换（α-β 到 d-q 变换）。通过这些变换，可以将复杂的交流电机模型简化为直流电机模型，便于控制。

① Clarke 变换（ABC 到 α-β 变换）：Clarke 变换是矢量控制算法的第一步，它将三相静止坐标系（ABC）下的电机变量（如电压、电流）转换到两相静止坐标系（α-β）下。这种变换基于功率不变原则，通过线性组合 ABC 坐标系下的三个变量，得到 α-β 坐标系下的两个分量和一个零序分量（通常忽略不计）。Clarke 变换简化了电机模型的复杂度，为后续的 Park 变换奠定了基础。

② Park 变换（α-β 到 d-q 变换）：Park 变换是坐标变换的第二步，它将 α-β 坐标系下的变量进一步转换到两相旋转坐标系（d-q）下。这一变换以转子磁链的旋转速度为基准，将 α-β 坐标系下的交流分量转换为 d-q 坐标系下的直流分量（或近似直流分量）。在 d-q 坐标系中，d 轴与转子磁链方向重合，主要负责控制磁通；q 轴垂直于 d 轴，主要负责控制电磁转矩。通过 Park 变换，复杂的交流电机模型被简化为直流电机模型，从而便于实现高精度的电流控制。

(2) 电流环控制 在 d-q 坐标系下，电流环控制是实现对电机电磁转矩和磁通独立控制的关键环节。通过分别对 d 轴电流（励磁电流）和 q 轴电流（转矩电流）进行闭环控制，可以确保电流能够准确跟踪给定值。电流环通常采用 PI（比例-积分）控制器或更高级的控制策略，如预测控制、滑模控制等，以提高电流控制的精度和稳定性。电流环的快速响应能力是实现电机高性能控制的基础。

(3) 速度环控制 速度环控制是电机控制系统的外环，其目标是使电机的实际转速精确跟踪给定转速。速度环通常采用 PI 控制器作为调节器，根据转速误差计算 q 轴电流的给定值。速度环通过调整 q 轴电流的大小和相位，间接控制电机的电磁转矩，从而实现对转速的精确控制。速度环的设计需要考虑系统的动态性能和稳定性要求，合理设置 PI 控制器的参数是保证控制效果的关键。

(4) 空间矢量脉宽调制（SVPWM） 空间矢量脉宽调制是逆变器的一种高效调制策略，广泛应用于永磁同步电机的驱动控制中。空间矢量脉宽调制通过控制逆变器的开关状态，生成一系列空间矢量，这些矢量在电机定子绕组中产生的磁链轨迹接近圆形，从而驱动电机旋转。与传统的正弦脉宽调制相比，空间矢量脉宽调制具有更高的电压利用率、更好的谐波抑制能力和更快的动态响应速度。空间矢量脉宽调制技术的引入，进一步提升了永磁同步电机控制系统的性能。

2.2.2.4 永磁同步电机矢量控制算法实现步骤

(1) 系统初始化 系统初始化是电机控制过程中不可或缺的首要环节，它涵盖了多个关键步骤以确保系统的稳定运行。首先，需要精确设定电机的各项物理参数，如定子电阻、d 轴和 q 轴电感以及永磁体磁链等，这些参数是构建电机数学模型的基础。其次，控制参数的调整同样重要，特别是 PI 控制器的比例增益和积分增益，它们直接影响系统的响应速度和稳定性。最后，编码器或解析器的配置也是系统初始化的重要组成部分，通过配置这些传感器，可以实时获取电机的位置和速度信息，为后续的闭环控制提供准确的反馈。

(2) 位置与速度检测 在电机控制系统中，位置与速度检测是实现高性能控制的关键环节。通过高精度编码器或解析器，能够实时、准确地捕获电机的转子位置和转速信息。这些信息不仅是坐标变换（如 Clarke 变换和 Park 变换）的基础，也是速度环控制中不可或缺的反馈信号。位置与速度检测的精确性直接影响到控制算法的准确性和系统的稳定性。因此，在电机控制系统中，合理配置和精准校准编码器或解析器，确保位置与速度信息的实时性和准确性，是实现高性能电机控制的重要保障。

（3）**坐标变换** 坐标变换是电机控制领域中的一项核心技术，它基于实时检测到的电机转子位置信息，通过 Clarke 变换和 Park 变换，将三相静止坐标系下的交流电流转换为两相旋转坐标系（d-q 坐标系）下的直流分量。这一过程不仅简化了电机模型的复杂性，还使得对电磁转矩和磁通的独立控制成为可能。Clarke 变换实现了从三相到两相的初步转换，而 Park 变换则进一步将静止坐标系下的交流量转化为旋转坐标系下的直流量，为高性能的电流控制策略奠定了基础。

（4）**电流环控制** 在 d-q 坐标系下，电流环控制是电机控制系统的核心组成部分。通过采用 PI 控制器，对 d 轴（励磁电流）和 q 轴（转矩电流）进行精确的闭环控制，可以确保电流能够快速且准确地跟踪其给定值。这种控制方式有效降低了电流波动，提高了系统的稳定性和响应速度。电流环的精准控制是电机输出转矩平稳、效率提升以及整体性能优化的重要保障。

（5）**速度环控制** 在电机控制系统中，速度环控制是实现转速精确调节的核心环节。该方法基于实时检测的速度误差，通过精密设计的 PI（比例-积分）控制器，动态计算出 q 轴电流的给定值。PI 控制器以其独特的比例与积分调节机制，有效补偿速度偏差，既快速响应转速变化，又消除稳态误差，确保系统稳定性与响应速度的平衡。通过精准调整 q 轴电流，进而控制电机的输出转矩，最终实现电机转速的精确控制。

（6）**空间矢量脉宽调制** 空间矢量脉宽调制技术是现代电机控制领域的一项关键技术。该技术基于 d-q 坐标系下的电压指令，通过复杂而高效的算法，精确计算并生成逆变器的开关信号。这些开关信号不仅能够有效控制逆变器输出电压的幅值和相位，还能最大限度地减少谐波，提高电压利用率。空间矢量脉宽调制技术使得电机能够在复杂工况下实现平稳、高效的旋转。

2.2.2.5 永磁同步电机矢量控制算法实现要点

在电机控制系统的设计与实现过程中，有几个关键点对于确保系统的高性能与可靠性至关重要。

（1）**参数准确性** 电机参数的准确性是控制系统性能优化的前提。电机参数如电阻、电感、反电动势常数等，直接影响控制算法的精度与效果。因此，需要通过精确的实验测量或先进的参数辨识算法来获取这些参数的准确值。在实验过程中，应确保测试环境的稳定性和测量设备的精度，以避免因外部因素导致的误差。同时，参数辨识算法的选择与实施也应充分考虑算法的收敛性、稳定性及计算复杂度，以确保辨识结果的可靠性。

（2）**控制器性能** 控制器的计算速度和精度是实现高精度控制的关键。随着电机控制技术的不断发展，对控制器性能的要求也越来越高。为了满足这一需求，需选用高性能的处理器或 DSP（数字信号处理器）芯片作为控制器的核心。这些芯片具有强大的数据处理能力和丰富的外设接口，能够快速执行复杂的控制算法，并实时调整控制参数，以实现对电机转速、转矩等参数的精确控制。此外，为了提高系统的响应速度和稳定性，还需对控制算法进行优化设计，如采用高效的数值计算方法、合理的控制策略等。

(3) 抗干扰能力 在实际应用中，电机系统可能受到来自电源、环境或其他设备的各种外部干扰。这些干扰可能导致控制系统性能下降甚至失稳，因此必须设计有效的抗干扰措施。常见的抗干扰方法包括滤波、屏蔽和接地等。滤波技术可以有效抑制高频噪声和干扰信号；屏蔽措施则能减少电磁辐射对系统的影响；而良好的接地设计则能确保系统各部分之间的电位平衡，进一步降低干扰的可能性。此外，还应根据具体应用环境选择合适的抗干扰策略和硬件设计，以确保系统在各种工况下都能稳定运行。

(4) 保护机制 为确保电机控制系统的安全稳定运行，必须设计完善的保护机制。这些保护机制应包括过流保护、过压保护、过热保护等。过流保护用于防止电机电流过大导致电机损坏或控制器故障；过压保护则用于防止电源电压过高对系统造成损害；而过热保护则能及时发现并处理电机或控制器因长时间工作而导致的过热问题。在设计保护机制时，应充分考虑各种可能的故障情况和保护措施的有效性，确保在故障发生时能够迅速切断电源或采取其他措施以防止事态扩大。同时，还应设置故障报警和记录功能，以便在故障发生后进行故障排查和分析。

2.2.2.6 永磁同步电机矢量控制的优点

(1) 高控制精度与灵活性 矢量控制通过解耦电机的转矩和磁链分量，实现了对电机性能的精确控制。这种控制策略使电机能够在各种工况下保持稳定运行，同时能够精确调整电机的转矩输出，满足复杂多变的控制需求。

(2) 优异的动态响应特性 得益于其精确的控制能力，永磁同步电机在矢量控制下能够迅速响应速度指令和负载变化，提供卓越的动态性能。这对于需要频繁启停、快速加减速以及高精度位置控制的应用场景尤为重要。

(3) 高效能运行 矢量控制通过优化电流分布，减少了电机的无功功率消耗，提高了电能利用效率。同时，通过精确控制电机的运行状态，避免了不必要的能量损失，进一步提升了电机的整体效率。

(4) 宽调速范围 永磁同步电机本身具有较宽的调速范围，而矢量控制策略更是进一步增强了其调速能力。无论是在低速重载还是高速轻载工况下，电机都能保持稳定的运行状态，满足不同工况下的调速需求。

2.2.2.7 永磁同步电机矢量控制的缺点

(1) 控制算法复杂度高 矢量控制需要采用复杂的坐标变换和数学模型，对控制器的计算能力要求较高。同时，控制算法的设计和优化也需要较高的专业知识和技术水平，增加了控制系统的复杂性和开发难度。

(2) 对参数依赖性强 矢量控制效果受电机参数的影响较大，如电阻、电感、磁链等。当这些参数发生变化时，控制性能可能会受到影响。因此，需要实时更新控制参数或采用自适应控制策略来保证控制精度和稳定性，这增加了控制系统的复杂性和实现的难度。

(3) 高精度传感器需求 矢量控制通常依赖精确的传感器来获取电机的转子位置和速度信息。这些传感器的精度和可靠性直接影响控制效果和系统稳定性。然而，高精度传感器的成本较高，增加了系统的整体成本。

(4) 弱磁控制实现困难 在高速运行时，永磁同步电机可能面临磁饱和或电压限制等问题，导致无法继续提高转速。此时需要采用弱磁控制策略来降低磁通量并拓宽调速范围。然而，弱磁控制较为复杂且难以精确实现，可能导致电机效率下降和稳定性问题。

2.2.2.8 永磁同步电机矢量控制示例

图 2-27 所示为某电动汽车用永磁同步电机矢量控制系统框图。从图 2-27 可知，通过分别比较控制永磁同步电机的电流实际值 i_d、i_q 与给定值 i_d^*、i_q^* 实现其转速和转矩控制，并且 i_d 和 i_q 独立控制，便于实现各种先进的控制策略。

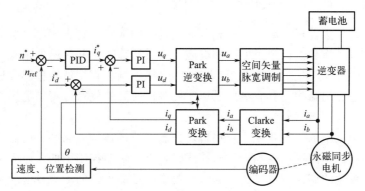

图 2-27 某电动汽车用永磁同步电机矢量控制系统框图

(1) 位置与速度检测

① 位置检测：通过编码器实时获取电机转子的位置信息，这是实现矢量控制的基础。编码器输出的信号经过解码处理，转换为电机转子的绝对位置或相对位置。

② 速度检测：基于位置信息，通过差分或积分运算计算出电机的实时转速，为速度闭环控制提供反馈信号。

(2) Clarke 变换　将三相电流（或电压）从三相静止坐标系（ABC 坐标系）转换到两相静止坐标系（α-β 坐标系），即为 Clarke 变换。这一步骤简化了后续控制算法的计算复杂度，便于后续处理。

(3) Park 变换　将 α-β 坐标系下的电流（或电压）转换到 d-q 坐标系下，以实现对电机磁通和转矩的独立控制。

(4) Park 逆变换　在生成脉冲宽度调制波时，将 d-q 坐标系下的电压指令转换回 α-β 坐标系，以便进行空间矢量脉宽调制处理。

(5) 速度环控制　采用 PI 控制器，根据速度误差（实际转速与给定转速之差）计算 q 轴电流的给定值，以实现转速的精确控制。PI 控制器的设计需考虑系统的动态响应和稳态精度要求。

(6) 电流环控制　采用 PI 或 PID（比例-积分-微分）控制器，分别对 d 轴和 q 轴电流进行闭环控制，确保电流能够迅速准确地跟踪给定值。

(7) 空间矢量脉宽调制　根据 d-q 坐标系下的电压指令（经过 Park 逆变换至 α-β 坐标系），通过空间矢量脉宽调制算法生成逆变器的开关信号。空间矢量脉宽调制能够优化电压利用率，减少谐波，提高电机控制的效率和性能。

(8) 逆变器　逆变器接收空间矢量脉宽调制生成的开关信号，控制电力电子开关器件（如 IGBT）的通断，将蓄电池的直流电转换为交流电，供给永磁同步电机使用。

(9) 永磁同步电机　根据逆变器提供的交流电，以及控制算法计算出的 d 轴和 q 轴电流指令，产生相应的电磁转矩，驱动电动汽车行驶。

(10) 蓄电池 作为整个系统的能源供应，为逆变器提供稳定的直流电压。蓄电池的性能直接影响电动汽车的续航里程和加速性能。

2.2.3 永磁同步电机的直接转矩控制

2.2.3.1 永磁同步电机直接转矩控制的定义

永磁同步电机直接转矩控制是一种先进的电机控制策略，它直接以电机的电磁转矩和磁链为控制目标，通过检测电机定子电压和电流，实时计算转矩和磁链的偏差，并据此快速调整逆变器的开关状态，实现对电机转矩和磁链的直接控制。直接转矩控制方法省去了复杂的坐标变换，简化了控制结构，具有响应迅速、控制精度高的优点，特别适用于对动态性能要求较高的场合。

例如，在电动汽车加速过程中，直接转矩控制能够迅速响应驾驶人的需求，精确调节电机转矩输出，实现快速而平稳的加速体验。同时，直接转矩控制下的永磁同步电机还具备较高的运行效率和较宽的调速范围，为电动汽车提供了更加出色的动力性能和续航能力。

2.2.3.2 永磁同步电机直接转矩控制的基本原理

(1) 控制思想 直接转矩控制的核心思想是直接对电机的电磁转矩和定子磁链进行闭环控制，而非传统矢量控制中的电流控制。通过检测定子电压和电流，实时计算出定子磁链和电磁转矩，并与给定值进行比较，利用滞环控制器产生逆变器的开关信号，直接控制电机的转矩和磁链。

(2) 关键技术
① 磁链观测：利用定子电压和电流信息，通过电压模型或电流模型实时观测定子磁链。
② 滞环控制器：设定磁链和转矩的误差带，当误差超出设定范围时，通过改变逆变器开关状态进行调整。
③ 开关表：根据磁链和转矩的误差信号，通过查表方式决定逆变器的开关状态，实现直接控制。

(3) 实现步骤
① 检测与计算：实时检测定子电压和电流，通过磁链观测器计算定子磁链，同时根据转矩方程计算电磁转矩。
② 误差比较：将计算得到的磁链和转矩与给定值进行比较，得到误差信号。
③ 滞环控制：将误差信号输入滞环控制器，根据滞环控制器的输出（通常为逻辑信号）决定逆变器的开关状态。
④ 逆变器控制：根据滞环控制器的输出信号，生成脉冲宽度调制波形，控制逆变器的开关状态，从而实现对电机的直接转矩控制。

2.2.3.3 永磁同步电机直接转矩控制的优点

(1) 动态响应迅速 直接转矩控制策略直接以转矩为控制对象，通过选择适当的电压矢量来快速调整电机的电磁转矩，从而实现对电机转矩的快速控制。这种控制方式省去了复杂的电流环控制，大大缩短了控制延迟，使得电机具有更快的动态响应速度。

(2) 控制结构简单 相比于矢量控制，直接转矩控制省去了复杂的坐标变换和电流解耦环节，控制结构相对简单。这降低了控制系统的复杂性和实现难度，同时也减少了因坐标变换等环节引入的误差，提高了控制精度。

(3) 对参数变化不敏感 直接转矩控制主要关注电机的转矩和磁链，而不直接依赖电机的具体参数（如电阻、电感等）。因此，当电机参数在一定范围内发生变化时，直接转矩控制系统的性能受到的影响较小，具有较强的鲁棒性。

(4) 易于实现转矩限幅和弱磁控制 直接转矩控制策略可以通过设置转矩的上下限来实现转矩的限幅控制，避免电机在过载或异常工况下受损。同时，在高速运行时，可以通过调整电压矢量的选择来实现弱磁控制，拓宽电机的调速范围。

2.2.3.4 永磁同步电机直接转矩控制的缺点

(1) 转矩脉动较大 直接转矩控制通过选择离散的电压矢量来近似模拟连续的控制过程，这可能导致电机的转矩输出存在较大的脉动。尤其是在低速或轻载工况下，转矩脉动问题更为明显，可能影响电机的运行平稳性和控制精度。

(2) 电流谐波较大 直接转矩控制不直接控制电机的电流，而是通过调整电压矢量来间接影响电流。这种控制方式可能导致电机的电流波形中存在较大的谐波成分，增加电机的电磁噪声和损耗。

(3) 依赖精确的电机模型 虽然直接转矩控制对电机参数的直接依赖性不强，但仍然需要基于电机的数学模型来选择合适的电压矢量。如果电机模型不准确或存在偏差，可能会影响控制效果和系统稳定性。

(4) 控制精度受开关频率限制 直接转矩控制的控制效果受电力电子器件开关频率的限制。在高频开关条件下，虽然可以提高控制精度和减小转矩脉动，但会增加电力电子器件的开关损耗和系统的热负荷。因此，在实际应用中需要权衡开关频率和控制精度之间的关系。

2.2.3.5 永磁同步电机直接转矩控制示例

永磁同步电机直接转矩控制系统框图如图 2-28 所示。

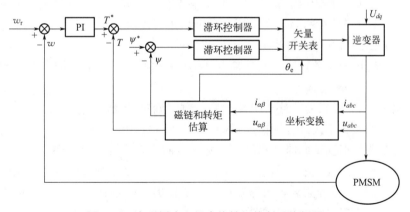

图 2-28 永磁同步电机直接转矩控制系统框图

(1) PI 控制器 在某些直接转矩控制系统中，PI 控制器用于速度环控制，根据速度误差计算参考转矩，以实现转速的精确控制。尽管直接转矩控制以其快速的转矩响应著称，但在实际应用中，结合 PI 控制可以提高系统的稳态性能。

(2) 滞环控制器　滞环控制器是直接转矩控制系统的核心组成部分之一，用于实现转矩和磁链的闭环控制。它通过将实际的转矩和磁链值与参考值进行比较，并根据误差大小确定逆变器的开关状态，以保持转矩和磁链在预设的滞环带内波动。

(3) 磁链与转矩估算　磁链与转矩的准确估算是直接转矩控制系统有效运行的前提。通过电机的电压、电流及转子位置信息，利用电机模型或观测器算法实时估算电机的磁链与转矩，为滞环控制器提供反馈信号。

(4) 坐标变换　虽然直接转矩控制策略本身倾向于减少对传统坐标变换的依赖，但在某些实现中，仍可能涉及 Park 变换（用于将三相变量转换到 $d\text{-}q$ 坐标系）或其逆变换，以便在特定阶段进行参数估算或性能优化。

(5) 矢量开关表　矢量开关表是直接转矩控制系统的关键特征之一，它根据当前磁链与转矩的误差状态，直接映射出逆变器的开关状态。这种"查表"方式大大简化了控制算法，实现了对电机转矩与磁链的直接控制。

(6) 逆变器　逆变器接收来自矢量开关表的开关信号，控制电力电子开关器件（如 IGBT）的通断，将直流电转换为交流电，供给永磁同步电机使用。逆变器的性能直接影响电机的动态响应和效率。

(7) 永磁同步电机　永磁同步电机是直接转矩控制系统的被控对象，根据逆变器提供的交流电以及自身的磁特性，产生相应的电磁转矩，驱动负载运行。

永磁同步电机直接转矩控制系统按以下工作流程进行。

(1) 系统初始化　设定系统运行所需的基础参数，并启动电机。

① 设定参考转速：根据应用需求，在系统初始化阶段设定电机的目标转速。

② 设定参考磁链：确定电机稳定运行所需的参考磁链值。

③ 启动电机：通过控制逆变器向电机提供初始电流或电压，使电机进入待机或启动状态。

(2) 参数估算　实时估算电机的磁链和转矩，为后续控制提供精确数据。

① 采集电机电流、电压和转子位置等传感器数据。

② 运用磁链观测器和转矩估算算法，基于采集到的数据实时计算电机的磁链和转矩。

(3) 误差计算　将估算的磁链和转矩与参考值进行比较，计算出误差值。

① 将估算的磁链与参考磁链进行比较，计算磁链误差。

② 将估算的转矩与参考转矩（通常来自转速控制环的 PI 控制器输出）进行比较，计算转矩误差。

(4) 滞环控制　根据误差大小，利用滞环控制器确定逆变器的开关状态。

① 将磁链误差和转矩误差分别输入对应的滞环控制器中。

② 滞环控制器根据预设的滞环宽度（带宽）判断误差是否超出允许范围。

③ 如果误差超出滞环宽度，则输出相应的控制信号（如增加或减少磁链/转矩）。

(5) 查表　通过矢量开关表，将滞环控制器的输出转换为逆变器的具体开关指令。

① 根据滞环控制器输出的控制信号（如增加或减少磁链/转矩的需求），在矢量开关表中查找对应的逆变器开关状态。

② 矢量开关表根据当前电机的运行状态（如转子位置）和控制需求，提供最优的开关组合。

(6) 逆变器执行 逆变器根据开关指令控制电力电子器件的通断,调节电机的电压和电流。

① 逆变器接收来自矢量开关表的开关指令。

② 控制电力电子器件（如IGBT）的通断,以生成所需的电压和电流波形。

(7) 电机响应 电机根据输入的电压和电流,产生相应的电磁转矩,驱动负载运行。

① 电机接收到逆变器输出的电压和电流。

② 在电磁力的作用下,电机产生相应的电磁转矩。

③ 电磁转矩通过机械传动装置驱动负载运行。

(8) 反馈调节 系统不断重复上述过程,通过闭环反馈调节,实现电机转速和转矩的精确控制。

① 传感器实时采集电机的运行状态数据（如转速、电流、电压等）。

② 将采集到的数据与设定值进行比较,计算误差。

③ 根据误差大小调整控制策略,不断修正逆变器的输出,以减小误差。

通过以上工作流程,系统能够实现对电机转速和转矩的精确控制,确保电机按照预定的运行状态驱动负载。这一过程包含了从系统初始化到反馈调节的多个关键步骤,每一步都紧密相连,共同构成了一个高效、稳定的闭环控制系统。

2.2.4 永磁同步电机的无传感器控制

2.2.4.1 永磁同步电机无传感器控制的定义

永磁同步电机无传感器控制是一种先进的电机控制技术,旨在不依赖外部传感器（如编码器或霍尔传感器）来检测电机的转子位置和速度信息。该技术通过利用电机本身的电气参数和运行状态信息,结合现代控制理论和算法,实现对电机转矩和转速的精确控制。无传感器控制不仅降低了系统的复杂性和成本,还提高了系统的可靠性和维护性,因为其减少了传感器故障的风险和传感器校准的需要。在电动汽车、工业自动化、航空航天等领域,永磁同步电机无传感器控制技术正逐步成为主流趋势,为高性能电机驱动系统的实现提供了有力支持。

2.2.4.2 永磁同步电机无传感器控制的基本原理

(1) 电机模型与反电动势 永磁同步电机的数学模型是无传感器控制算法的基础。电机的电压方程、磁链方程和转矩方程共同描述了电机的动态行为。其中,反电动势是估算转子位置的关键信息之一,它包含了转子位置的直接信息。

(2) 转子位置与速度估算方法 转子位置与速度估算方法主要有模型参考自适应法、扩展卡尔曼滤波器、滑模观测器和高频信号注入法等。

2.2.4.3 模型参考自适应法

模型参考自适应法通过构建一个参考模型和一个可调模型来实现转子位置和速度的估算,如图 2-29 和表 2-3 所示。

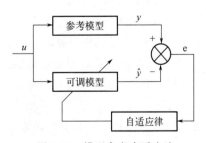

图 2-29 模型参考自适应法

表 2-3 参考模型和可调模型

模型	模型描述
参考模型	基于电机的精确数学模型建立,其输入与可调模型相同,但参数固定且准确,输出被视为电机在当前工况下的"真实"或"理想"响应
可调模型	包含待估算的转子位置和速度等参数,其结构与参考模型相似但参数可调。可调模型的输出与参考模型的输出进行比较,生成误差信号。误差信号反映了可调模型输出与参考模型输出之间的差异,是调整可调模型参数的关键依据。通过设计适当的自适应律(如最小二乘法、梯度下降法等),利用误差信号实时调整可调模型中的转子位置和速度参数,使可调模型的输出逐渐逼近参考模型的输出

模型参考自适应法实现过程如下。

(1) **初始化** 设定可调模型的初始参数,如转子位置的初始值、速度的初始猜测值等。同时,确保参考模型参数准确且固定。

(2) **数据采集与模型运算** 在每个控制周期内,采集电机的电压、电流等实际运行数据,分别输入参考模型和可调模型进行计算。

(3) **误差计算与参数更新** 计算参考模型与可调模型的输出误差,根据设计好的自适应律更新可调模型的参数。这一过程反复进行,直至误差信号减小到预设阈值以下或达到收敛条件。

(4) **转子位置与速度估算** 当可调模型的输出与参考模型的输出基本一致时,认为可调模型中的转子位置和速度参数已准确估算,可用于后续的控制策略中。

在永磁同步电机控制系统中,模型参考自适应法可用于实现无传感器转子位置与速度估算。通过构建基于电机精确数学模型的参考模型和包含待估算参数的可调模型,利用电机运行中的电压、电流等实际信号,实时调整可调模型参数,最终实现高精度的转子位置和速度估算。

2.2.4.4 扩展卡尔曼滤波器

扩展卡尔曼滤波器(EKF)是卡尔曼滤波器在非线性系统中的应用。它利用电机的非线性模型,结合当前的测量数据和上一时刻的估算结果,通过预测和更新两个步骤,实时估算并更新电机的状态变量(包括转子位置和速度)。扩展卡尔曼滤波器通过引入线性化(如泰勒展开)来处理电机模型的非线性特性。图 2-30 所示为基于扩展卡尔曼滤波器的永磁同步电机无传感器控制框图。

(1) **PI 控制** PI 控制作为经典的控制方法之一,通过比例和积分环节对误差进行调节,以达到系统稳定与精确控制的目的。在无传感器控制系统中,PI 控制器常用于速度环或电流环的控制,以实现对电机转速或电流的精确控制。

(2) **Park 变换及其逆变换** Park 变换及其逆变换是实现三相静止坐标系与两相旋转坐标系之间转换的关键技术。通过 Park 变换,三相电流和电压被转换为与转子位置同步的 d-q 轴分量,便于后续控制算法的设计与实现。逆变换则用于将控制算法生成的 d-q 轴电压分量转换回三相坐标系,以驱动电机运行。

(3) **Clarke 变换** Clarke 变换(或称为 Clarke-Park 变换的第一步)用于将三相静止坐标系下的电流或电压转换为两相静止坐标系(如 $α$-$β$ 坐标系)下的量。这一步骤简化了后续的数学处理,并为 Park 变换做准备。

(4) **扩展卡尔曼滤波器(EKF)** EKF 是一种适用于非线性系统的状态估计算法。在无

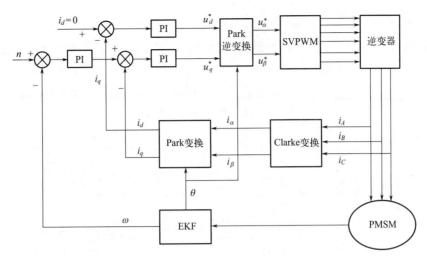

图 2-30　基于扩展卡尔曼滤波器的永磁同步电机无传感器控制框图

传感器控制中，EKF 通过预测-更新机制，结合电机的动态模型和观测数据（如三相电流、电压等），实时估算出电机的转子位置和速度。由于电机模型通常具有非线性特性，因此 EKF 成为处理此类问题的理想选择。

（5）空间矢量脉宽调制（SVPWM）　空间矢量脉宽调制是一种高效的逆变器调制技术，通过优化电压矢量的切换序列，实现电机的高效、平滑控制。在无传感器控制系统中，空间矢量脉宽调制根据控制算法生成的 d-q 轴电压指令，生成相应的脉冲宽度调制信号，驱动逆变器工作。

（6）逆变器　逆变器作为电机控制系统的核心部件之一，负责将直流电源转换为交流电源以驱动电机运行。在无传感器控制系统中，逆变器根据控制算法生成的脉冲宽度调制信号调整其开关状态，从而实现对电机电压和电流的控制。

基于扩展卡尔曼滤波器的永磁同步电机无传感器控制流程如下。

（1）数据采集与预处理　通过传感器获取电机的三相电流、直流母线电压等实时数据，并进行预处理（如滤波、Clarke 变换等）。

（2）EKF 估算　利用 EKF 算法对电机的转子位置和速度进行估算。这一步骤包括预测和更新两个子步骤，其中预测步骤基于电机模型进行，而更新步骤则利用观测数据与预测结果之间的误差进行状态调整。

（3）控制算法设计　根据估算出的转子位置和速度以及给定的速度指令或转矩指令设计控制算法（如 PI 控制、矢量控制等），生成 d-q 轴电压指令。

（4）空间矢量脉宽调制（SVPWM）实现　将 d-q 轴电压指令通过 Park 逆变换转换为三相电压指令，并利用空间矢量脉宽调制算法生成相应的脉冲宽度调制信号。

（5）逆变器控制　将脉冲宽度调制信号传输给逆变器，驱动其开关管工作，实现对电机的控制。

（6）闭环反馈与调整　将电机的实际运行数据反馈回控制器，通过闭环控制策略不断调整控制参数和优化系统性能。

基于扩展卡尔曼滤波器的永磁同步电机无传感器控制技术，凭借其高精度、强鲁棒性和良好的非线性处理能力，在电机控制领域展现出巨大的应用潜力。

2.2.4.5 滑模观测器

滑模观测器（SMO）基于滑模控制理论设计，通过设计一个特殊的观测器结构，使系统状态在滑模面上运动，从而实现对转子位置和速度的快速准确估算。滑模观测器具有对参数变化和系统扰动的强鲁棒性，能够在较宽的工况范围内保持良好的估算性能。图 2-31 所示为基于二阶滑模控制器的永磁同步电机无传感器控制框图。

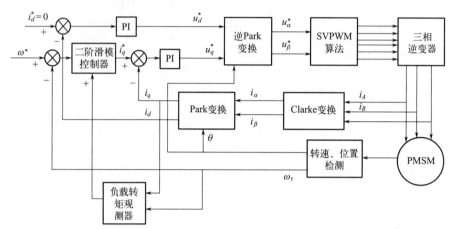

图 2-31　基于二阶滑模控制器的永磁同步电机无传感器控制框图

（1）转速与位置检测　在无传感器控制中，转速和位置检测是通过监测电机的电气参数（如电流和电压）来间接实现的。这些参数反映了电机的运行状态，并通过适当的算法处理，可以得到电机的转速和转子位置信息。

（2）负载转矩观测器　负载转矩观测器是一种利用电机模型和实时测量数据来估计电机负载转矩的算法或设备。通过观测负载转矩，控制系统可以更准确地调整输出，以应对负载变化，提高系统的稳定性和动态性能。

（3）Clarke 变换　Clarke 变换（也称为 3/2 变换）是一种坐标变换方法，用于将三相静止坐标系（ABC）下的电气参数（如电流、电压）转换为两相静止坐标系（α-β）下的参数。这种变换简化了后续控制算法的计算，并有助于实现电气量的解耦控制。

（4）Park 变换　Park 变换（也称为 d-q 变换）是一种将两相静止坐标系（α-β）下的电气参数转换为与电机转子同步旋转的 d-q 坐标系下参数的变换方法。在 d-q 坐标系中，d 轴通常与转子磁链方向重合，q 轴超前 d 轴 90°电角度。这种变换使得电机的电磁关系得以解耦，便于实现励磁电流和转矩电流的独立控制。

（5）逆 Park 变换　逆 Park 变换是 Park 变换的逆过程，它将 d-q 坐标系下的控制指令转换回两相静止坐标系（α-β）下的参数。在电机控制系统中，逆 Park 变换通常用于将控制器输出的 d-q 轴电压或电流指令转换为逆变器可以执行的 α-β 轴指令。

（6）PI 控制　PI 控制是一种经典的控制算法，广泛应用于电机控制系统中。PI 控制器根据给定值和实际输出值之间的误差，通过比例和积分两个环节的调节作用，使输出值快速且稳定地跟踪给定值。在永磁同步电机控制中，PI 控制器常用于速度环和电流环的控制。

（7）二阶滑模控制器　二阶滑模控制器是一种高级的滑模控制算法，它利用滑模面的二阶动态特性来提高系统的控制精度和鲁棒性。与传统的一阶滑模控制相比，二阶滑模控制器能够更有效地抑制抖振现象，提高系统的稳态性能。在无传感器永磁同步电机控制中，二阶滑模控制器被用于实现转速和位置的精确控制。

(8) **空间矢量脉宽调制 (SVPWM) 算法**　空间矢量脉宽调制是一种高效的逆变器控制算法，它通过合成期望的定子电压矢量来驱动电机。空间矢量脉宽调制算法利用逆变器的开关状态来逼近理想的电压矢量，从而实现对电机磁链和转矩的精确控制。在无传感器永磁同步电机控制中，空间矢量脉宽调制算法是实现电机驱动的关键技术之一。

(9) **三相逆变器**　三相逆变器是一种将直流电能转换为交流电能的电力电子设备。在永磁同步电机控制系统中，三相逆变器负责将直流电源提供的电能转换为电机所需的三相交流电。逆变器的开关状态由空间矢量脉宽调制算法控制，以实现对电机转速、转矩和功率的精确调节。

基于二阶滑模控制器的永磁同步电机无传感器控制流程如下。

(1) 信号处理流程

① 电流采样：首先，通过电流传感器实时采集电机的三相电流。

② Clarke 变换：将三相电流（ABC 坐标系）通过 Clarke 变换转换为两相电流（α-β 坐标系）。这一步骤简化了后续的控制算法计算。

③ Park 变换：利用估计的转子位置信息，将 α-β 坐标系下的电流转换为 d-q 坐标系下的电流。d-q 坐标系下的电流分量分别对应电机的励磁电流和转矩电流，便于独立控制。

(2) 控制算法设计

① 转速与位置估算：基于 d-q 坐标系下的电流和电压信息，结合电机的数学模型和二阶滑模控制算法，估算电机的转速和转子位置。二阶滑模控制器的设计确保了估算的准确性和鲁棒性。

② 负载转矩观测：通过负载转矩观测器实时估计电机的负载转矩。这一信息用于提高控制系统对负载变化的响应能力。

③ 电流环控制：采用 PI 控制器对 d-q 轴电流进行闭环控制，确保电流能够快速且准确地跟踪其参考值。

④ 速度环控制：基于转速估算值，利用 PI 控制器实现速度环的闭环控制。速度环的输出作为电流环的参考值，实现电机的速度控制。

⑤ 二阶滑模控制器：二阶滑模控制器在整个控制流程中起到关键作用。它利用滑模面的二阶动态特性，提高系统对外部干扰和参数变化的鲁棒性，确保转速和位置估算的精确性。

(3) 电机驱动流程

① 逆 Park 变换：将 d-q 坐标系下的电压指令通过逆 Park 变换转换为 α-β 坐标系下的电压指令。

② 空间矢量脉宽调制（SVPWM）算法：根据 α-β 坐标系下的电压指令，利用空间矢量脉宽调制算法计算三相逆变器的开关状态。空间矢量脉宽调制算法通过优化逆变器的开关模式，提高电压利用率和电机性能。

③ 三相逆变器驱动：将空间矢量脉宽调制算法计算出的开关状态应用于三相逆变器，驱动永磁同步电机运行。

(4) 闭环反馈与调整　在整个控制流程中，通过实时采集电机的电流和电压信息，以及估算的转速和位置信息，对控制算法进行闭环反馈和动态调整。这确保了系统在不同工况下的稳定性和性能优化。

基于二阶滑模控制器的永磁同步电机无传感器控制技术融合了多种先进控制算法和信号处理技术，实现了对电机转速、位置和负载转矩的精确控制。

2.2.4.6 高频信号注入法

高频信号注入法特别适用于零速或低速区域的转子位置估算。该方法通过向电机注入高频信号（如电压或电流），并检测由此产生的高频响应（如反电动势或电感变化），从而提取出转子位置信息。高频响应中包含的转子位置信息可以通过特定的算法进行解算，得到转子位置的估算值。图 2-32 所示为基于高频信号注入法的永磁同步电机无传感器控制框图。

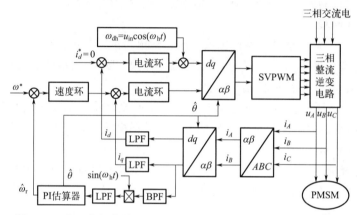

图 2-32 基于高频信号注入法的永磁同步电机无传感器控制框图

（1）低通滤波器 低通滤波器（LPF）在高频信号注入法中主要用于滤除高于设定截止频率的噪声和干扰信号，保护后续的信号处理电路免受高频信号的损害。虽然低通滤波器不是直接用于提取转子位置信息的工具，但它对于提高信号质量、确保系统稳定性具有重要作用。

（2）带通滤波器 带通滤波器（BPF）则用于选择性地通过一定频带内的信号，而衰减该频带以外的信号。在高频信号注入法中，带通滤波器被用于精确提取出与转子位置直接相关的高频响应分量。通过调整带通滤波器的中心频率和带宽，可以优化滤波器对特定频率信号的捕获能力，进而提高转子位置估算的准确性和精度。

（3）PI 估算器 通过带通滤波器提取的高频响应信号，结合电机模型，可以计算出转子位置误差。该误差信号经过 PI 估算器处理后，生成转子位置的估计值。PI 估算器通过调整比例（P）和积分（I）参数，实现对位置误差的快速响应和稳态精度。

（4）速度环 基于转子位置估计值，通过 PI 调节器生成 q 轴参考电流，以实现速度控制。速度环的设计需考虑系统的动态响应和稳定性。

（5）电流环 控制 d、q 轴电流跟踪其参考值，保证电机按照指令运行。电流环通常采用快速响应的 PI 调节器，确保电流的精确控制。

（6）空间矢量脉宽调制（SVPWM） 空间矢量脉宽调制是一种高效的逆变器控制策略，通过合成期望的定子电压矢量，实现对电机磁链和转矩的精确控制。在基于高频信号注入法的无传感器控制系统中，空间矢量脉宽调制用于生成驱动电机的三相电压。

(7) 三相整流逆变电路　三相整流逆变电路是电机驱动系统的核心部分，负责将直流电源转换为可变频率和幅值的三相交流电，供给永磁同步电机。整流部分将交流电转换为直流电，逆变部分则将直流电逆变为三相交流电。

(8) d-q/α-β 变换（Park 变换）　将静止坐标系下的 α、β 分量转换为旋转坐标系下的 d、q 轴分量。

(9) α-β/ABC 变换（Clarke 变换）　将三相静止坐标系下的 A、B、C 分量转换为 α、β 分量。

基于高频信号注入法的永磁同步电机无传感器控制流程如下。

(1) 高频信号注入与信号处理

① 高频信号注入：在电机定子绕组中注入一定频率和幅值的高频电压信号。该信号通常选择远高于电机基频的频率，以减少对电机正常运行的影响。

② 低通滤波器（LPF）信号处理：用于滤除电机电流中的高频成分，保留基频电流及以下的有效信息。

③ 带通滤波器（BPF）信号处理：精确提取注入的高频响应信号，该信号中包含转子位置信息。

(2) 转子位置估算

① 提取位置信息：通过带通滤波器得到的高频响应信号，结合电机模型，可以解析出转子位置误差。

② PI 估算器：将位置误差输入 PI 估算器，通过调整 PI 参数，输出转子位置的估计值。PI 估算器能够快速响应位置误差并减少稳态误差。

(3) 电机控制环

① 速度环：基于转子位置估计值，通过速度 PI 调节器生成 q 轴参考电流，实现速度控制。速度环确保电机按照给定速度指令运行。

② 电流环：d 轴和 q 轴电流环分别控制电机的励磁电流和转矩电流，确保它们跟踪各自的参考值。电流环的快速响应特性保证了电机的动态性能。

(4) 坐标变换

① Clarke 变换：将三相静止坐标系（ABC）下的电流或电压转换为两相静止坐标系（α-β）下的分量，便于后续控制算法的处理。

② Park 变换：将 α-β 坐标系下的分量转换为与电机转子同步旋转的 d-q 坐标系下的分量，实现电磁关系的解耦，便于独立控制。

(5) 空间矢量脉宽调制（SVPWM）　根据 d-q 坐标系下的电压指令，通过空间矢量脉宽调制算法计算出逆变器的开关状态，生成驱动电机的三相电压。空间矢量脉宽调制能够优化电压利用率，提高电机的控制性能。

(6) 三相整流逆变电路　三相整流逆变电路作为电机驱动系统的核心部分，负责将直流电转换为三相交流电，供给永磁同步电机。整流部分将交流电转换为直流电，逆变部分则根据空间矢量脉宽调制算法生成的三相电压指令，控制逆变器的开关状态，实现对电机的驱动。

基于高频信号注入法的永磁同步电机无传感器控制技术，通过精确的信号处理、位置估计和先进的控制策略，实现了对电机转子位置和速度的准确控制，提高了系统的可靠性和成本效益。

2.3 永磁同步电机的测试技术

2.3.1 永磁同步电机的电气性能测试

永磁同步电机的电气性能测试项目包括电阻测试、电感测试、反电动势测试、绝缘电阻测试、空载电流测试和负载电流测试。

2.3.1.1 电阻测试

(1) 测试目的　电阻测试是新能源汽车永磁同步电机电气性能测试中的一项关键测试,其主要目的是通过测量电机中不同部分的电阻值,来评估电机的绝缘性能、绕组质量以及连接线路的健康状态。测试数据不仅能为电机的质量控制提供重要依据,还能帮助维护人员及时发现潜在问题,确保电机的安全稳定运行。

(2) 测试方法　电阻测试通常采用直流电阻测量法,即使用恒定电流通过被测电阻,测量其两端的电压降,然后根据欧姆定律计算出电阻值。对于新能源汽车永磁同步电机,常用的测试方法包括定子绕组相电阻、相间电阻以及线间电阻的测量。

(3) 测试工具　电阻测试的测试工具如图2-33所示。

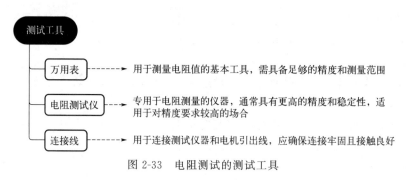

图2-33　电阻测试的测试工具

(4) 测试步骤

① 准备工作:确保电机处于断电状态,并断开与电源的连接。准备好所需的测试工具,检查其工作状态是否正常。

② 选择测试点:根据测试需要,选择合适的测试点进行连接。对于定子绕组相电阻测试,应将测试笔分别连接到电机的各相引出线上;对于相间电阻和线间电阻测试,则需将测试笔连接到相应的引出线之间。

③ 设置测试参数:根据测试仪器的使用说明,设置合适的测试参数,如测试电流、测量范围等。

④ 进行测试:将测试仪器连接到测试点上,启动测试仪器进行电阻测量。记录测试数据,并与标准值或设计要求进行对比。

⑤ 分析测试结果:根据测试数据,分析电机的绝缘性能、绕组质量以及连接线路的健康状态。如有异常,应及时进行排查和处理。

(5) 测试结果　表2-4为电阻测试结果。

表 2-4 电阻测试结果

测试项目	电阻值/Ω	测试项目	电阻值/Ω
U 相对地电阻	0.5	V-W 相间电阻	∞
V 相对地电阻	0.48	U 相线间电阻	0.1
W 相对地电阻	0.49	V 相线间电阻	0.09
U-V 相间电阻	∞	W 相线间电阻	0.11
U-W 相间电阻	∞		

U 相、V 相和 W 相绕组对地的电阻值较小，说明绕组的电气连接良好，电阻值在正常范围内，符合设计要求；两相间电阻值为无穷大，表示相间绝缘良好，无电气连接，符合安全要求；各相内部线间电阻值相近，说明绕组导线连接紧密，无明显的质量缺陷。综合以上分析，该新能源汽车永磁同步电机的绕组质量与绝缘性能良好，满足设计和使用要求。

2.3.1.2 电感测试

（1）测试目的 电感测试是新能源汽车永磁同步电机电气性能测试中的重要环节。通过测量电机的电感值，可以了解电机的磁场分布和磁通密度，进一步评估电机的电气性能。电感值的大小不仅反映了电机的磁路设计合理性，还直接影响到电机的运行效率、稳定性和响应速度。

（2）测试方法 电感测试通常采用交流阻抗法或磁场感应法。交流阻抗法是通过向电机绕组施加交流电压并测量电流与电压的相位差来间接计算电感值；磁场感应法则通过测量电机磁场中的磁通量变化来计算电感值。这两种方法各有优缺点，具体选择哪种方法取决于测试条件、精度要求和设备条件。

（3）测试工具 电感测试的测试工具如图 2-34 所示。

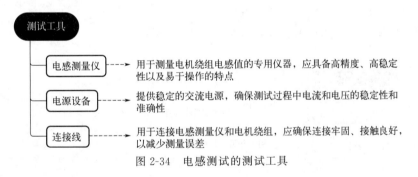

图 2-34 电感测试的测试工具

（4）测试步骤

① 准备工作：确保电机处于断电状态，并断开与电源的连接。准备好所需的测试工具和设备，检查其工作状态是否正常。

② 连接测试设备：将电感测量仪与电源设备连接好，并将连接线连接到电机的绕组上。注意连接线的长度和材质应尽量一致，以减少测量误差。

③ 设置测试参数：根据测试仪器的使用说明，设置合适的测试参数，如测试频率、电压幅值等。这些参数的选择应根据电机的实际情况和测试要求来确定。

④ 进行测试：启动测试设备，按照设定的参数对电机绕组进行电感测量。在测试过程

中,应仔细观察测试仪器的显示情况,确保数据读取正确无误。

⑤ 记录数据:测试完成后,将测试数据记录下来,并与标准值或设计要求进行对比。如有异常数据,应及时进行复查和排查故障。

(5) 测试结果 表2-5为电感测试结果。

表2-5 电感测试结果

转速/(r/min)	电感值/mH	转速/(r/min)	电感值/mH
0	5.2	3000	4.3
1000	4.9	4000	4.0
2000	4.6		

根据测试数据,可以看到随着电机转速的增加,电感值逐渐减小。这是因为随着转速的增加,电机内部的磁场分布和磁通密度发生变化,导致电感值的变化。通过对比不同转速下的电感值,可以了解电机在不同转速下的电磁感应特性,进而评估电机的电气性能。

2.3.1.3 反电动势测试

(1) 测试目的 反电动势测试是评估新能源汽车永磁同步电机性能的重要手段之一。在不同转速下测量电机的反电动势,可以帮助了解电机的磁性能和效率。反电动势是电机运行时由于磁场变化而在绕组中产生的电动势,它与电机的转速、磁场强度和绕组设计等因素密切相关。通过对反电动势的测试,可以判断电机的磁场分布是否合理,电机的工作效率是否高效。

(2) 测试方法 反电动势测试通常采用直接测量法。在电机运行过程中,通过测量电机绕组两端的电压值,得到电机的反电动势。由于反电动势与电机的转速成正比,因此需要在不同转速下进行测量,以获得完整的反电动势特性曲线。在测试过程中,应保持电机的负载恒定,以消除负载变化对测试结果的影响。

(3) 测试工具 反电动势测试的测试工具如图2-35所示。

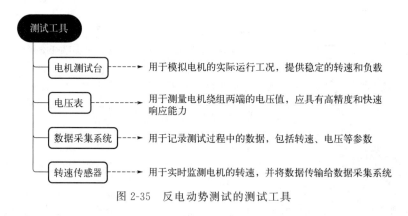

图2-35 反电动势测试的测试工具

(4) 测试步骤

① 准备工作:将电机安装在测试台上,并连接好电压表、数据采集系统和转速传感器。确保所有设备连接正确并处于良好工作状态。

② 设置测试参数:根据测试要求,设置合适的测试转速范围、采样频率和采样点数。

③ 进行测试：启动测试台，使电机在设定的转速范围内运行。同时，通过数据采集系统记录电机绕组两端的电压值和转速数据。在测试过程中，应保持电机的负载恒定，并注意观察电机的运行状态。

④ 数据处理：测试完成后，将采集到的数据导入数据处理软件中进行分析。绘制反电动势特性曲线，并计算电机的磁性能和效率等参数。

⑤ 结果分析：根据测试结果，分析电机的磁性能和效率是否符合设计要求。如有异常数据，应进行复查和排查故障。

（5）测试结果　表2-6为反电动势测试结果。

表2-6　反电动势测试结果

转速/(r/min)	反电动势/V	转速/(r/min)	反电动势/V
500	20.5	2000	82.5
1000	41.2	2500	103.2
1500	61.8	3000	123.8

根据测试数据，可以看出随着电机转速的增加，反电动势值也逐渐增大。这是因为随着转速的增加，电机内部的磁场变化速度加快，从而在绕组中产生的感应电动势也相应增大。通过对比不同转速下的反电动势值，可以初步评估电机的磁性能和效率。如果反电动势值随转速增加的幅度较大，说明电机的磁场强度和电磁转换效率较高，电机性能较好。此外，还可以根据测试数据绘制反电动势-转速曲线图，进一步分析电机的性能特点。通过曲线的斜率、变化趋势等信息，可以更直观地了解电机的磁性能和效率随转速的变化情况。

2.3.1.4　绝缘电阻测试

（1）测试目的　绝缘电阻测试是新能源汽车永磁同步电机电气性能测试中的关键环节，其目的在于测量电机绕组对地（或其他非导电部分）的绝缘电阻值，以评估电机的绝缘性能是否满足设计要求和使用要求。良好的绝缘性能对于确保电机的安全、稳定运行至关重要，因此绝缘电阻测试是电机生产和质量控制中不可或缺的步骤。

（2）测试方法　绝缘电阻测试通常采用兆欧表或高阻计等专用仪器进行。测试时，将测试仪器的一端连接到电机绕组的非导电部分（如定子铁芯或外壳），另一端连接到绕组的导电部分（如绕组引出线）。通过施加一定的直流电压（通常为500V或1000V），测量电流通过绝缘层的阻值，即绝缘电阻值。测试过程中，应注意保持测试环境的稳定，避免温度、湿度等因素对测试结果产生影响。

（3）测试工具　绝缘电阻测试的测试工具如图2-36所示。

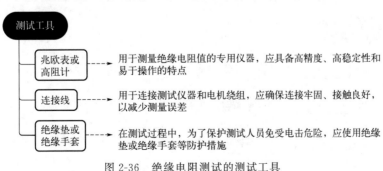

图2-36　绝缘电阻测试的测试工具

(4) 测试步骤

① 准备工作：确保电机处于断电状态，并断开与电源的连接。准备好所需的测试工具，并检查其工作状态是否正常。

② 连接测试设备：将兆欧表或高阻计的一端连接到电机绕组的非导电部分（如定子铁芯或外壳），另一端连接到绕组的导电部分（如绕组引出线）。注意确保连接牢固、接触良好。

③ 设置测试参数：根据测试仪器的使用说明，设置合适的测试电压（通常为500V或1000V）和测试时间（通常为1min或更长时间）。

④ 进行测试：启动测试仪器，按照设定的参数进行绝缘电阻测试。在测试过程中，应注意观察测试仪器的显示情况，确保数据读取正确无误。

⑤ 记录数据：测试完成后，将测试数据记录下来，并与标准值或设计要求进行对比。如有异常数据，应及时进行复查和排查故障。

(5) 测试结果 表2-7为绝缘电阻测试结果。

表2-7 绝缘电阻测试结果

绕组相别	测试电压/V	绝缘电阻值/MΩ
U相	1000	5000
V相	1000	4800
W相	1000	4950

可以看到U相、V相和W相绕组对地的绝缘电阻值均远大于判定标准（≥500MΩ），说明该新能源汽车永磁同步电机的绝缘性能良好，满足设计和使用要求。

2.3.1.5 空载电流测试

(1) 测试目的 空载电流测试是在电机不带任何负载的情况下，测量电机电流值的测试方法。这一测试的目的在于评估电机的绝缘性能以及电机的内部损耗情况。通过测量空载电流，可以初步判断电机是否存在绕组短路、断路或其他绝缘故障，同时也可以了解电机在空载状态下的效率表现。

(2) 测试方法 空载电流测试一般采用直流电源或交流电源进行。首先，将电机与电源连接，并确保电机处于空载状态（即不连接任何负载）。然后，启动电源，使电机运转至稳定状态，并在此过程中测量电机的电流值。测试时，应注意保持电源的稳定性和测量的准确性。

(3) 测试工具 空载电流测试的测试工具如图2-37所示。

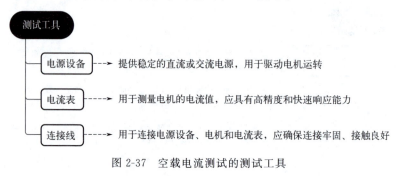

图2-37 空载电流测试的测试工具

(4) 测试步骤

① 准备工作：将电机与电源设备、电流表通过连接线正确连接，并确保电机处于空载状态。检查电源设备和电流表的工作状态，确保其处于正常状态。

② 启动电源：启动电源设备，使电机开始运转。在启动过程中，注意观察电机的运行状态，确保电机能够顺利进入稳定状态。

③ 测量电流：当电机运转至稳定状态时，使用电流表测量电机的电流值。记录测量数据，并与标准值或设计要求进行对比。

④ 重复测试：为了获得更准确的测试结果，可以重复进行多次测试，并取平均值作为最终结果。

⑤ 数据分析：对测试数据进行分析，评估电机的绝缘性能和损耗情况。如有异常数据，应及时进行复查和排查故障。

(5) 测试结果　表 2-8 为空载电流测试结果。

表 2-8　空载电流测试结果

测量时间/min	电流值/A	测量时间/min	电流值/A
0	1.5	10	1.47
5	1.48	15	1.46

根据测试数据，可以分析电机的绝缘性能和损耗情况。如果电流值稳定且接近电机的额定空载电流值，则表明电机的绝缘性能和损耗情况较好。如果电流值异常高或波动较大，则可能存在绝缘故障或内部损耗过大的问题。可以看到电机在空载状态下的电流值随着时间的推移略有下降。这可能是由于电机内部的初始热量散发导致电阻略有降低，从而电流值有所下降。然而，这个变化范围很小，表明电机的绝缘性能和损耗情况良好。

2.3.1.6　负载电流测试

(1) 测试目的　负载电流测试旨在模拟实际工作条件，通过测量电机在负载状态下的电流值，评估电机的负载能力和效率。这一测试不仅有助于验证电机在不同负载下的运行性能，还能够发现电机潜在的过载、热失控等问题。

(2) 测试方法　负载电流测试通常包括两个主要步骤：首先，将电机与负载设备（如阻力计、负载电机等）连接，确保电机能够在负载状态下运行；其次，通过测量设备（如电流表）在电机运行过程中测量电流值，并记录数据。测试过程中，应保持电源稳定，确保测量结果的准确性。

(3) 测试工具　负载电流测试的测试工具如图 2-38 所示。

(4) 测试步骤

① 准备工作：连接电机、电源、负载和电流表等测试设备，确保所有连接牢固、接触良好。同时，检查各设备的工作状态，确保其处于正常状态。

② 设置负载：根据测试要求，设置合适的负载条件。负载条件应尽可能接近电机的实际工作负载，以确保测试结果的准确性。

③ 启动测试：启动电源设备，使电机在负载状态下运行。在测试过程中，应密切关注电机的运行状态和电流表的读数。

④ 数据记录：使用数据采集系统实时记录测试数据，包括电流值、负载条件、电机转

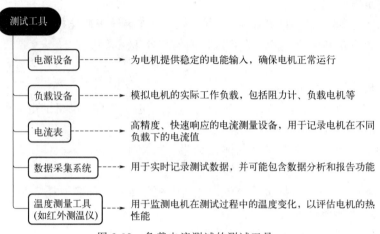

图 2-38 负载电流测试的测试工具

速等。确保数据的准确性和完整性。

⑤ 重复测试：为了获得更准确的测试结果，可以重复进行多次测试，并取平均值作为最终结果。

⑥ 数据分析：对测试数据进行分析，评估电机的负载能力和效率。如有异常数据，应及时进行复查和排查故障。

(5) 测试结果　表 2-9 为负载电流测试结果。

表 2-9　负载电流测试结果

负载水平	电流值/A	电机转速/(r/min)
25%额定负载	50	3000
50%额定负载	100	2800
75%额定负载	150	2600

根据测试数据，可以评估电机的负载能力和效率。在本例中，可以看到随着负载的增加，电流值也相应增加，而电机转速则略有下降。这是正常的现象，因为电机需要更多的能量来克服负载。通过比较不同负载水平下的电流值和电机转速，可以评估电机的负载能力和效率。如果电机在较高负载下仍能保持稳定运行，并且效率较高（即电机输出功率与输入功率之比较高），则说明电机的负载能力和效率较好。

2.3.2　永磁同步电机的机械性能测试

永磁同步电机的机械性能测试项目主要包括转速测试、转矩测试、噪声测试和振动测试。

2.3.2.1　转速测试

(1) 测试目的　转速测试是评估新能源汽车永磁同步电机调速性能和稳定性的重要手段。通过测量电机在不同负载下的转速值，可以了解电机的动态响应特性、转速控制精度以及在不同工况下的稳定性。

(2) 测试方法　转速测试通常采用动态测试方法，即在电机运行过程中实时测量转速值，并记录负载变化对转速的影响。测试时，需要模拟不同的负载条件，如恒转矩负载、恒功率负载等，以全面评估电机的调速性能。

(3) 测试工具 转速测试的测试工具如图 2-39 所示。

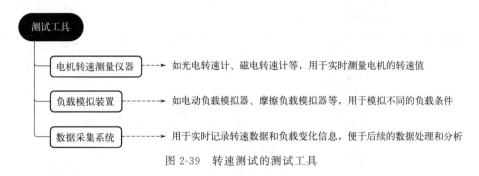

图 2-39 转速测试的测试工具

(4) 测试步骤

① 准备工作：将电机安装在测试台上，并连接好电源、转速测量仪器、负载模拟装置和数据采集系统。检查各连接部分是否牢固可靠，确保测试过程的安全性和准确性。

② 设置测试条件：根据测试目的和要求，设置不同的负载条件和转速范围。通常可以选择从空载到满载的不同负载点，以及相应的转速范围。

③ 进行转速测试：在每个负载点下，逐步增加电机的转速，记录转速数据和负载变化信息。在每个转速点下保持一段时间，以观察电机的稳定性和动态响应特性。

④ 数据处理与分析：将测试数据导入数据分析软件中，进行数据处理和分析。可以绘制转速-负载曲线、转速-时间曲线等图表，以直观地展示电机的调速性能和稳定性。

(5) 测试结果 表 2-10 为转速测试结果。

表 2-10 转速测试结果

负载点	转速值/(r/min)	负载点	转速值/(r/min)
空载	0～6000(逐渐增加)	75%负载	4500～4700(转速继续下降)
25%负载	5500～5800(转速下降)	100%负载	4000～4200(转速最低)
50%负载	5000～5300(转速进一步下降)		

从测试结果可以看出，随着负载的增加，电机的转速逐渐下降。这是由于负载增加时，电机需要克服更大的阻力来保持转速，因此转速会相应降低。

可以绘制转速-负载曲线图，进一步分析电机的调速性能。例如，可以计算电机在不同负载下的转速上升时间和稳定时间，以评估电机的动态响应特性和控制精度。此外，还可以通过分析转速波动情况来评估电机的稳定性。在稳定工作状态下，电机的转速波动应尽可能小，以确保其运行的稳定性和可靠性。

2.3.2.2 转矩测试

(1) 测试目的 转矩测试旨在测量电机在不同转速下的转矩值，从而评估电机的负载能力和输出能力。通过获取这些数据，可以了解电机在不同工况下的性能表现。

(2) 测试方法 转矩测试采用动态转矩测试方法，即通过控制电机转速并测量对应转速下的转矩值来评估电机的性能。测试过程中，应使用专业的转矩测量仪器和控制系统来精确控制转速并测量转矩值。

(3) 测试工具　转矩测试的测试工具如图 2-40 所示。

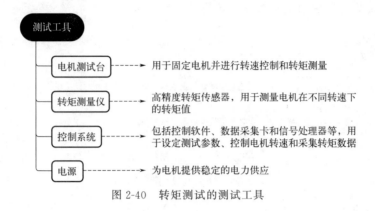

图 2-40　转矩测试的测试工具

(4) 测试步骤

① 准备工作：将电机固定在测试台上，连接转矩测量仪、控制系统和电源，确保测试设备处于良好状态。

② 设定测试参数：根据测试需求，设定电机转速范围、测试点数量和测试时间等参数。

③ 启动测试：开始测试后，控制系统将按照设定的参数控制电机转速，并实时采集转矩数据。

④ 数据处理：测试完成后，对采集的转矩数据进行处理和分析，包括绘制转矩-转速曲线、计算平均值和标准差等。

⑤ 结果输出：将测试结果以图表和报告的形式输出，包括转矩-转速曲线、转矩平均值、标准差和测试结论等。

(5) 测试结果　表 2-11 为转矩测试结果。

表 2-11　转矩测试结果

转速/(r/min)	转矩/(N·m)	转速/(r/min)	转矩/(N·m)
500	12.5	1250	52.1
750	23.7	1500	68.9
1000	37.4		

根据测试结果，可以进行以下数据分析。

① 转矩随转速变化趋势。从表 2-11 的数据可以看出，随着转速的增加，电机的转矩值也逐渐增加。这表明电机在更高的转速下能够输出更大的转矩，从而具有更强的负载能力。

② 转矩稳定性评估。如果测试过程中每个测试点下的转矩值相对稳定（即波动较小），则说明电机的性能较为稳定，输出能力较为可靠。

③ 与额定值的对比。可以将测试结果与电机的额定转矩值进行比较，以评估电机在实际运行中的性能表现是否满足设计要求或期望值。

(6) 结论　基于以上数据分析，可以得出以下结论。

① 该电机在不同转速下均表现出良好的负载能力和输出能力，转矩值随转速增加而逐渐增加。

② 电机的性能稳定可靠，输出能力较为一致。

③ 根据具体的应用需求和设计要求，该电机可能需要进行进一步的优化或调整，以提高其在实际运行中的性能表现。

2.3.2.3 噪声测试

(1) 测试目的 噪声测试的主要目的是在特定条件下测量电机的噪声水平，以评估电机的声学性能。通过精确的噪声测量，可以了解电机在运行时产生的噪声大小。

(2) 测试方法 噪声测试采用声级计法来测量电机的噪声水平。声级计是一种用于测量声音强弱的仪器，通过将其放置在距电机一定距离处，可以测得电机的噪声值（dB）。测试过程中，应确保测试环境满足相关标准要求，如背景噪声低、测试距离固定等，以确保测试结果的准确性和可靠性。

(3) 测试工具 噪声测试的测试工具如图 2-41 所示。

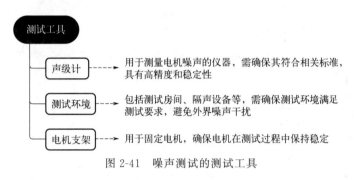

图 2-41 噪声测试的测试工具

(4) 测试步骤

① 准备工作：将电机固定在支架上，确保电机稳定；将声级计放置在距电机一定距离处（根据测试要求确定），并校准声级计以确保测量准确。

② 设置测试参数：根据测试要求，设置电机的运行参数（如转速、负载等），并确定测试时间和测试间隔。

③ 开始测试：启动电机并使其运行至稳定状态，然后开启声级计进行噪声测量。在测试过程中，需记录每个测试点的噪声值。

④ 数据分析：测试完成后，对采集的噪声数据进行处理和分析，计算平均噪声水平、最大噪声值等指标，并绘制噪声分布图或曲线图。

⑤ 结果输出：将测试结果以报告形式输出，包括测试数据、图表和分析结论等。

(5) 测试结果 表 2-12 为噪声测试结果。

表 2-12 噪声测试结果

测试序号	负载类型	负载大小	运行时间/min	噪声测量值/dB(A)
1	恒转矩	5N·m	30	58.5
2	恒转矩	10N·m	30	62.2
3	恒功率	1kW	30	60.8
4	恒功率	2kW	30	65.1

根据以上测试结果，可以对电机的声学性能进行如下评估。

① 电机在不同负载条件下产生的噪声水平不同，但总体控制在较低范围内，表现出较

好的声学性能。

② 电机在恒转矩和恒功率两种负载类型下，随着负载大小的增加，噪声水平略有上升，但仍保持在可接受范围内。

③ 基于测试结果，该电机适合在噪声敏感的环境中使用，或用于需要较高声学性能的应用场景。

2.3.2.4 振动测试

(1) 测试目的 振动测试旨在测量电机在运行过程中的振动水平，以评估电机的机械性能和稳定性。通过测试，可以获取电机在正常工作状态下及不同负载条件下的振动数据。

(2) 测试方法 振动测试采用振动测量仪器对电机在运行过程中的振动信号进行采集和分析。振动信号通过加速度传感器获取，并转换为电信号，经处理后得出振动水平的相关参数。

(3) 测试工具 振动测试的测试工具如图2-42所示。

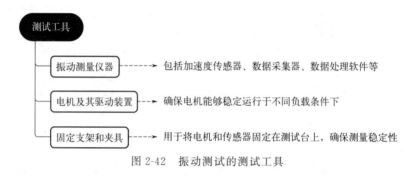

图2-42 振动测试的测试工具

(4) 测试步骤

① 准备阶段：选择合适的振动测量仪器，确保仪器在检定有效期内，并校准至正确状态；将电机安装于测试台架上，通过夹具和支架固定好电机和传感器；连接振动测量仪器与数据采集器，设置数据采集参数。

② 测试设置：设置电机的负载条件（如恒转矩、恒功率等）和运行时间；确保测试环境满足测试要求（如温度、湿度、无振动干扰等）。

③ 数据采集：启动电机，使其运行在预设的负载条件下；使用振动测量仪器对电机的振动信号进行采集，并记录数据；根据需要，调整电机的运行工况（如改变负载大小、运行速度等），重复进行数据采集。

④ 数据处理与分析：将采集到的振动数据导入数据处理软件，进行滤波、去噪等预处理；分析振动数据，计算相关参数（如加速度、位移、速度等），并绘制振动曲线；根据振动参数和曲线，评估电机的机械性能和稳定性。

(5) 测试结果 表2-13为振动测试结果。

表2-13 振动测试结果

时间/s	负载	转速/(r/min)	振动加速度/(m/s²)	振动频率/Hz
0	50%额定负荷	3000	0.05	50
5	50%额定负荷	3000	0.06	52

续表

时间/s	负载	转速/(r/min)	振动加速度/(m/s²)	振动频率/Hz
10	50%额定负荷	3000	0.07	51
15	50%额定负荷	3000	0.06	50
20	50%额定负荷	3000	0.05	49
…	…	…	…	…
60	50%额定负荷	3000	0.06	51

① 从表 2-13 中可以看出，电机在测试工况下的振动加速度和振动频率均保持稳定，没有出现明显的波动或异常。

② 振动加速度和振动频率均处于正常范围内，表明电机在负载 50% 和转速 3000r/min 工况下具有较好的机械性能和稳定性。

③ 可以根据此结果，结合电机的设计要求和使用环境，对电机的机械性能进行评估和优化。

通过振动测试获取了电机在特定工况下的振动数据，并对其机械性能和稳定性进行了评估。测试结果表明，电机在负载 50% 和转速 3000r/min 工况下表现良好，振动水平稳定且处于正常范围内。

2.3.3 永磁同步电机的温升与散热性能测试

永磁同步电机的温升与散热性能测试项目主要包括轴承温升测试、绕组温升测试、机壳温升测试和冷却系统测试。

2.3.3.1 轴承温升测试

(1) 测试目的 轴承温升测试旨在监测轴承在运行过程中的温度变化，从而评估轴承的散热性能和寿命。通过测试，可以了解轴承在不同工况下的温升情况，为轴承的选型、使用和维护提供科学依据，确保轴承在实际应用中能够保持稳定的性能和较长的使用寿命。

(2) 测试方法 轴承温升测试采用温度测量仪器对轴承在运行过程中的温度进行实时监测。通过记录轴承在不同工况下的温度数据，分析轴承的温升趋势和散热性能。同时，结合轴承的材质、结构、润滑条件等因素，对轴承的寿命进行评估。

(3) 测试工具 轴承温升测试的测试工具如图 2-43 所示。

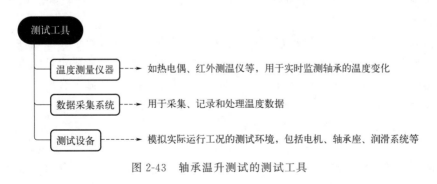

图 2-43 轴承温升测试的测试工具

(4)测试步骤

① 准备阶段:选择合适的温度测量仪器和数据采集系统,确保其在检定有效期内并校准至正确状态;将轴承安装在测试平台上,并连接润滑系统和电机等关键组件;根据实际应用环境设置测试参数,如转速、负载、润滑方式等。

② 测试设置:在轴承的关键部位(如外圈、内圈、滚动体等)安装温度测量仪器;确保数据采集系统正常工作,设置采样频率和数据记录方式;检查测试平台的稳定性,确保电机等组件正常运行。

③ 数据采集:启动测试平台,使轴承在预设的工况下运行;实时监测并记录轴承的温度数据,确保数据的准确性和完整性;根据需要,调整测试参数以获取不同工况下的温度数据。

④ 数据分析:对采集到的温度数据进行处理和分析,绘制温升曲线图;分析轴承的温升趋势和散热性能,结合轴承的材质、结构等因素评估其寿命;根据测试结果,提出改进建议和优化措施。

(5)测试结果 表2-14为轴承温升测试结果。

表2-14 轴承温升测试结果

时间/min	负荷	转速/(r/min)	轴承外圈温度/℃	轴承内圈温度/℃	滚动体温度/℃
0	50%额定负荷	2000	25	24.5	24.8
5	50%额定负荷	2000	32	31.2	31.5
10	50%额定负荷	2000	38	36.5	37.0
15	50%额定负荷	2000	42	40.2	40.8
20	50%额定负荷	2000	45	42.5	43.0
30	50%额定负荷	2000	50	47.0	47.5
40	50%额定负荷	2000	53	49.5	50.0
50	50%额定负荷	2000	55	51.0	51.5
50	50%额定负荷	2000	57	52.5	53.0

① 在测试开始阶段,轴承的温度迅速上升,这是由于摩擦生热和内部热量积累导致的。

② 随着时间的推移,轴承的温度上升速度逐渐放缓,这是因为轴承的散热系统开始发挥作用,将热量散发到环境中。

③ 在整个测试过程中,轴承的温度保持在安全范围内,且没有出现异常高温的情况,这表明轴承的散热性能良好。

④ 根据测试结果,可以初步判断该型号轴承在设定的工况下具有较好的散热性能和较长的使用寿命。

通过轴承温升测试获取了轴承在运行过程中的温度数据,并分析了其散热性能和预期寿命。测试结果表明,该型号轴承在设定的工况下表现良好,散热性能稳定且温度控制在安全范围内。基于以上测试结果,可以对该型号轴承的散热性能和寿命做出合理的评估,并为后续的使用和维护提供参考依据。

2.3.3.2 绕组温升测试

(1)测试目的 绕组温升测试旨在测量电机绕组在运行过程中的温升值,以评估电机的热稳定性和散热能力。通过这项测试,可以了解电机在不同工作条件下的热性能。

(2) 测试方法 绕组温升测试采用温度传感器对电机绕组进行实时温度监测,并记录电机在不同工作条件下的绕组温度数据。通过分析这些数据,评估电机的热稳定性和散热能力。

(3) 测试工具 绕组温升测试的测试工具如图 2-44 所示。

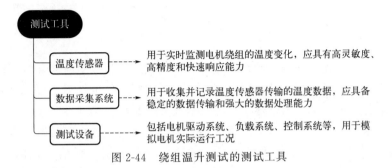

图 2-44 绕组温升测试的测试工具

(4) 测试步骤

① 准备阶段:选择合适的温度传感器和数据采集系统,并确保其处于正常工作状态;安装温度传感器于电机绕组的关键位置,确保与绕组良好接触;连接数据采集系统,并设置适当的采样频率和数据记录时间。

② 运行测试:启动测试设备,使电机在预设的工况下(如不同转速、负载等)运行;在测试过程中,实时监测并记录电机绕组的温度数据;如需测试电机在不同工况下的温升情况,可调整测试参数,并重复上述步骤。

③ 数据处理与分析:对采集到的温度数据进行处理,绘制温升曲线图;分析电机在不同工况下的温升趋势和散热性能;结合电机的设计参数和使用要求,评估电机的热稳定性和散热能力。

(5) 测试结果 表 2-15 为绕组温升测试结果。

表 2-15 绕组温升测试结果

时间/min	负载	转速/(r/min)	绕组温度/℃
0	75%额定负荷	1500	25
5	75%额定负荷	1500	38
10	75%额定负荷	1500	50
15	75%额定负荷	1500	62
20	75%额定负荷	1500	70
30	75%额定负荷	1500	82
40	75%额定负荷	1500	90
50	75%额定负荷	1500	95
60	75%额定负荷	1500	100

① 初始 5min 内,绕组温度迅速上升,这是由于电机启动和运行初期,绕组产生的热量积累所致。

② 随着时间的推移,绕组温度的上升速度逐渐减缓,这是因为电机内部的散热机制开

始发挥作用,如风扇冷却、自然对流等。

③ 在整个测试过程中,绕组温度始终保持在安全范围内,未出现过热现象,表明该电机在设定的工况下具有较好的热稳定性和散热能力。

通过绕组温升测试获取了电机 EM-123 在 1500r/min 转速和 75% 额定负载工况下的绕组温度数据。分析测试结果可知,该电机在运行过程中温度控制得当,具备良好的热稳定性和散热能力。

2.3.3.3 机壳温升测试

(1) 测试目的 机壳温升测试旨在测量电机机壳在运行过程中的温升值,以评估电机的散热性能和安全性。通过这项测试,可以了解电机在不同工作条件下的散热效果,从而确保电机在长时间运行过程中不会因过热而损坏或引发安全事故。

(2) 测试方法 机壳温升测试采用温度传感器对电机机壳进行实时温度监测。在电机运行的不同阶段,记录机壳的温度数据,并通过分析这些数据来评估电机的散热性能和安全性。

(3) 测试工具 机壳温升测试的测试工具如图 2-45 所示。

图 2-45 机壳温升测试的测试工具

(4) 测试步骤

① 安装温度传感器:在电机机壳的关键位置安装温度传感器,确保传感器与机壳良好接触。

② 连接数据采集系统:将温度传感器与数据采集系统连接,设置适当的采样频率和数据记录时间。

③ 运行测试:启动测试设备,使电机在预设的工况下(如不同转速、负载等)运行。

④ 数据收集:在测试过程中,实时监测并记录电机机壳的温度数据。

⑤ 数据分析:对收集到的温度数据进行处理和分析,绘制机壳温升曲线图,并评估电机的散热性能和安全性。

(5) 测试结果 表 2-16 为机壳温升测试结果。

表 2-16 机壳温升测试结果

时间/min	初始环境温度/℃	负载	转速/(r/min)	机壳温度/℃
0	20	100%额定负荷	3000	20
10	20	100%额定负荷	3000	45
20	20	100%额定负荷	3000	55

续表

时间/min	初始环境温度/℃	负载	转速/(r/min)	机壳温度/℃
30	20	100%额定负荷	3000	65
45	20	100%额定负荷	3000	75
60	20	100%额定负荷	3000	80
75	20	100%额定负荷	3000	85
90	20	100%额定负荷	3000	88

① 电机在初始运行阶段，机壳温度迅速上升，这是由于电机内部产生的热量传导至机壳所致。

② 随着时间的推移，机壳温度的上升速度逐渐减缓，这说明电机的散热机制开始发挥作用，将热量有效地散发到周围环境中。

③ 在整个测试过程中，机壳温度始终保持在安全范围内，未出现过高温度，表明该电机在设定的工况下具有良好的散热性能和安全性。

通过机壳温升测试获取了电机 JM-500 在 3000r/min 转速和 100%额定负载工况下的机壳温度数据。测试结果表明，该电机在运行过程中机壳温度控制得当，散热性能良好，且具有较高的安全性。

2.3.3.4 冷却系统测试

(1) 测试目的　冷却系统测试旨在验证电机的冷却系统是否正常运行，以确保电机在高温环境下能够持续稳定地工作。通过这项测试，可以评估冷却系统的性能，及时发现潜在问题，并采取相应措施进行改进。

(2) 测试方法　冷却系统测试主要通过模拟电机在高温环境下的运行状态，实时监测电机温度、冷却系统运行状态及相关参数，评估冷却系统的性能和散热效果。测试过程中，应重点关注电机在不同负载和转速下的温度变化，以及冷却系统的响应和调节能力。

(3) 测试工具　冷却系统测试的测试工具如图 2-46 所示。

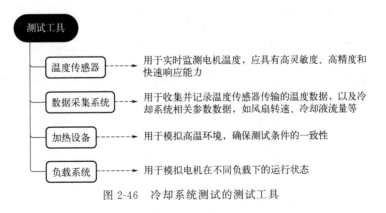

图 2-46　冷却系统测试的测试工具

(4) 测试步骤

① 准备阶段：安装温度传感器和数据采集系统，设置采样频率和数据记录时间；将加热设备设置到目标温度，预热测试环境；检查冷却系统是否正常运行，包括风扇、冷却液泵等部件。

② 运行测试：启动电机，使其在预设的工况下（如不同转速、负载等）运行；实时监测并记录电机温度、冷却系统运行状态及相关参数数据；在测试过程中，逐步增加加热设备的温度，以模拟更高的环境温度。

③ 数据分析：对收集到的数据进行处理和分析，绘制温度曲线图和相关参数变化图；评估冷却系统的性能和散热效果，判断电机是否能在高温环境下稳定工作。

(5) 测试结果 表 2-17 为冷却系统测试结果。

表 2-17 冷却系统测试结果

测试环境温度/℃	负载	电机温度/℃	风扇转速/(r/min)	冷却液流量/(L/min)
25	额定负载	30	1500	2.0
30	额定负载	35	1700	2.2
35	额定负载	40	1850	2.4
40	额定负载	45	2000	2.6
45	额定负载	50	2150	2.8
50	额定负载	55	2300	3.0
55	额定负载	60	2450	3.2
60	额定负载	65	2600	3.4
65	额定负载	70	2750	3.6
70	额定负载	75	2900	3.8

① 在测试过程中，随着环境温度的升高，电机温度也相应上升，但始终保持在安全范围内。

② 冷却系统响应迅速，风扇转速和冷却液流量随温度升高而增加，有效降低了电机温度。

③ 电机在测试终止条件（电机温度达到 90℃）之前，能够稳定工作。

根据测试结果，可以得出结论：电机 MY-1000 的冷却系统能够正常运行，并在高温环境下有效保证电机的稳定工作。在未来的应用中，可以根据实际需求和环境条件，进一步优化冷却系统的设计和参数设置，以提高电机的性能和可靠性。

2.3.4　永磁同步电机的环境与可靠性测试

永磁同步电机的环境与可靠性测试项目主要包括环境适应性测试、耐久性测试和过载保护测试。

2.3.4.1　环境适应性测试

(1) 测试目的 环境适应性测试旨在评估电机在不同温度、湿度、振动等环境条件下的性能表现，以确定电机在各种环境条件下的稳定性和可靠性。通过该测试，可以了解电机在各种环境条件下的适应性。

(2) 测试方法 环境适应性测试通过模拟不同的环境条件，如温度、湿度和振动等，对电机进行性能测试。测试过程中，应监测并记录电机的各项性能指标，如输出功率、效率、温升等，以评估电机在不同环境下的性能表现。

(3) 测试工具 环境适应性测试的测试工具如图 2-47 所示。

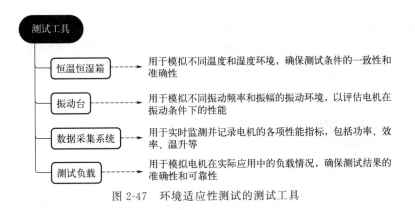

图 2-47 环境适应性测试的测试工具

(4) 测试步骤

① 准备阶段：将电机安装在测试台上，并连接好数据采集系统；设置恒温恒湿箱和振动台的参数，以模拟目标环境条件；根据测试需求，选择适当的测试负载。

② 运行测试：启动恒温恒湿箱和振动台，使其达到预设的环境条件；在达到目标环境条件后，启动电机，使其在额定负载下运行；在测试过程中，实时监测并记录电机的各项性能指标，如功率、效率、温升等；根据测试需求，可以逐步改变环境条件（如增加温度、湿度或振动频率等），并重复上述步骤进行测试。

③ 数据分析：对收集到的数据进行处理和分析，绘制性能曲线图和相关参数变化图；比较不同环境条件下电机的性能表现，评估电机的环境适应性；根据测试结果，提出改进建议或优化方案。

(5) 测试结果 表 2-18 为环境温度适应性测试结果。温度范围为 $-20\sim 60℃$，相对湿度为恒定 50%，负载为额定负载，测试时间为每个温度下运行 30min。

表 2-18 环境温度适应性测试结果

温度/℃	输出功率/kW	效率/%	温升/℃
-20	9.7	90.5	25
0	9.9	91.2	20
20	10.0	91.8	18
40	9.9	91.5	22
60	9.8	91.0	27

从测试结果可以看出，电机在不同温度下的性能表现较为稳定。在 $-20\sim 60℃$ 的温度范围内，电机的输出功率和效率均保持在正常范围内，且温升在可接受范围内。这表明电机在该温度范围内具有良好的环境适应性。

然而，在极端低温条件下（如 $-20℃$），电机的输出功率略有下降，这可能是由于电机内部材料在低温下的性能变化所致。在未来的设计和优化中，可以考虑采用更适应低温环境的材料或结构来改进电机的低温性能。

2.3.4.2 耐久性测试

(1) 测试目的 耐久性测试旨在通过长时间运行或高负荷运行来模拟电机在实际使用中的工作环境，从而评估电机的寿命和可靠性。通过该测试，可以了解电机在长时间或高负荷运行下的性能表现，预测电机的使用寿命。

(2) 测试方法　耐久性测试采用长时间连续运行或高负荷运行的方法。在测试过程中，应模拟电机在实际应用中的工作环境，如连续工作时长、负载大小、工作频率等，并监测电机的各项性能指标，如输出功率、效率、温升等。

(3) 测试工具　耐久性测试的测试工具如图 2-48 所示。

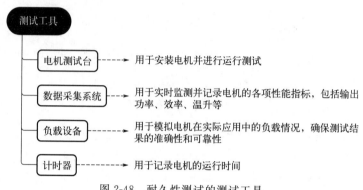

图 2-48　耐久性测试的测试工具

(4) 测试步骤

① 准备阶段：将电机安装在电机测试台上，并连接好数据采集系统和负载设备；设定测试参数，包括测试时间、负载大小、工作频率等；对电机进行预热和初始性能检测，确保电机在测试开始前处于正常工作状态。

② 运行测试：启动电机测试台，使电机在设定的负载和工作频率下运行；通过数据采集系统实时监测并记录电机的各项性能指标；在测试过程中，定期检查电机的运行状态，如温度、声音、振动等，确保电机在测试过程中无异常情况发生；当达到设定的测试时间或电机出现异常情况时，停止测试。

③ 数据分析：对收集到的数据进行处理和分析，绘制性能曲线图和相关参数变化图；根据数据分析结果，评估电机的耐久性，包括寿命预测和可靠性评估；根据测试结果，提出改进建议或优化方案，以提高电机的寿命和可靠性。

(5) 测试结果　表 2-19 为耐久性测试结果。负荷为额定负荷的 80%，工作频率为 50Hz，连续运行 200h。

表 2-19　耐久性测试结果

时间/h	电流/A	电压/V	功率/kW	效率/%	温度/℃
0	20	400	8.0	90	30
25	20.1	400.2	8.05	90.1	32
50	20.2	400.5	8.1	90.2	34
100	20.4	401.0	8.2	90.3	36
…	…	…	…	…	…
200	20.5	401.5	8.25	90.5	40

在连续运行 200h 后，电机的各项性能指标均保持稳定，电流、电压、功率、效率和温度均未出现显著变化。这表明该电机在长时间连续运行下具有良好的耐久性和稳定性，能够满足实际应用中的长时间工作需求。

2.3.4.3 过载保护测试

(1) 测试目的 过载保护测试旨在验证电机在过载情况下的保护机制是否有效,以确保电机在超出其设计承载能力时能够自动断电或降低输出功率,避免电机损坏和安全事故的发生。通过测试,将评估电机的过载保护性能。

(2) 测试方法 过载保护测试采用模拟过载的方法,通过在短时间内施加超出电机额定负载的电流或功率来触发电机的过载保护机制。在测试过程中,应监测电机的电流、功率、温度等参数,并记录电机的响应时间和保护动作。

(3) 测试工具 过载保护的测试工具见图 2-49 所示。

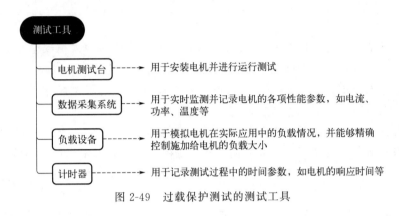

图 2-49 过载保护测试的测试工具

(4) 测试步骤

① 准备阶段:将电机安装在电机测试台上,并连接好数据采集系统和负载设备;设定测试参数,包括电机的额定负载、过载电流或功率大小、测试时间等;对电机进行预热和初始性能检测,确保电机在测试开始前处于正常工作状态。

② 模拟过载:逐步增加负载设备的负载,直至超过电机的额定负载;通过数据采集系统实时监测并记录电机的电流、功率、温度等参数;观察并记录电机在过载情况下的响应时间和保护动作。

③ 数据分析:对收集到的数据进行处理和分析,绘制相关参数变化图;评估电机的过载保护性能,包括保护动作的响应时间、准确性等;根据测试结果,提出改进建议或优化方案,以提高电机的过载保护性能。

(5) 测试结果 表 2-20 为过载保护测试结果。电机额定功率为 5kW。

表 2-20 过载保护测试结果

负载	电流/A	功率/kW	温度/℃	响应时间/s	保护动作描述
80%额定负载	10	4.0	40	—	无保护动作
90%额定负载	11.5	4.5	45	—	无保护动作
100%额定负载	12.8	5.0	50	—	无保护动作
110%额定负载	14.2	5.5	55	—	无保护动作
120%额定负载	16.0	6.0	65	2.5	电机自动断电
130%额定负载	—	—	—	—	电机已断电

从测试结果可以看出,在负载逐渐增加至 120%额定负载时,电机的过载保护机制被触

发，电机自动断电。在过载情况下，电机的响应时间为2.5s，表明保护机制响应迅速，能够有效保护电机免受损坏。在超过120%额定负载后，由于电机已断电，无法继续测试。测试结果表明，电机的过载保护机制在过载情况下能够有效工作，保护电机免受损坏。

2.4 永磁同步电机的故障诊断技术

2.4.1 电机故障诊断的基本原则

2.4.1.1 安全性原则

(1) 人员安全 在进行电机系统的故障诊断和维修工作时，人员安全是首要考虑的因素。维修人员需具备相关安全知识和操作技能，了解电机系统结构与风险。必须佩戴绝缘手套、护目镜等个人防护设备。此外，严格遵守安全操作规程，确保操作无误，避免事故发生，保障维修人员的人身安全。

(2) 设备安全 在电机系统故障诊断中，设备安全至关重要。避免随意拆卸或更改部件，确保使用合适的工具和设备，并遵循正确步骤操作。预防因不当操作导致的设备损坏或安全隐患。操作前务必确保系统完全断电，采取预防措施防止意外通电，以保障设备完整性与人员安全。

(3) 故障预防与避免 故障预防至关重要。在原因未明前，避免电机运行，防止故障扩大。对已发故障，迅速诊断修复，并深入分析原因，避免复发。日常运行中，定期维护和检查电机系统，消除潜在隐患，确保稳定运行。

例如，在一次电机维修过程中，维修人员发现电机内部存在异常声响。在不确定故障原因的情况下，他们果断地停止了电机的运行，并进行了进一步的检查。最终，他们发现是由于轴承磨损导致的故障，并及时进行了修复，避免了可能发生的严重事故。这个例子充分说明了遵循安全性原则的重要性。

2.4.1.2 系统性原则

(1) 全面检查 在进行故障诊断时，应对电机系统的各个组成部分进行全面的检查和测试。这包括电气部分（如电源、线路、控制器等）、机械部分（如轴承、齿轮、转子等）以及控制部分（如传感器、执行器等）。通过全面检查，可以更加准确地定位故障点，并找出故障的根本原因。

(2) 综合分析 在找出故障点之后，还需要对整个电机系统进行综合分析。这包括分析故障点与其他部件或环节之间的关系，以及故障对整个系统性能的影响。通过综合分析，可以更加深入地了解故障的本质，并制订相应的维修和改进措施。

(3) 预防措施 除了针对已经发生的故障进行诊断和修复之外，系统性原则还强调采取预防措施来避免类似故障的再次发生。这包括定期检查和维护电机系统的各个组成部分，及时发现并处理潜在的安全隐患；同时，还需要加强对电机系统的管理和监控，确保其在运行过程中始终处于良好的状态。

例如，一辆电动汽车在行驶中突然失去动力，维修人员运用系统性原则展开故障排查。

首先，他们对整个电机系统进行了综合考察，从电气部分入手检查电池组、电机控制器和传感器等，确保电源供应正常且控制信号无误。接着是转向机械部分，检查电机本身和传动系统，发现电机内部有异响且温升异常。在排除外围设备干扰后，确定电机为故障源头。通过系统性原则的应用，维修人员可快速定位故障点。

2.4.1.3　层次性原则

(1) 先易后难　在进行故障诊断时，应首先关注那些容易检查和测试的部件或环节。例如，可以先检查电源线路、传感器等外部设备，这些设备通常较为简单且易于检查。如果发现这些设备存在问题，那么就可以迅速进行修复，避免进一步深入诊断。

(2) 先外后内　在排除外部设备问题后，应逐步深入到电机系统的内部进行检查。这包括电机本体、控制器等核心部件。通过对外部设备和内部核心部件的逐层检查，可以更全面地了解电机系统的运行状况，从而更准确地找出故障点。

(3) 先简单后复杂　在诊断过程中，应优先关注那些相对简单且易于修复的问题。例如，如果发现某个传感器存在故障，那么可以先更换该传感器以解决问题。如果问题依然存在，那么再进一步深入到更复杂的部件进行检查和修复。

2.4.1.4　经验性原则

(1) 利用历史数据进行诊断　在进行故障诊断时，可以充分利用以往类似故障的历史数据。这些数据可能包括故障发生的时间、地点、环境条件、故障现象、原因以及解决方案等。通过对这些数据的分析和比对，可以发现不同故障之间的共性和差异，从而更准确地定位当前故障的原因。

(2) 借助专家经验进行判断　在故障诊断过程中，还可以借助专家或技术人员的经验进行判断。他们可能具有丰富的专业知识和实践经验，能够根据故障现象和实际情况进行初步的判断和处理。这种基于专家经验的诊断方法，可以在没有确切诊断结果之前，为故障的处理提供有力的指导。

(3) 结合实际情况进行处理　在利用历史数据和经验进行故障诊断时，还需要结合实际情况进行处理。因为每个故障都有其独特的特点和背景，所以需要在充分了解实际情况的基础上，灵活运用历史数据和经验进行诊断。例如，在处理电机过热故障时，需要考虑电机的运行时间、负载情况、散热条件等实际因素，从而找到最合适的解决方案。

2.4.1.5　科学性原则

(1) 基于科学方法和理论进行诊断　在电动汽车电机系统的故障诊断中，应遵循科学的方法和理论。例如，在收集和分析故障信息时，应运用统计学、概率论等数学方法，对故障数据进行处理和分析。在判断故障原因时，应结合电机系统的结构、工作原理和运行环境等因素，运用物理、化学等科学原理进行解释和推断。

(2) 利用先进的故障诊断技术和工具进行检测和分析　为了更准确地诊断电动汽车电机系统的故障，应利用先进的故障诊断技术和工具。这些技术和工具包括振动分析、热成像、频谱分析等。通过振动分析，可以了解电机在运行时的振动情况，从而判断电机是否存在异常。通过热成像技术，可以实时监测电机各部件的温度分布情况，发现潜在的热故障。通过频谱分析，可以对电机的电气信号进行频域分析，找出电机电气系统的故障。

（3）采取科学的处理方法和措施进行故障修复 在确定故障原因后，应采取科学的处理方法和措施进行故障修复。首先，应根据故障的性质和程度，选择合适的维修方案。对于轻微故障，可以采取调整、紧固等简单维修措施；对于严重故障，可能需要进行更换部件、重新安装等复杂维修操作。其次，在维修过程中，应遵循科学的维修流程和操作规范，确保维修质量和安全。最后，在维修完成后，应对电机系统进行全面的检测和测试，确保故障已经得到彻底解决。

2.4.1.6 及时性原则

（1）实时监控与快速响应 在电动汽车上安装传感器和监测设备，对电机系统的运行状态进行实时监控。一旦发现异常或故障，应立即启动故障诊断程序，并通知相关部门和人员进行处理。

（2）快速诊断与定位 利用先进的故障诊断技术和工具，对电机系统进行快速诊断和定位。通过振动分析、热成像、频谱分析等手段，找出故障的具体位置和原因。

（3）及时沟通与协调 在诊断过程中，与相关部门和人员保持密切沟通和协调。例如，与维修人员分享诊断数据和结果，与技术人员讨论故障解决方案，与用户沟通维修进度和预计完成时间等。通过及时沟通和协调，确保信息畅通、协同配合，以尽快找出故障原因并采取有效措施。

（4）快速维修与恢复 在找出故障原因后，应立即进行快速维修和恢复。根据故障类型和严重程度，选择合适的维修方案和方法，并严格按照操作规程和安全规范进行维修作业。在维修完成后，应进行全面的测试和验收，确保故障已得到彻底解决。

2.4.1.7 准确性原则

（1）采用先进的诊断技术和工具 为了提高诊断的准确性，应充分利用先进的诊断技术和工具。例如，可以使用振动分析、热成像、频谱分析等技术手段对电机系统进行全面的检测和分析。同时，还可以借助专业的故障诊断设备，如电机故障检测仪、电路分析仪等，进行更精确的故障定位和分析。

（2）加强人员培训和技术交流 诊断人员的专业水平和经验对诊断结果的准确性有着重要影响。因此，应加强对诊断人员的培训和技术交流工作。通过组织培训、研讨会等活动，提高诊断人员的专业知识和技能水平；同时，加强与其他行业专家的交流与合作，共同探讨和解决电机系统故障诊断中的难点问题。

（3）建立完善的诊断流程和规范 为了确保诊断结果的准确性，应建立完善的诊断流程和规范。在诊断过程中，应严格按照流程和规范进行操作，避免因为操作不当或遗漏环节而导致误诊或漏诊。同时，还应建立严格的诊断质量控制体系，对诊断结果进行审查和验证，确保诊断结果的准确性和可靠性。

2.4.2 电机故障诊断的基本方法

（1）基于物理模型的故障诊断方法 基于物理模型的故障诊断方法主要是通过分析电机的数学模型和物理特性，建立电机系统的仿真模型，模拟电机在各种工况下的运行状态，并比较仿真结果与实际运行数据的差异来诊断故障。这种方法需要建立精确的电机模型，并对模型的参数进行准确辨识。常用的基于物理模型的故障诊断方法包括参数估计法、状态估计法等。

例如,当电机出现故障时,其内部参数往往会发生变化。通过比较实际运行数据与仿真模型中对应参数的数据,可以发现两者之间的差异。若差异超出预设阈值,则判定该参数异常,从而定位到电机故障的具体部位。当电机的绕组出现短路时,其电阻值将发生变化。通过参数估计法,可以准确识别出电阻值的异常变化,从而迅速定位到绕组短路的故障。

(2) 基于信号处理的故障诊断方法 基于信号处理的故障诊断方法主要是利用现代信号处理技术对电机系统的运行信号进行处理和分析,提取故障特征并识别故障。这种方法不需要建立复杂的电机模型,只需要对信号进行采集和处理即可。常用的基于信号处理的故障诊断方法包括频谱分析法、小波分析法、时频分析法等。

例如,采用频谱分析法对电机运行时的振动信号进行分析。当电机出现故障时,其振动信号的频谱特性会发生变化。频谱分析法能够将这些变化转化为可视化的频谱图,通过对比正常状态与故障状态下的频谱图,可以轻松地识别出故障特征。在实际应用中,频谱分析法已被证明是一种有效的电机故障诊断方法。

(3) 基于人工智能的故障诊断方法 基于人工智能的故障诊断方法主要是利用神经网络、支持向量机、模糊逻辑等人工智能技术,对电机系统的故障进行智能识别和诊断。这种方法具有自学习、自适应能力强等优点,能够处理复杂的非线性问题。通过训练神经网络或支持向量机等模型,使其能够自动识别并诊断电机系统的故障。

例如,在电机绕组短路故障的诊断中,神经网络可以学习绕组短路时电流、电压等信号的变化规律,并在实际运行中实时检测这些信号,一旦检测到异常,即可迅速判断为绕组短路故障。

(4) 基于专家系统的故障诊断方法 基于专家系统的故障诊断方法主要是利用专家的经验和知识,建立故障诊断的专家系统。专家系统通过模拟专家的思维过程,对电机系统的故障进行推理和判断。这种方法能够充分利用专家的经验知识,提高故障诊断的准确性和可靠性。但是,专家系统的建立需要大量的专业知识和经验积累,且对于新出现的故障类型可能无法准确识别。

例如,在一个成熟的电机故障诊断专家系统中,当电机出现异常现象时,系统会首先调用专家库中的先验知识,如电机运行时可能出现的故障类型、故障与现象之间的对应关系等。然后,系统根据当前的故障现象,结合专家库中的知识,进行推理分析,最终给出可能的故障类型和诊断建议。

2.4.3 电机故障诊断的基本流程

(1) 故障现象观察和记录 首先,需要对电机系统的故障现象进行仔细观察和记录。故障现象可能包括电机异常声音、振动、温度升高等。同时,需要记录故障发生时的电机运行状态,如转速、负载、电流等参数。这些信息对于后续的故障诊断至关重要。

例如,在一次电动汽车电机维护中,技术人员发现电机在运行过程中发出了异常的金属摩擦声,并且伴随着异常的振动。同时,他们还注意到电机的温度异常升高,超出了正常范围。在记录这些现象的同时,技术人员还记录了电机当时的转速、负载以及电流等运行状态参数。

(2) 故障信息收集 在观察记录故障现象的同时,还需要收集电机系统的故障信息。这些信息包括电机的设计参数、工作环境、历史故障记录等。这些信息有助于了解电机的运行状况和可能存在的故障类型。

例如，当驾驶人报告某款电动汽车动力下降、行驶中有异响时，维修人员会首先收集电机的设计参数，如额定功率、额定电压等。随后，会询问车辆的使用环境，如行驶里程、充电习惯、行驶路况等，这些都会影响电机的运行状况。此外，维修人员还会查看车辆的历史故障记录，寻找是否存在类似的故障模式或已知的故障原因。

(3) **故障诊断方法选择** 根据故障现象和收集到的故障信息，选择合适的故障诊断方法。在选择诊断方法时，需要考虑电机的实际情况、故障诊断的效率和准确性等因素。

例如，当某电动汽车电机出现不明原因的振动和噪声时，首先根据故障现象和收集到的信息，维修人员需要评估多种诊断方法的适用性。考虑到该电机的复杂性和诊断的准确性要求，维修人员选择了基于信号处理的故障诊断方法。他们通过采集电机的振动信号，并运用频谱分析技术，成功识别出振动信号中的异常频率成分，从而判断出故障可能发生在电机的某个特定部件。

(4) **故障定位和分析** 利用所选的故障诊断方法对电机系统进行故障定位和分析。通过对电机系统的运行状态、信号特征等进行深入分析和比较，找出故障的原因和位置。在故障定位和分析过程中，可能需要结合多种诊断方法和技术手段，以提高诊断的准确性和可靠性。

例如，当某款电动汽车电机出现异常声音时，维修人员首先选择利用频谱分析的方法对电机的振动信号进行深入研究。通过对比分析正常状态和异常状态下的频谱图，维修人员发现某一频率段的能量异常升高，这通常与电机内部某个部件的故障有关。结合其他诊断方法，如红外测温技术，维修人员进一步确认了电机内部某处温度异常升高。最终，综合各项数据和分析结果，维修人员成功定位故障为电机轴承磨损。

(5) **故障处理和修复** 根据故障定位和分析的结果，制订相应的故障处理和修复方案。故障处理可能包括更换故障部件、调整参数设置、优化工作环境等。在修复过程中，需要严格按照维修规范和技术要求进行操作，以确保电机的正常运行。

例如，某电动汽车电机系统经过故障定位和分析，维修人员确定故障为电机控制器内部的某一集成电路板损坏。基于这一诊断结果，维修人员制订了详细的故障处理和修复方案。首先，他们按照安全操作规程，将电机控制器从车辆上拆下，并准备好替换的集成电路板。接着，维修人员按照维修手册中的步骤，小心地拆下损坏的电路板，并将其更换为新的集成电路板。在整个过程中，他们严格遵循维修规范和技术要求，确保每个操作都准确无误。最后，通过测试和调试，确保电机系统恢复正常运行。

(6) **故障诊断记录和总结** 完成故障处理后，需要对整个故障诊断过程进行记录和总结。记录包括故障现象、故障信息、故障诊断方法、故障定位和分析结果以及故障处理措施等。这些记录对于后续的故障诊断和维修工作具有重要的参考价值。同时，通过对故障诊断过程的总结和分析，可以发现诊断过程中存在的问题和不足，为改进和优化诊断方法提供依据。

电机故障诊断是一个复杂而重要的过程。通过遵循上述基本流程，可以实现对电机系统故障的快速、准确诊断。在实际应用中，还需要根据电机的具体情况和故障诊断的需求，灵活选择和应用各种故障诊断方法和技术手段。

2.4.4 电机的故障分级

(1) 故障分级的基本原则　故障分级旨在根据故障的严重程度、影响范围以及修复难度等因素，将故障划分为不同的等级。这样可以帮助维修人员快速识别故障级别，从而采取相应的处理措施。故障分级应遵循表 2-21 中的基本原则。

表 2-21　故障分级的基本原则

基本原则	说明
安全性原则	将影响安全运行的故障列为最高级别，优先处理
重要性原则	考虑故障对系统整体性能、效率以及可靠性等方面的影响，对重要性较高的故障给予更高的关注
修复性原则	根据故障修复的难度和所需时间，将修复性较差的故障列为较高级别

(2) 故障分级的标准　根据故障分级的基本原则，可以将电机系统的故障划分为表 2-22 中的四个等级。

表 2-22　故障分级的标准

故障级别	说明
一级故障	严重故障，可能导致电机系统立即停机或造成安全事故。这些故障通常需要立即处理，以避免对人员和设备造成损害
二级故障	重要故障，对电机系统的性能、效率或可靠性产生较大影响。这些故障需要尽快处理，以保证系统的正常运行
三级故障	一般故障，对电机系统的正常运行影响较小，但可能导致性能下降或效率降低。这些故障可以在一定时间内处理，以避免故障进一步恶化
四级故障	轻微故障，对电机系统的正常运行基本无影响，但仍需关注并采取措施进行修复。这些故障可以在适当的时候进行处理，以提高系统的可靠性和稳定性

(3) 故障分级的实例　表 2-23 是一些电机系统故障分级的实例。

表 2-23　一些电机系统故障分级的实例

故障级别	实例
一级故障	电机绕组短路或开路，导致电机无法正常工作或产生异常响声。这类故障严重影响电机的安全性和可靠性，需要立即停机并进行维修
二级故障	电机轴承磨损或损坏，导致电机振动加剧、温度升高。这类故障会影响电机的运行效率和寿命，需要尽快处理以减少对系统性能的影响
三级故障	电机控制器参数设置错误或调整不当，导致电机运行不稳定或性能下降。这类故障虽然不直接影响电机的安全性，但会降低系统的性能和效率。维修人员可以根据实际情况调整参数设置或进行其他调整措施
四级故障	电机散热风扇损坏或脏污导致散热不良。这类故障对电机的正常运行影响较小，但仍需关注并采取措施进行修复以提高系统的稳定性和可靠性。维修人员可以定期清理散热风扇或更换损坏的风扇

通过对电机的故障进行分级，可以帮助维修人员更好地了解故障的严重程度和影响范围，从而制订更加科学、合理的维修计划和预防措施。在实际应用中，可以根据具体情况对故障分级标准进行适当调整和完善，以提高故障管理的效率和准确性。

2.4.5 电机的故障模式

电机的故障模式如图 2-50 所示。

图 2-50 电机的故障模式

(1) 损坏型故障模式 电机损坏型故障模式主要包括断裂、碎裂、裂纹、开裂、点蚀、烧蚀、击穿、变形、压痕、烧损、磨损和短路，见表 2-24。

表 2-24 电机损坏型故障模式

故障模式	故障描述
断裂	断裂是指电机内部零部件在受到过大的应力或冲击时发生的完全断开现象。这种故障模式通常是由于材料疲劳、过载运行或外部冲击等因素导致的。断裂可能导致电机失去动力传递能力，严重影响设备的正常运行
碎裂	碎裂是指电机内部零部件在受到强烈的冲击或振动时发生的破碎现象。碎裂可能是由于材料缺陷、制造工艺不良或运行环境恶劣等因素导致的。碎裂会导致电机内部结构的破坏，进而引发更严重的故障
裂纹	裂纹是指电机零部件表面或内部出现的细小裂缝。这些裂缝可能是由于材料老化、温度变化或应力集中等因素引起的。裂纹会逐渐扩大并影响电机的性能，甚至导致零部件的断裂
开裂	开裂是指电机零部件表面或内部出现的大面积裂缝。开裂通常是由于材料强度不足、应力集中或外部冲击等因素导致的。开裂会导致电机内部结构的破坏，影响电机的正常运行
点蚀	点蚀是指电机零部件表面出现的小坑或斑点状腐蚀。点蚀通常是由于环境腐蚀、电化学腐蚀或材料不耐腐蚀等因素导致的。点蚀会降低电机零部件的强度和寿命，进而影响电机的性能
烧蚀	烧蚀是指电机零部件因高温或电流过大而发生的表面熔化现象。烧蚀通常是由于电机过载运行、散热不良或电气故障等因素导致的。烧蚀会导致电机零部件的损坏，严重时甚至可能引发火灾
击穿	击穿是指电机内部绝缘材料因电压过高或材料老化而发生的电击穿现象。击穿会导致电机短路或损坏，严重影响电机的正常运行。击穿通常是由于电气设计不合理、绝缘材料质量差或运行环境恶劣等因素导致的
变形	变形是指电机零部件因受到外力或热应力而发生形状改变。变形可能是由于安装不当、外部冲击或热应力等因素导致的。变形会影响电机的性能，甚至导致零部件的失效
压痕	压痕是指电机零部件表面因受到压力而产生的凹陷或痕迹。压痕可能是由于安装不当、外部冲击或材料硬度不足等因素导致的。压痕会影响电机的外观和性能，严重时甚至可能导致零部件的失效
烧损	烧损是指电机零部件因过热而发生的损坏现象。烧损可能是由于电机过载运行、散热不良或电气故障等因素导致的。烧损会导致电机零部件的损坏，影响电机的正常运行
磨损	磨损是指电机零部件在相对运动过程中因摩擦而发生的表面材料损失现象。磨损会降低电机零部件的精度和寿命，进而影响电机的性能。磨损通常是由于润滑不良、材料不耐磨或运行条件恶劣等因素导致的
短路	短路是指电机内部或外部电路中的电流直接绕过负载而流过的现象。短路会导致电机过载、过热甚至损坏。短路通常是由于电气线路设计不合理、绝缘材料老化或运行环境恶劣等因素导致的

在实际应用中，应根据电机的使用环境和运行条件采取相应的预防措施，降低故障发生

率，确保电机的正常运行。

(2) 退化型故障模式　电机退化型故障模式主要包括老化、剥离、异常磨损、腐蚀和退磁，见表 2-25。

表 2-25　电机退化型故障模式

故障模式	故障描述
老化	老化是指电机在长期运行过程中，由于材料性能的自然下降而导致的整体性能衰减。老化主要表现为绝缘材料变硬、开裂，线圈电阻增大，机械部件变形等。老化的成因包括热老化、电老化、机械老化和环境老化等。热老化是由于长时间高温运行导致材料性能下降；电老化是由于电场作用下材料内部发生化学变化；机械老化是由于机械振动和冲击导致材料疲劳；环境老化是由于环境湿度、温度、化学物质等因素对材料性能的影响
剥离	剥离是指电机内部涂层、镀层或黏合剂等因受到外部因素的作用而发生的脱落现象。剥离可能导致电机内部裸露部分受到腐蚀、磨损或短路等故障。剥离的成因包括涂层材料选择不当、涂层工艺不良、使用环境恶劣等
异常磨损	异常磨损是指电机在运行过程中，由于润滑不良、机械振动、负载不均等原因导致的零部件磨损速度过快或磨损不均匀的现象。异常磨损会降低电机的运行效率和寿命，甚至引发故障
腐蚀	腐蚀是指电机内部或外部零部件受到化学或电化学作用而发生的金属损失现象。腐蚀会导致电机零部件变薄、变脆或产生孔洞，严重影响电机的性能和寿命。腐蚀的成因包括环境湿度、温度、化学物质和电化学作用等
退磁	退磁是指电机永磁体或电磁体在受到外部磁场或温度等因素的影响而发生的磁性减弱或消失的现象。退磁会导致电机性能下降，如转矩减小、效率降低等。退磁的成因包括磁场强度过大、温度过高、材料磁稳定性差等

电机退化型故障模式是电机长期运行过程中难以避免的问题。了解这些故障模式的成因和预防措施对于提高电机的可靠性和使用寿命具有重要意义。在实际应用中，应根据电机的使用环境和运行条件采取相应的预防措施，定期维护和检查电机，及时发现并处理退化现象，确保电机的正常运行。

(3) 松脱型故障模式　电机松脱型故障模式主要包括松动和脱落，见表 2-26。

表 2-26　电机松脱型故障模式

故障模式	故障描述
松动	松动故障是指电机内部或外部连接件因振动、冲击或老化等原因导致的紧固力减弱，使得部件之间产生间隙或位移。松动故障可能导致电机运行时产生异响、振动加剧，甚至影响电机的性能和寿命。为了预防松动故障的发生，需要定期检查电机的连接件，确保其紧固可靠。同时，在电机安装和维修过程中，应严格按照操作规程进行，避免人为因素导致的松动
脱落	脱落故障是指电机部件因连接失效或损坏而完全脱离原有位置。脱落故障可能导致电机失去动力传递能力，甚至引发设备损坏和安全事故。脱落故障的原因可能包括连接件材料疲劳、安装不当、运行环境恶劣等。为了预防脱落故障的发生，需要选用优质的连接件材料，提高安装精度和牢固性。此外，还需要加强对电机运行环境的监控和管理，确保电机在良好的工作状态下运行

为了避免这种故障的发生，需要加强电机的检查和维护工作，确保连接件的紧固可靠和部件的正确安装。同时，还需要关注电机的运行环境，及时发现并处理潜在问题，确保电机的稳定运行。

(4) 失调型故障模式　电机失调型故障模式主要包括间隙超差、干涉和性能失调，见表 2-27。

表 2-27 电机失调型故障模式

故障模式	故障描述
间隙超差	间隙超差是指电机内部关键部件之间的间隙超出了设计允许的范围。这种故障模式会导致电机在运行过程中产生异常振动、噪声增加等现象,严重时甚至可能损坏电机
干涉	干涉是指电机内部不同部件在相对运动过程中发生碰撞或摩擦的现象。这种故障模式会导致电机运行不平稳、发热严重等问题,严重时甚至可能损坏电机
性能失调	性能失调是指电机在运行过程中其性能指标(如转速、转矩、效率等)偏离了设计值或预期值。这种故障模式会导致电机无法满足工作要求或降低工作效率

通过对间隙超差、干涉和性能失调这三种故障模式的详细解析和预防措施的探讨,可以有效地降低这些故障的发生率并保障电机的稳定运行。

(5) **堵塞与渗漏型故障模式** 电机堵塞与渗漏型故障模式主要包括堵塞、漏水和渗水,见表 2-28。

表 2-28 电机堵塞与渗漏型故障模式

故障模式	故障描述
堵塞	电机堵塞故障模式指的是电机在运行过程中,由于某种原因导致的电机内部或外部通道被堵塞,从而影响电机的正常运行
漏水	电机漏水故障模式是指电机在运行过程中,由于密封不良或其他原因导致的液态物质从电机内部或外部泄漏出来
渗水	电机渗水故障模式与漏水故障相似,但通常指的是水分以渗透的方式进入电机内部,而不是直接泄漏出来

为了避免这些故障的发生,需要加强电机的检查和维护工作,确保电机内部和外部的清洁、密封可靠。同时,选择合适的电机安装环境,避免恶劣环境对电机的影响。

(6) **性能衰退或功能失效型故障模式** 电机性能衰退或功能失效型故障模式主要包括性能衰退、功能失效、公害限值超标、异响和过热,见表 2-29。

表 2-29 电机性能衰退或功能失效型故障模式

故障模式	故障描述
性能衰退	电机性能衰退是指电机在长时间运行过程中,其性能指标逐渐下降,无法满足正常工作要求的现象。性能衰退可能表现为转矩降低、效率下降、启动困难等。其成因主要包括电机老化、内部零部件磨损、润滑不良等。为了预防电机性能衰退,应定期进行电机维护和检查,及时更换磨损的零部件,确保电机润滑系统正常运行
功能失效	电机功能失效是指电机失去原有功能,无法正常工作的现象。功能失效可能由多种原因引起,如电路故障、控制器故障、机械故障等。为了避免电机功能失效,应确保电机电路、控制器和机械部件的可靠性,定期检查并维修这些部件,确保其处于良好状态
公害限值超标	公害限值超标是指电机在运行过程中产生的噪声、振动或电磁辐射等公害指标超过规定标准的现象。这种故障模式可能对环境和人体健康造成不良影响。为了预防公害限值超标,应选用低噪声、低振动、低电磁辐射的电机产品,并加强电机运行环境的监控和管理,确保电机在规定的公害指标范围内运行
异响	电机异响是指电机在运行过程中产生的异常声音。异响可能是由电机内部零部件损坏、松动或润滑不良等原因引起的。异响不仅会影响电机的正常运行,还可能对设备造成损害。为了预防电机异响,应定期检查电机内部零部件的完好性和紧固性,及时更换损坏或松动的部件,并确保电机润滑系统正常运行

续表

故障模式	故障描述
过热	电机过热是指电机在运行过程中温度异常升高的现象。过热可能导致电机绝缘材料老化、烧毁绕组等严重后果。过热故障的原因可能包括负载过大、散热不良、电源电压不稳定等。为了预防电机过热,应合理控制电机的负载和工作环境温度,确保电机散热系统正常运行,并定期检查电源电压的稳定性

为了降低这些故障的发生率,应加强对电机的维护和管理,定期检查并维修电机内部零部件,确保其处于良好状态。同时,选用合适的电机产品,并加强电机运行环境的监控和管理,也是预防这些故障的有效措施。

2.4.6 永磁同步电机故障模式及分类举例

新能源汽车永磁同步电机典型一级故障举例见表2-30。

表2-30 新能源汽车永磁同步电机典型一级故障举例

序号	零部件名称	故障模式	故障现象
1	永磁体	碎裂	电机性能急剧下降,出现强烈异响,甚至无法启动
2	定子绕组	烧蚀	电机内部有烧焦气味,绕组烧毁,车辆失去动力
3	转子	断裂	电机运行突然停止,车辆无法行驶,需立即停车
4	轴承	烧损	电机转动困难,伴随异响和振动,影响驾驶体验
5	电机轴	裂纹	电机振动加剧,严重时导致轴断裂,影响行驶安全
6	温度传感器	短路	温度检测异常,导致电机过热保护误动作,影响动力输出
7	控制器	击穿	电机控制失效,车辆可能突然失去动力,存在安全隐患
8	电机连接线	短路	车辆突然失去动力,可能伴随电气火灾风险
9	绝缘材料	老化	电机绝缘性能降低,可能导致短路,影响行车安全
10	冷却系统	堵塞	电机散热不良,温度升高,导致电机性能下降或损坏
11	编码器	损坏	位置反馈信号错误,车辆行驶不稳,可能影响车辆控制系统
12	电机端盖	脱落	内部零件暴露,可能引发电气故障,影响行车安全
13	电机安装螺栓	松动	电机振动增大,可能导致机械结构损坏,影响行车稳定性
14	电机外壳	开裂	电机内部可能进水或灰尘,引发电气故障,影响电机性能
15	电机风扇	碎裂	电机散热效果严重降低,导致过热,影响电机寿命和性能

新能源汽车永磁同步电机典型二级故障举例见表2-31。

表2-31 新能源汽车永磁同步电机典型二级故障举例

序号	零部件名称	故障模式	故障现象
1	定子绕组	局部烧蚀	电机局部过热,性能略有下降,但可继续运行
2	永磁体	轻微退磁	电机性能逐渐下降,输出功率减少
3	轴承	异常磨损	电机运行声音异常,伴有轻微振动,影响行驶舒适性
4	电机轴	轻微变形	电机振动略有增大,影响行驶稳定性
5	冷却系统	轻微堵塞	电机散热效率降低,温度升高但仍在可承受范围内
6	温度传感器	灵敏度下降	电机位置检测有误差,影响车辆行驶精度

序号	零部件名称	故障模式	故障现象
7	编码器	信号不稳定	电机位置检测有误差,影响车辆行驶精度
8	控制器	性能失调	电机控制不精确,可能影响车辆动力输出和行驶稳定性
9	电机连接线	接触不良	电机工作不稳定,可能出现短暂动力中断
10	电机端盖	松动	电机内部零件可能受到外界污染,增加故障风险
11	电机风扇	叶片磨损	电机散热效果减弱,温度升高但仍在安全范围内
12	电机外壳	轻微变形	外观受损,但内部结构和功能不受明显影响
13	电机安装螺栓	轻微松动	电机振动略有增大,长期运行可能影响稳定性
14	绝缘材料	轻微老化	电机绝缘性能略有降低,但仍满足安全运行要求
15	电机内部密封件	轻微漏水	电机内部可能受潮,增加电气故障风险

新能源汽车永磁同步电机典型三级故障举例见表2-32。

表2-32 新能源汽车永磁同步电机典型三级故障举例

序号	零部件名称	故障模式	故障现象
1	定子绕组	轻微磨损	电机运行声音略大,性能轻微下降
2	永磁体	轻微点蚀	电机性能略有波动,但不影响正常运行
3	轴承	老化	电机运行声音略显粗糙,振动略增
4	电机轴	轻微压痕	电机运行无明显影响,但可能对轴承造成一定压力
5	电机端盖	松动	端盖附近可能有轻微异响,但不影响电机运行
6	电机风扇	叶片变形	散热效果略有降低,电机温度稍高
7	电机外壳	轻微腐蚀	外观轻微受损,对内部功能无显著影响
8	电机连接线	老化	连接处可能略显松动,但不影响电机正常工作
9	绝缘材料	轻微剥离	绝缘性能略有降低,但仍满足基本要求
10	编码器	轻微信号失真	电机位置检测略有误差,但不影响正常行驶
11	冷却系统	轻微漏水	冷却效果略有下降,但电机温度仍在正常范围内
12	电机内部密封件	老化	可能有轻微渗油现象,但不影响电机运行
13	电机安装螺栓	轻微松动	电机振动略有增大,但不影响整体稳定性
14	电机转子	轻微间隙超差	电机运行声音略有变化,但不影响整体性能
15	定子铁芯	轻微变形	电机运行可能略显不平稳,但无明显故障表现

新能源汽车永磁同步电机典型四级故障举例见表2-33。

表2-33 新能源汽车永磁同步电机典型四级故障举例

序号	零部件名称	故障模式	故障现象
1	电机连接线	轻微老化	连接处外观稍显暗淡,但性能不受影响
2	电机端盖	轻微变形	外观轻微变形,对内部功能无显著影响
3	冷却系统管道	轻微腐蚀	管道外观有轻微锈迹,但不影响冷却效果
4	轴承防尘罩	老化开裂	轴承防尘性能略降,建议定期检查并更换
5	风扇叶片	轻微积尘	叶片表面积尘,影响散热效果但不明显

续表

序号	零部件名称	故障模式	故障现象
6	电机固定螺栓	轻微松动	螺栓有轻微松动迹象,建议定期检查并紧固
7	温度传感器	响应略慢	温度检测略有延迟,但不影响保护机制
8	绝缘材料	细微裂纹	外观有细微裂纹,但绝缘性能基本正常
9	电机轴密封件	轻微渗漏	轴端有微量渗油,不影响电机运行
10	电机内部接线	轻微剥皮	电线外皮轻微磨损,不影响电气连接
11	编码器连接线	轻微松动	连接处稍显松动,但信号传输基本正常
12	电机外壳漆面	轻微划痕	外观有轻微划痕,不影响电机性能
13	定子铁芯局部	轻微锈蚀	局部有轻微锈迹,不影响整体结构
14	永磁体固定装置	轻微松动	永磁体固定稳定,但有轻微松动迹象
15	电机安装支架	轻微变形	支架轻微变形,对电机固定无显著影响

请注意,上述表格中的故障模式和故障现象是基于一般经验和典型故障情形的总结。实际情况中,这些故障的具体表现可能因车辆型号、使用环境、运行条件等因素而有所不同。

2.4.7 永磁同步电机的典型故障分析

2.4.7.1 电机空转不能启动

(1) 故障描述 当新能源汽车尝试启动或加速时,出现电机空转但车辆无法移动或响应迟缓的现象。驾驶人可能感觉到车辆无动力输出,或者动力输出明显减弱。

(2) 故障原因

① 电池电量不足:电池电量过低,无法为电机提供足够的电能,导致电机无法正常工作。

② 电机控制器故障:电机控制器是控制电机运行的关键部件,如果出现故障,可能会导致电机无法接收到正确的控制信号,进而无法启动或正常工作。

③ 电机本身故障:电机内部的绕组、永磁体等部件出现故障,如短路、断路、退磁等,会导致电机无法正常工作。

④ 机械问题:车辆的传动系统,如变速器、传动轴等存在故障,可能导致电机输出的动力无法有效传递至车轮。

⑤ 车辆传感器故障:车辆中的某些传感器出现故障,导致控制系统无法准确判断车辆状态,进而影响电机的启动和运行。

(3) 故障危害

① 影响车辆正常行驶:电机空转不能启动会导致车辆无法正常行驶,影响出行计划。

② 损害车辆零部件:如果故障长期未得到处理,可能会对其他零部件造成损害,如电池、电机控制器等。

(4) 解决办法

① 检查电池电量:应确认电池电量是否充足,如电量不足,应及时充电。

② 检查电机控制器:使用专业设备检测电机控制器是否存在故障,如有故障,应更换或维修。

③ 检查电机本身：对电机进行拆解检查，查找并修复内部故障。

④ 检查传动系统：检查车辆的传动系统，如变速器、传动轴等是否存在故障，并进行修复。

⑤ 检查传感器：检查车辆传感器是否正常工作，如出现故障，应及时更换。

2.4.7.2 电机过热

(1) 故障描述　新能源汽车永磁同步电机在运行过程中，若温度异常升高，超过正常范围，并可能伴随异味或烟雾，即表明电机出现过热故障。过热现象不仅影响电机的性能和寿命，还可能对整车安全构成威胁。

(2) 故障原因

① 负载过大：当车辆长时间高速行驶或频繁加减速时，电机负载过大，导致电流增大，进而产生过多热量。

② 散热不良：电机散热系统出现故障，如风扇损坏、散热片堵塞等，导致热量无法及时散发，造成电机过热。

③ 绕组短路：电机绕组内部出现短路，导致电流增大，进而产生过多热量。

④ 电机设计或制造缺陷：电机设计不合理或制造过程中存在缺陷，如绕组线径过细、绝缘材料质量不佳等，都可能影响电机的散热性能，导致过热故障。

(3) 故障危害

① 性能下降：电机过热会导致性能下降，如输出功率降低、效率降低等，影响车辆的行驶性能。

② 损坏零部件：过热会使电机内部的零部件受到热应力作用，加速老化或损坏，如绕组烧毁、永磁体退磁等。

③ 安全隐患：过热可能引发火灾等安全事故，对整车及乘客的安全构成威胁。

(4) 解决办法

① 停车检查：发现电机过热时，应立即停车检查，并关闭电源，避免进一步损坏电机。

② 排除散热系统故障：检查风扇、散热片等散热部件是否正常工作，及时清理堵塞的散热片，确保散热系统正常运行。

③ 检查绕组：对电机绕组进行检查，查找并修复短路等故障。

④ 更换损坏零部件：如绕组烧毁、永磁体退磁等，应及时更换损坏的零部件。

2.4.7.3 电机异响

(1) 故障描述　新能源汽车永磁同步电机在运行过程中，若出现嗡嗡声、嘎吱声或金属撞击声等异常响声，即表明电机存在异响故障。异响不仅影响乘客的乘坐体验，还可能是电机内部故障的征兆，需引起高度重视。

(2) 故障原因

① 轴承故障：电机轴承磨损或损坏，导致电机转动时产生异响。

② 齿轮或传动部件损坏：电机内部的齿轮或传动部件出现故障，如断裂、磨损等，也会导致电机运行时产生异响。

③ 电机内部异物：电机内部进入异物，如灰尘、石子等，导致电机转动时与异物碰撞产生异响。

④ 电机安装不当：电机安装时未正确固定或存在偏差，导致电机运行时发生振动和异响。

(3) 故障危害

① 影响乘客乘坐体验：电机异响会干扰乘客的乘坐环境，降低乘坐舒适度。

② 损坏电机部件：异响可能是电机内部部件损坏的征兆，若不及时处理，可能导致电机性能下降或完全失效。

(4) 解决办法

① 停车检查：发现电机异响时，应立即停车检查，并关闭电源，避免进一步损坏电机。

② 检查轴承和齿轮：对电机轴承和齿轮进行检查，查找磨损或损坏的部件，并及时更换。

③ 清理电机内部：若电机内部存在异物，需将电机拆解并清理内部异物。

④ 调整电机安装位置：检查电机安装位置是否正确，如有偏差需进行调整，确保电机固定牢固。

2.4.7.4 电机转矩异常

(1) 故障描述　在新能源汽车运行过程中，若永磁同步电机的输出转矩不稳定，出现较大波动，则可能导致车辆加速不均匀或抖动，给驾驶带来不便，甚至威胁行车安全。

(2) 故障原因

① 控制器故障：电机控制器是控制电机转矩输出的关键部件，若控制器出现故障，可能导致转矩输出不稳定。

② 传感器故障：电机内部或外部的传感器出现故障，如位置传感器、电流传感器等，可能无法准确检测电机的工作状态，进而影响转矩输出的稳定性。

③ 电机绕组问题：电机绕组出现短路、断路或接触不良等问题，可能影响电机的电磁性能，导致转矩输出异常。

④ 电机磁路故障：永磁体退磁、磁路设计不合理或磁路部件损坏等，可能导致电机磁场不稳定，进而影响转矩输出。

⑤ 电源问题：电源质量不佳、电压波动大或电源线路故障等，可能影响电机的正常工作，导致转矩输出异常。

(3) 故障危害

① 驾驶体验下降：电机转矩异常会导致车辆加速不均匀或抖动，给驾驶人带来不便，降低驾驶体验。

② 安全隐患：转矩异常可能引发车辆失控或事故，对驾驶人和乘客的安全构成威胁。

③ 车辆性能下降：转矩异常可能导致车辆动力不足、能效降低等问题，影响车辆的整体性能。

(4) 解决办法

① 检查并更换控制器：若故障源于电机控制器，应检查并更换控制器，确保其正常工作。

② 检查并修复传感器：对电机内部和外部的传感器进行检查，发现故障后及时修复或更换。

③ 检查并修复电机绕组：对电机绕组进行检查，发现短路、断路或接触不良时，

及时修复或更换绕组。

④ 检查并修复磁路部件：检查永磁体、磁路设计等部件，发现退磁、设计不合理或损坏等问题时，及时修复或更换。

⑤ 检查并提高电源质量：对电源进行检查，确保电源质量稳定、电压波动小，同时检查电源线路是否存在故障，如有必要应及时修复。

2.4.7.5 电机位置传感器故障指示

(1) 故障描述 在新能源汽车的运行过程中，若车辆故障诊断系统检测到电机位置传感器存在故障，通常会通过仪表板上的故障指示灯亮起来进行提示。电机位置传感器是监测电机转子位置的关键元件，对于电机的正常运行至关重要。

(2) 故障原因

① 传感器损坏：电机位置传感器可能因长时间使用、磨损或外部冲击而损坏。

② 线路故障：连接电机位置传感器的线路可能出现断路、短路或接触不良等问题。

③ 电磁干扰：环境中的电磁干扰可能影响传感器信号的准确性。

④ 软件或硬件问题：车辆控制系统中的软件或硬件问题可能导致传感器信号误报或无法被正确识别。

(3) 故障危害

① 电机性能下降：电机位置传感器故障可能导致电机无法准确控制转子的位置，进而影响电机的性能，如转矩输出、效率等。

② 加速不均匀：由于电机无法准确获取转子位置信息，可能导致车辆加速不均匀，影响驾驶体验。

③ 安全隐患：在某些情况下，电机位置传感器故障可能引发安全隐患，如车辆失控或突然停车。

(4) 解决办法

① 检查传感器状态：首先检查电机位置传感器的外观和连接线路，确认是否存在明显的损坏或异常。

② 读取故障码：使用专业的诊断工具读取车辆故障诊断系统中的故障码，以获取更准确的故障信息。

③ 更换传感器：若确认是传感器本身故障，应尽快更换新的传感器。

④ 修复线路问题：若故障源于线路问题，应对线路进行检查和修复。

⑤ 检查控制系统：若怀疑问题出在车辆控制系统上，应对相关软硬件进行检查和维修。

2.4.7.6 电机驱动器故障警告

(1) 故障描述 新能源汽车在运行过程中，若电机驱动器出现故障，车辆故障诊断系统会发出相应的警告。电机驱动器是电机系统的核心组成部分，负责将电池的能量转化为电机的机械能，控制电机的运行。当电机驱动器出现故障时，可能导致电机性能下降或完全失效，对车辆的正常行驶造成严重影响。

(2) 故障原因

① 驱动器内部元件损坏：长时间使用、高温、过载等因素可能导致驱动器内部元件损坏，如晶体管、电阻、电容等。

② 驱动软件或控制逻辑错误：软件设计缺陷、控制逻辑错误或更新不当可能导致驱动器无法正常工作。

③ 电源问题：电源电压不稳定、过高或过低都可能影响驱动器的正常运行。

④ 外部干扰：电磁干扰、振动、冲击等外部因素可能导致驱动器出现异常。

(3) 故障危害

① 电机性能下降：电机驱动器故障可能导致电机性能下降，如输出功率降低、效率降低等。

② 车辆动力性能受影响：电机是新能源汽车的动力来源，驱动器故障可能导致车辆加速缓慢、行驶无力等。

③ 安全隐患：在极端情况下，电机驱动器故障可能引发车辆失控、突然停车等安全隐患。

(4) 解决办法

① 停车检查：在收到故障警告后，驾驶人应立即停车并关闭电源，以避免故障扩大。

② 故障诊断：使用专业的故障诊断工具对驱动器进行检查，确定故障类型和位置。

③ 维修或更换：根据故障诊断结果，对驱动器进行维修或更换损坏的元件。

④ 软件更新或调整：如故障由软件或控制逻辑引起，应进行软件更新或调整控制逻辑。

2.4.7.7　电机冷却系统失效

(1) 故障描述　新能源汽车电机冷却系统的主要功能是确保电机在运行过程中保持适宜的温度，以维持电机的最佳性能和延长其使用寿命。然而，当电机冷却系统失效时，电机无法得到有效冷却，温度会迅速升高，从而影响电机的性能和寿命。

(2) 故障原因

① 冷却泵故障：冷却泵损坏或失效，无法将冷却液有效循环到电机内部进行散热。

② 散热器故障：散热器堵塞、损坏或散热性能下降，无法有效散发电机产生的热量。

③ 冷却液泄漏：冷却液管路破损、接头松动或密封件老化等原因导致冷却液泄漏，使得冷却系统无法正常工作。

④ 传感器故障：温度传感器或其他相关传感器失效，无法准确检测电机温度或传递错误信息给控制系统。

⑤ 控制系统故障：控制系统中的软件或硬件问题可能导致冷却系统无法按预设逻辑进行工作。

(3) 故障危害

① 电机性能下降：电机过热会导致其内部材料性能下降，从而影响电机的输出转矩、效率等性能指标。

② 电机寿命缩短：长时间过热运行会加速电机内部材料的老化和损坏，缩短电机的使用寿命。

③ 安全隐患：在极端情况下，电机过热可能引发火灾等安全隐患。

(4) 解决办法

① 检查冷却泵：确认冷却泵是否损坏或失效，如有必要则进行更换。

② 清理和检查散热器：清理散热器上的灰尘和杂物，检查散热器是否损坏或散热性能下降，如有必要则进行修复或更换。

③ 查找并修复冷却液泄漏：检查冷却液管路和接头，查找泄漏点并进行修复，同时更换老化的密封件。

④ 更换传感器：如传感器失效，应更换新的传感器以确保冷却系统能够准确感知电机温度。

⑤ 修复或重置控制系统：如控制系统出现故障，应对其进行修复或重置，确保冷却系统能够按预设逻辑进行工作。

2.4.7.8 电机振动过大

(1) 故障描述 新能源汽车电机在运行过程中，若振动异常且超过正常范围，将可能对车辆的舒适性和安全性产生负面影响。电机振动过大不仅会使乘客感到不适，还可能导致电机及其周边零部件的损坏，甚至影响整车的性能和可靠性。

(2) 故障原因

① 电机内部不平衡：电机内部组件如转子、定子或轴承等出现不平衡，导致电机在运行过程中产生过大的振动。

② 电机安装问题：电机安装不牢固、位置偏差或安装面不平等，都可能导致电机在运行过程中产生振动。

③ 轴承磨损或故障：轴承是电机中承受负荷的关键部件，若轴承磨损或损坏，将导致电机振动过大。

④ 电机驱动系统问题：如控制器故障、驱动器输出不稳定等，可能导致电机接收到的驱动信号不稳定，从而产生振动。

⑤ 外界因素：如道路条件、驾驶习惯等，也可能对电机的振动产生一定影响。

(3) 故障危害

① 乘客舒适性下降：电机振动过大会导致车辆内部产生噪声和晃动，降低乘客的乘坐舒适性。

② 零部件损坏：长期的振动可能导致电机及其周边零部件如传感器、连接器等损坏，增加维修成本。

③ 安全隐患：振动过大可能导致车辆失控或突然停车等安全隐患，对驾驶人和乘客的安全构成威胁。

(4) 解决办法

① 检查并调整电机内部平衡：使用专业工具检查电机内部组件的平衡性，如有问题则进行调整或更换。

② 检查电机安装情况：确保电机安装牢固、位置正确且安装面平整，如有问题则进行重新安装或调整。

③ 更换磨损或故障的轴承：定期检查轴承的磨损情况，如有必要则及时更换新的轴承。

④ 检查电机驱动系统：使用诊断工具检查电机驱动系统是否正常运行，如有问题则进行维修或更换。

⑤ 优化外界因素：如改善道路条件、调整驾驶习惯等，以减少外界因素对电机振动的影响。

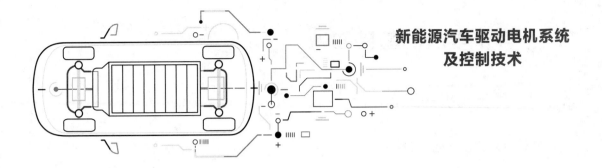

新能源汽车驱动电机系统及控制技术

第3章
异步电机技术

异步电机技术凭借其高效能、高可靠性及良好的调速性能，成为电动汽车动力系统的优选方案。该技术通过优化电机设计与控制策略，实现了能量转换效率的最大化，同时满足了新能源汽车对动力响应快、续航里程长的需求。随着新能源汽车市场的快速增长，异步电机技术不断创新发展，为电动汽车提供更加绿色、高效的驱动力，推动汽车产业向更加环保、智能的未来迈进。

3.1 异步电机的基础知识

3.1.1 异步电机的类型

3.1.1.1 按照电源相数分类

(1) 单相异步电机 单相异步电机采用单相交流电源供电,结构相对简单,成本较低。常用于家用电器、小型机械设备等场合。但由于单相电源不能产生旋转磁场,因此单相异步电机需要通过特定的启动装置(如电容器或电阻器)来产生启动转矩。

(2) 三相异步电机 三相异步电机采用三相交流电源供电,能够自然形成旋转磁场,无须额外的启动装置。三相异步电机具有结构简单、运行可靠、功率范围大、调速性能好等优点,因此广泛应用于工业生产、交通运输、能源等领域。

单相异步电机与三相异步电机的比较见表3-1。

表3-1 单相异步电机与三相异步电机的比较

特征/参数	单相异步电机	三相异步电机
电源相数	单相	三相
结构特点	结构简单,成本较低	结构相对复杂,成本较高
启动方式	需要特定的启动装置(如电容器或电阻器)	自然启动,无须特定装置
转矩特性	启动转矩较小,稳定性较差	启动转矩较大,稳定性好
运行性能	运行平稳性较差,噪声和振动较大	运行平稳性好,噪声和振动较小
调速性能	调速性能较差,主要依赖外部调速设备	调速性能良好,可通过变频器等设备进行调节
功率范围	功率范围较小,适用于小型设备	功率范围大,适用于各种规模的设备
效率	效率相对较低	效率较高,尤其是在高负载时
可靠性	可靠性相对较低,易受电源电压波动影响	可靠性高,对电源电压波动具有较好的适应能力
应用场合	家用电器、小型机械设备等	工业生产、大型机械设备、交通运输等

单相异步电机适用于小型设备和家用电器等场合,而三相异步电机则更适用于大型设备和工业生产等场合。

3.1.1.2 按照转子结构分类

(1) 笼型异步电机 笼型异步电机的转子由导体条和端环组成,类似鼠笼形状。其结构简单、成本低廉、可靠性高,适合大规模生产和应用。笼型异步电机广泛应用于各类机械设备、风机、泵等领域。

(2) 绕线转子异步电机 绕线转子异步电机的转子绕组采用绝缘导线绕制而成,通过集电环和滑环与外部电路连接。这种电机具有较高的启动性能和调速性能,可以通过改变转子绕组的电阻或电压来调节电机的启动转矩和转速。绕线转子异步电机常用于需要高精度控制和调节的场合，如冶金、化工、电力等领域。

笼型异步电机和绕线转子异步电机的比较见表3-2。

表 3-2 笼型异步电机和绕线转子异步电机的比较

特征/参数	笼型异步电机	绕线转子异步电机
转子结构	转子由导体条和端环组成，形似鼠笼	转子绕组采用绝缘导线绕制而成，通过集电环和滑环与外部电路连接
结构复杂度	结构简单，制造方便	结构相对复杂，制造成本较高
启动性能	启动性能较好，适合频繁启动	启动性能优异，可通过调整转子绕组电阻或电压进行灵活调节
调速性能	调速性能一般，需要外部调速设备	调速性能良好，可通过改变转子绕组电阻或电压实现平滑调速
稳定性	运行稳定性较好	运行稳定性高，适应性强
过载能力	过载能力相对较弱	过载能力强，能承受较大的负载变化
维护保养	维护简单，成本低	维护相对较复杂，成本较高
应用场合	适用于一般工业用途，如风机、泵等	适用于需要高精度控制和调节的场合，如冶金、化工、电力等

笼型异步电机以其简单的结构、良好的启动性能和较低的成本而广泛应用于一般工业用途。而绕线转子异步电机则以其优异的启动性能、良好的调速性能和强大的过载能力在需要高精度控制和调节的场合中具有更大的优势。

3.1.1.3 异步电机在新能源汽车中的应用

在新能源汽车中，常用的异步电机类型主要包括笼型异步电机和绕线转子异步电机。这两种电机各有特点，适用于不同的场合。

(1) 笼型异步电机 笼型异步电机结构简单，制造成本低，运行稳定，适用于一般工业用途和新能源汽车驱动系统。在新能源汽车中，笼型异步电机常被用于较低功率的车型中，如微型电动车、小型轿车等。

(2) 绕线转子异步电机 绕线转子异步电机具有较高的过载能力和调速性能，可以通过调整转子绕组电阻或电压来实现平滑调速。因此，绕线转子异步电机在需要高精度控制和调节的场合中具有较大优势。在新能源汽车中，绕线转子异步电机常被用于高性能、大功率的车型中，如混合动力汽车、纯电动客车等。

3.1.2 异步电机的结构

异步电机主要由静止的定子和旋转的转子两大部分组成，转子与定子之间没有任何连接和接触，此间隙被称为气隙，通常为0.2～1mm，并以套筒的结构相互套住。异步电机的结构示意如图3-1所示。当定子绕组接通交流电源时，转子就会旋转并输出动力。

3.1.2.1 定子

定子是最外面的圆筒形结构，圆筒内侧缠绕许多绕组。这些绕组与外部交流电源接通，

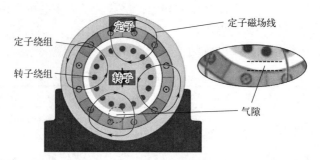

图 3-1　异步电机的结构示意

使得定子能够产生磁场。由于整个圆筒与机座连接在一起，固定不动，因此得名"定子"。

定子主要由定子铁芯和定子绕组组成。

(1) 定子铁芯　通常由硅钢片叠压而成，用于减少涡流损耗和磁滞损耗，并提高磁场强度。

(2) 定子绕组　绕组是由导线按照一定的规律绕制而成，与电源相连后产生电流，进而形成磁场。

三相异步电机的定子绕组是一个空间位置对称的三相绕组，每个相位在空间中的位置彼此相差120°。这种特殊的空间分布使得三相电流产生的磁场能够相互叠加，形成一个稳定且旋转的矢量磁场。当三相绕组接成星形（或其他接线方式），并接通交流电后，定子中便会产生三个对称的电流（三相电流）。这三个电流分别产生三组磁场，这些磁场相互叠加，最终形成一个矢量磁场。矢量磁场对转子产生力的作用，使其能够旋转。

4极24槽异步电机的定子铁芯和定子绕组如图3-2所示。输入50Hz三相交流电时，产生1500r/min的旋转磁场。定子铁芯有24个槽，在槽内嵌放着三相交流绕组，即定子绕组。

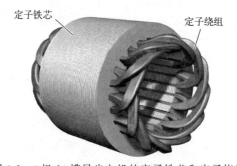

图 3-2　4极24槽异步电机的定子铁芯和定子绕组

3.1.2.2　转子

转子是异步电机中的旋转部分，通常位于定子的内部。它要么是一个缠绕着很多导线的圆柱体（即绕线式转子），要么是笼形结构的圆柱体（即笼式转子）。由于转子不被固定，而是与动力输出轴连接在一起旋转，因此被称为转子。

(1) 绕线式转子　这种转子由导线绕制而成，通常嵌入转子铁芯的槽中。绕线式转子具有较高的灵活性，可以通过改变绕组的匝数和连接方式来实现不同的电机性能。图3-3所示为绕线式转子。

（2）笼式转子 笼式转子具有简单而结实的结构，通常由铝条或铜条铸成，形成一个类似笼子的形状。铝条或铜条直接嵌入转子铁芯的槽中，并在槽的两端短路。笼式转子具有较低的制造成本和较高的可靠性，广泛应用于各种异步电机中。图 3-4 所示为笼式转子。

图 3-3　绕线式转子

图 3-4　笼式转子

异步电机的转子铁芯外周的许多槽是用来嵌放转子绕组的。在转子槽内直接形成铝条即绕组，并同时铸出散热的风叶，这种设计既简单又结实。风叶的存在有助于转子的散热，提高电机的运行效率。

异步电机的转子没有永磁体，它靠通电才能产生磁场。当定子绕组接通电源后，定子中会产生旋转磁场，这个旋转磁场会与转子中的电流相互作用，产生转矩，使转子旋转。由于转子的转速通常无法与定子磁场的转速完全同步，因此这种电机被称为异步电机。

异步电机与永磁同步电机的转子结构存在明显的差异。永磁同步电机的转子通常采用永磁体材料，如钕铁硼等，这些永磁体能够在不通电的情况下产生稳定的磁场。而异步电机的转子则没有永磁体，它必须依靠通电来产生磁场。因此，异步电机的转子结构相对简单，制造成本较低，但性能上可能略逊于永磁同步电机。

3.1.3　异步电机的原理

异步电机工作原理逻辑如图 3-5 所示。

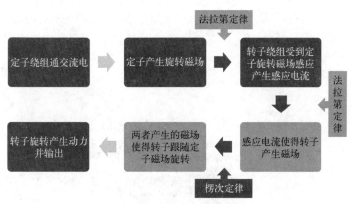

图 3-5　异步电机工作原理逻辑

（1）定子绕组通交流电 异步电机的定子绕组是由三相或多相的交流电源供电的。当交流电源接通时，定子绕组中便会有电流流过，形成定子电流。

（2）定子产生旋转磁场 根据电磁场理论，当定子绕组中通入三相交流电时，会在定子内部产生一个随时间旋转的磁场，称为旋转磁场。这个旋转磁场的转速（同步转速）取决于交流电源的频率和电机的极数。

(3) 转子绕组感应电流 当定子中的旋转磁场与转子相对旋转时,转子绕组(即导体)会切割定子磁场的磁力线。根据法拉第电磁感应定律,导体中会产生感应电动势,进而产生感应电流。这种感应电流通常被称为转子电流或感应电流。

(4) 转子产生磁场 转子绕组中的感应电流在转子内部形成一个新的磁场,这个磁场的方向与定子磁场相互作用,使得转子受到一个转矩作用。

(5) 转子跟随定子磁场旋转 根据楞次定律,转子产生的磁场会阻碍引起它的磁通变化,即转子会倾向于保持与定子磁场相对静止的状态。但由于定子磁场是旋转的,转子只能跟随定子磁场的方向旋转,以尽量保持与定子磁场的相对静止。这样,转子就被驱动着旋转起来。

(6) 转子旋转产生动力并输出 转子旋转时,通过转轴上连接的负载(如机械设备),可以将电能转化为机械能,并输出动力。这就是异步电机的基本工作原理。

图 3-6 所示为特斯拉 Model S 电动汽车采用的前驱异步电机,其峰值功率为 193kW,峰值转矩为 330N·m,最高转速为 18000r/min。

图 3-6 特斯拉 Model S 电动汽车采用的前驱异步电机

图 3-7 所示为特斯拉 Model S 电动汽车异步电机解剖图。电机采用水冷,冷却液分成两部分:第一路流入转子中心,第二路流入定子冷却水道,流量比分别为 20% 和 80%。第一路冷却液离开转子轴后,通过导管流向变速器冷却系统;第二路冷却液退出蛇形水道后,进入逆变器冷却回路;两者最后又合并在一起,形成循环。

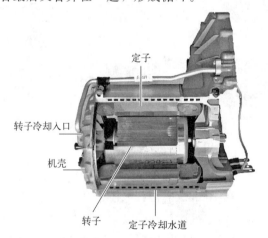

图 3-7 特斯拉 Model S 电动汽车异步电机解剖图

3.1.4 异步电机的特点

3.1.4.1 异步电机的优点

(1) 结构简单,制造成本低 异步电机的结构相对简单,主要由定子和转子两大基本部分组成。这种设计无须使用复杂的永磁体或其他特殊结构,从而降低了制造成本。简单的结构不仅使生产更加便捷,同时减少了材料和能源的消耗,降低了生产成本。这种成本优势使得异步电机在市场上更具竞争力。

(2) 运行稳定,可靠性高 异步电机在运行过程中表现出极高的稳定性和可靠性。其设计合理,能够在各种复杂环境下持续稳定运行。无论是高温、低温、潮湿还是干燥环境,异步电机都能保持稳定的性能,减少因设备故障而导致的停机时间。这种高可靠性使得异步电机成为许多关键设备和系统的首选动力源。

(3) 维护方便,使用寿命长 异步电机的维护相对简单,降低了用户的维护成本。由于其结构坚固且耐用,因此具有较长的使用寿命。在正常使用情况下,只需定期检查和更换磨损部件即可确保电机的稳定运行。这种低维护需求使得异步电机更加经济实用,减轻了用户的运营负担。

(4) 调速范围广,适应性强 异步电机具有较宽的调速范围,能够适应不同设备和场合的需求。通过改变电源电压、频率和相序等方式,可以实现对异步电机转速的精确控制。这种灵活的调速性能使得异步电机在工业生产、机械制造、交通运输等领域中具有广泛的应用前景。

(5) 启动性能好 异步电机具有较好的启动性能,能够在短时间内达到额定转速并稳定运行。这种快速启动能力使得异步电机在需要频繁启停的场合中具有较大的优势。例如,在纺织机械、包装机械等需要频繁调整速度和方向的设备中,异步电机能够迅速响应并保持稳定运行,提高了生产效率和产品质量。

3.1.4.2 异步电机的缺点

(1) 效率低,功耗大 异步电机的效率相对较低,功耗较大,这是其固有的一个缺点。由于异步电机的转子需要与定子磁场同步旋转才能输出最大动力,但在实际运行中,由于各种因素(如电源波动、负载变化等)的影响,很难实现完全的同步。这导致了异步电机在运行过程中存在一定的能量损失,效率较低。此外,异步电机的功耗也相对较大,这在一定程度上增加了能源消耗和运行成本。

(2) 调速性能相对较差 虽然异步电机可以通过改变电源电压、频率和相序等方式来实现调速,但其调速性能相对较差。这是因为异步电机的转速与电源频率之间存在一定的关系,当需要精确控制转速时,可能需要使用变频器等辅助设备来实现。此外,由于异步电机的机械特性和电气特性之间的耦合关系较为复杂,这也限制了其调速性能的进一步提升。

(3) 过载能力有限 异步电机的过载能力相对有限。当电机长时间运行在过载状态时,可能会导致电机过热、损坏甚至烧毁。这是因为异步电机的散热条件受到限制,无法及时将产生的热量散发出去,从而导致电机温度升高。此外,过载还可能导致电机的机械部件受到过大的应力,从而加速其磨损和损坏。因此,在使用异步电机时需要注意避免过载运行,以确保电机的正常运行和寿命。

3.1.4.3 新能源汽车使用异步电机和永磁同步电机的比较

新能源汽车使用异步电机和永磁同步电机的比较见表3-3。

表3-3 新能源汽车使用异步电机和永磁同步电机的比较

项目	异步电机	永磁同步电机
结构	简单,主要由定子和转子组成	结构相对复杂,转子为永磁体
制造成本	较低,因结构简单	较高,需使用贵的永磁材料
能量转换效率	相对较低,存在能量损失	较高,减少能量损失
调速性能	相对较差,需依赖变频器	较好,调速范围宽
过载能力	有限,易导致电机过热	较好,但需要注意永磁体退磁问题
体积与重量	较大,因转子材料	较小,使用永磁体减小体积
噪声与振动	适中,因机械特性	较低,运行平稳
运行稳定性	较好,结构简单	更好,适用于各种环境
维护与寿命	维护简单,寿命适中	维护较复杂,但寿命长
稀土资源依赖	较低,不依赖永磁体	较高,需使用稀土永磁材料
环保性能	中等,能耗和排放适中	优秀,低能耗,低排放

异步电机以其低成本和高可靠性在某些领域具有优势,而永磁同步电机则以其高效率、宽调速范围和良好动态性能在高性能新能源汽车中占据主导地位。

3.2 异步电机的控制技术

3.2.1 异步电机数学模型

3.2.1.1 假设条件

在建立异步电机数学模型时,为了简化问题,通常做出以下假设。

(1) 定、转子表面光滑,绕组三相对称,电磁场呈空间正弦分布 这一假设确保了电机内部电磁场的规则性和可预测性,便于数学描述。

(2) 忽略温度、供电频率变化对电机参数的影响 在正常工作范围内,认为电机参数保持恒定,以简化模型。

(3) 忽略铁芯损耗、磁路饱和、涡流等现象 这些非线性因素虽然在实际中存在,但在模型建立初期常被忽略,以获取更清晰的线性关系。

(4) 电机结构绝对对称,三相绕组各参数相同,自感和互感现象恒定 这一假设保证了电机内部电气参数的均匀性和一致性,简化了模型复杂度。

3.2.1.2 异步电机物理等效模型描述

异步电机物理等效模型由定子和转子两大部分组成,如图3-8所示。定子和转子均为相差120°的三相对称绕组,转子定轴线分别为 A、B 和 C,定子动轴线分别为 a、b 和 c。向定子线圈通三相交流电，定子 A 相和转子 a 相电阻分别为 R_s 和 R_r，转子逆时针旋转，角速度为 ω_{re}。当转子转过角度为 θ_{re} 时，定子 A 相自感及其与转子 a 相互感分别为 L_s 和 M，转子 a 相自感及其与定子 A 相互感分别为 l_r 和 $M\cos\theta_{re}$。

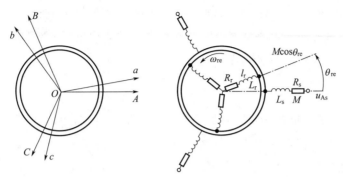

图 3-8 异步电机物理等效模型

3.2.1.3 数学模型建立

(1) 电压方程 三相定子绕组和转子绕组的电压方程为

$$\begin{bmatrix} u_A \\ u_B \\ u_C \\ u_a \\ u_b \\ u_c \end{bmatrix} = \begin{bmatrix} R_s & 0 & 0 & 0 & 0 & 0 \\ 0 & R_s & 0 & 0 & 0 & 0 \\ 0 & 0 & R_s & 0 & 0 & 0 \\ 0 & 0 & 0 & R_r & 0 & 0 \\ 0 & 0 & 0 & 0 & R_r & 0 \\ 0 & 0 & 0 & 0 & 0 & R_r \end{bmatrix} \begin{bmatrix} i_A \\ i_B \\ i_C \\ i_a \\ i_b \\ i_c \end{bmatrix} + p \begin{bmatrix} \psi_A \\ \psi_B \\ \psi_C \\ \psi_a \\ \psi_b \\ \psi_c \end{bmatrix} \tag{3-1}$$

式中，u_A、u_B、u_C 和 u_a、u_b、u_c 分别为定子绕组和转子绕组的相电压；R_s 为定子单相绕组的电阻；R_r 为转子单相绕组的电阻；i_A、i_B、i_C 分别是定子绕组的三相电流；i_a、i_b、i_c 分别是转子绕组的三相电流；p 为微分算子 $\dfrac{\mathrm{d}}{\mathrm{d}t}$；$\psi_A$、$\psi_B$、$\psi_C$ 和 ψ_a、ψ_b、ψ_c 分别为定子绕组和转子绕组的磁链。

(2) 磁链方程 磁链与建立磁通的电流有关，在异步电机定、转子绕组中，每个绕组的磁链都是由其本身电流产生的自感磁链与其他绕组电流对其产生的互感磁链之和。其矩阵形式为

$$\begin{bmatrix} \psi_A \\ \psi_B \\ \psi_C \\ \psi_a \\ \psi_b \\ \psi_c \end{bmatrix} = \begin{bmatrix} L_{AA} & L_{AB} & L_{AC} & L_{Aa} & L_{Ab} & L_{Ac} \\ L_{BA} & L_{BB} & L_{BC} & L_{Ba} & L_{Bb} & L_{Bc} \\ L_{CA} & L_{CB} & L_{CC} & L_{Ca} & L_{Cb} & L_{Cc} \\ L_{aA} & L_{aB} & L_{aC} & L_{aa} & L_{ab} & L_{ac} \\ L_{bA} & L_{bB} & L_{bC} & L_{ba} & L_{bb} & L_{bc} \\ L_{cA} & L_{cB} & L_{cC} & L_{ca} & L_{cb} & L_{cc} \end{bmatrix} \begin{bmatrix} i_A \\ i_B \\ i_C \\ i_a \\ i_b \\ i_c \end{bmatrix} \tag{3-2}$$

式中，$L_{ii}(i=A,B,C,a,b,c)$ 为定子和转子各相绕组自感；$L_{ij}(i,j=A,B,C,a,b,c$，且 $i \neq j$) 为定子和转子各相绕组间互感。

(3) 转矩方程 异步电机的电磁转矩主要由定子电流产生的磁场与转子电流产生的磁场之间的相互作用产生。异步电机电磁转矩的表达式为

$$T_e = n_p M_s \begin{bmatrix} i_A i_a + i_B i_b + i_C i_c \\ i_A i_b + i_B i_c + i_C i_a \\ i_A i_c + i_B i_a + i_C i_b \end{bmatrix} \begin{bmatrix} \sin\theta \\ \sin(\theta+120) \\ \sin(\theta-120) \end{bmatrix} \quad (3\text{-}3)$$

式中，T_e 为电磁转矩；M_s 为与定子一相绕组交链的最大互感；i_A、i_B、i_C 和 i_a、i_b、i_c 分别为定子绕组和转子绕组的相电流；n_p 为交流感应电机极对数。

(4) 运动方程 异步电机的运动方程为

$$T_e - T_L = \frac{J}{n_p} \times \frac{d\omega_{re}}{dt} + \frac{D}{n_p} + \frac{K}{n_p}\theta_m \quad (3\text{-}4)$$

式中，T_L 为负载转矩；J 为整个系统的转动惯量；ω_{re} 为电机转子旋转角速度；D 为阻转矩阻尼系数；K 为扭转弹性转矩系数。

当负载为恒转矩时，有 $D = K = 0$。

3.2.2 异步电机恒压频比控制

在异步电机的控制领域中，恒压频比控制（U/f）作为一种基础且广泛应用的策略，扮演着重要角色。该方法通过维持供电电压与频率之间的恒定比例，实现对电机转速的基本控制。其简洁的控制逻辑与较低的成本，成为许多低成本、低精度要求应用场合的首选。

3.2.2.1 恒压频比控制的基本原理

恒压频比控制的核心在于维持电机定子端电压与供电频率之间的比例关系。异步电机的转子转速与定子旋转磁场的同步转速之间存在转速差，它的大小决定着转子电动势及其频率的大小，直接影响异步电机的工作状态。通常将转速差与同步转速的比值，用转差率表示，即有

$$s_n = \frac{n_1 - n}{n_1} \quad (3\text{-}5)$$

式中，s_n 为电机转差率；n_1 为定子旋转磁场的同步转速；n 为转子转速。

当电机运行在额定负载附近时，转差率相对较小且可视为常数，因此电机的转速近似与供电频率成正比。

为了保持恒定的磁通量，进而保持电机的输出转矩稳定，需要确保电机定子电压与供电频率之比恒定。因为异步电机的气隙磁通主要由定子电压和频率决定。因此，通过调整供电电压以匹配频率的变化，可以保持磁通量在合理范围内，进而控制电机的转速。

3.2.2.2 异步电机恒压频比控制的优点

(1) 控制逻辑简单 恒压频比控制的实现原理相对简单，不需要复杂的控制算法或高精度的传感器反馈。这种简单性使得控制系统易于设计、实现和维护，降低了技术门槛和成本。

(2) 成本低廉 由于控制逻辑简单，所需的硬件资源较少，因此恒压频比控制系统的制造成本相对较低。这对于需要控制电机转速但成本预算有限的场合来说是一个重要优势。

(3) 稳定性好 在负载变化不大的情况下，恒压频比控制能够保持电机运行的稳定性。

通过调整电压和频率的比例，可以确保电机在不同转速下均能获得相对稳定的输出性能。

（4）广泛应用　恒压频比控制因其简单性和成本效益，被广泛应用于各种需要调节电机转速的场合，如风机、水泵、压缩机等负载变化不大的设备。这些设备对控制精度的要求相对较低，因此恒压频比控制能够满足其运行需求。

3.2.2.3　异步电机恒压频比控制的缺点

（1）未考虑负载变化　恒压频比控制的一个主要缺点是未充分考虑电机负载变化对磁通的影响。当负载发生较大变化时，若仍维持恒定的 U/f 比，可能导致磁通饱和或不足，从而影响电机的运行效率和性能。特别是在重载或轻载条件下，这种影响尤为明显。

（2）控制精度有限　由于恒压频比控制主要关注电压和频率的比例关系，而未能对电机的转矩、电流等参数进行精确控制，因此其控制精度相对有限。在需要高精度控制转矩或电流的场合下，恒压频比控制可能无法满足要求。

（3）动态响应差　在电机启动、加速或减速等动态过程中，恒压频比控制的动态响应速度相对较慢。这是因为该策略主要依赖电压和频率的比例关系来调节转速，而无法快速响应电机内部参数的变化。这可能导致电机在动态过程中产生较大的转速波动或转矩脉动。

（4）能耗较高　在部分负载条件下，恒压频比控制可能导致电机的能耗较高。因为为了保持磁通恒定，可能需要向电机提供过高的电压或电流，从而增加了电机的铁损和铜损。这不仅降低了电机的运行效率，还可能对电网造成不必要的负担。

3.2.2.4　异步电机恒压频比控制示例

图 3-9 所示为异步电机恒压频比控制框图。

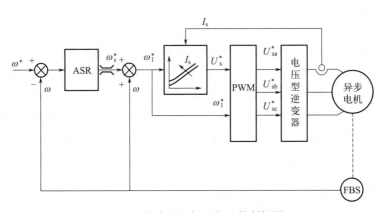

图 3-9　异步电机恒压频比控制框图

（1）自动速度调节器（ASR）　自动速度调节器是恒压频比控制系统中的核心控制单元，负责接收来自外部或内部的速度设定信号以及电机的实际速度反馈信号。通过比较这两个信号，自动速度调节器计算出速度偏差，并据此输出调节信号，以调整电机的供电频率或电压，从而实现速度的闭环控制。自动速度调节器的引入显著提高了系统的控制精度和稳定性，特别是在负载变化或外界干扰较大的情况下。

（2）频率给定系统（FBS）　频率给定系统根据自动速度调节器输出的调节信号和预设的 U/f 曲线，计算出电机在当前工况下所需的供电频率。这一计算过程通常考虑了电机的磁通特性、负载情况以及转速-频率关系等因素，以确保电机在调速过程中能够保持稳定的运行性能。频率给定系统输出的频率信号是脉冲宽度调制信号发生器的重要输入之一，对电机的转速调节起着至关重要的作用。

（3）脉冲宽度调制（PWM） 脉冲宽度调制技术是实现电压型逆变器输出可变电压和频率的关键手段。在恒压频比控制系统中，脉冲宽度调制信号发生器根据频率给定系统输出的频率信号和自动速度调节器输出的电压调节信号，生成具有可变占空比的脉冲宽度调制波形。这些波形通过控制逆变器中开关元件的通断时间，实现了对逆变器输出电压和频率的精确控制。脉冲宽度调制技术的应用不仅提高了逆变器的输出性能，还降低了系统的能耗和成本。

（4）电压型逆变器 电压型逆变器是恒压频比控制系统中将直流电转换为可变频率和可变电压交流电的关键设备。它根据脉冲宽度调制信号发生器输出的脉冲宽度调制波形，通过控制开关元件的通断状态，实现对逆变器输出电压和频率的调节。电压型逆变器具有结构简单、效率高、控制灵活等优点，是异步电机调速领域广泛采用的一种逆变器类型。

（5）异步电机 异步电机作为被控对象，在恒压频比控制系统中扮演着将电能转换为机械能的重要角色。其运行性能直接受到供电电压和频率的影响。在恒压频比控制下，异步电机能够根据供电电压和频率的变化自动调节转速和转矩，以满足不同的负载需求。同时，电机的实际转速和转矩等参数也通过反馈机制传输给自动速度调节器等控制单元，以实现对电机运行状态的实时监测和调节。

恒压频比控制流程主要包括以下六个关键环节：速度设定、频率计算、电压调节、脉冲宽度调制信号生成、逆变器驱动以及速度反馈。这些环节构成一个闭环控制系统，通过不断比较、调节和反馈，确保电机转速能够快速、准确地达到并稳定在设定值。

（1）速度设定 用户或控制系统首先设定电机的目标转速。这一设定值可以是固定的，也可以是根据工况变化而动态调整的。

（2）频率计算 频率给定系统接收设定的转速值，并根据预设的 U/f 曲线计算出当前转速下电机所需的供电频率。U/f 曲线是电机电压与频率之间关系的经验公式或数据表，它反映了电机在不同转速下的最佳运行条件。

（3）电压调节 自动速度调节器在这一环节中起着关键作用。它接收来自电机编码器或测速装置的实际转速反馈信号，并与设定的转速值进行比较，计算出速度偏差。然后，自动速度调节器根据偏差大小和方向输出相应的调节信号，以调整电机的供电电压或频率，从而减小速度偏差。

（4）脉冲宽度调制信号生成 脉冲宽度调制信号发生器根据频率给定系统输出的频率信号和自动速度调节器输出的电压调节信号，生成具有可变占空比的脉冲宽度调制波形。这些波形将用于控制电压型逆变器的开关状态，进而实现对电机供电电压和频率的精确调节。

（5）逆变器驱动 电压型逆变器接收脉冲宽度调制信号发生器输出的脉冲宽度调制波形，并根据波形的占空比调节其内部开关元件的通断状态。通过这种方式，逆变器能够输出与脉冲宽度调制波形相对应的、可变电压和频率的交流电，以驱动异步电机旋转。

（6）速度反馈 异步电机将接收到的电能转换为机械能，驱动负载旋转。同时，电机编码器或测速装置实时检测电机的实际转速，并将这一信息反馈给自动速度调节器等控制单元。自动速度调节器根据反馈信号继续调整其输出信号，直至实际转速稳定于设定值附近，从而完成整个控制流程的闭环调节。

3.2.3 异步电机矢量控制

矢量控制又称磁场定向控制，是一种高性能的异步电机控制策略。该策略通过解耦电机的磁通和转矩，实现对电机磁链和转矩的独立控制。具体实现上，首先将定子电流分解为励磁电流分量和转矩电流分量，然后分别进行控制。矢量控制能够显著提高异步电机的调速性能、稳态精度和动态响应速度，广泛应用于需要高精度控制的场合。

3.2.3.1 异步电机矢量控制的基本原理

异步电机矢量控制的基本原理在于通过坐标变换，将定子电流分解为磁场分量（励磁电流）和转矩分量（转矩电流），实现两者的独立控制。此方法模拟了直流电机的控制方式，使异步电机在调速性能、动态响应及转矩控制上接近直流电机。通过精确控制励磁电流和转矩电流，矢量控制能够实现对异步电机的高性能驱动。

3.2.3.2 异步电机矢量控制的优点

(1) 高性能调速 矢量控制能够实现对异步电机转速的精确控制，调速范围广，平滑性好，能够满足各种复杂工况下的调速需求。

(2) 动态响应快 由于实现了对定子电流的精确解耦控制，异步电机在矢量控制下的动态响应速度显著提高，能够快速适应负载变化。

(3) 转矩控制精确 通过独立调节转矩电流，矢量控制能够实现对异步电机输出转矩的精确控制，提高了系统的控制精度和稳定性。

(4) 效率提升 优化定子电流的分配，使得电机在运行过程中能量损失减少，提高了电机的运行效率。

(5) 适应性强 矢量控制策略具有较强的适应性，能够应对不同型号、规格的异步电机，以及不同负载条件下的控制需求。

3.2.3.3 异步电机矢量控制的缺点

(1) 控制算法复杂 矢量控制需要采用复杂的坐标变换和数学模型，控制算法相对复杂，对控制系统的硬件和软件要求较高。

(2) 参数敏感 电机参数的准确性对矢量控制性能有重要影响，参数偏差可能导致控制效果下降，甚至引起系统不稳定。

(3) 成本较高 由于需要采用高性能的控制器、传感器等硬件设备，以及复杂的控制算法，因此矢量控制系统的成本相对较高。

(4) 调试难度大 矢量控制系统的调试过程相对复杂，需要专业的技术人员进行细致的调试和优化，以确保系统的控制性能达到设计要求。

3.2.3.4 异步电机矢量控制示例

图 3-10 所示为异步电机矢量控制框图。

(1) 位置和速度传感器 这些传感器负责实时检测电机的转子位置和旋转速度，为控制系统提供关键的反馈信号。位置信号通常用于确定 Park 变换所需的转子角度，而速度信号则作为速度 PI 调节器的输入。

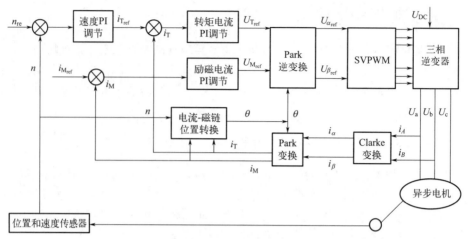

图 3-10 异步电机矢量控制框图

（2）Clarke 变换　将三相定子电流从三相静止坐标系（ABC 坐标系）转换为两相静止坐标系（α-β 坐标系）。这一步骤简化了电流的控制过程，为后续的 Park 变换做准备。

（3）Park 变换　基于转子的位置信息，将两相静止坐标系下的电流转换为两相旋转坐标系（d-q 坐标系）下的直流分量（励磁电流）和交流分量（转矩电流）。这一步骤实现了磁场分量和转矩分量的解耦控制。

（4）电流-磁链位置转换（可选）　在某些情况下，为了更精确地控制电机的磁链和位置，可能需要进行电流到磁链或位置的转换。这一步骤不是矢量控制的必要环节，但可提升控制系统的性能。

（5）PI 调节器　包括速度 PI 调节器、转矩电流 PI 调节器和励磁电流 PI 调节器。这些调节器通过比较设定值与反馈值之间的差异，输出调节信号以消除误差。速度 PI 调节器根据速度误差输出转矩电流的设定值；转矩电流 PI 调节器和励磁电流 PI 调节器则分别根据转矩电流和励磁电流的误差输出控制信号。

（6）Park 逆变换　将两相旋转坐标系下的控制信号（经过 PI 调节后的 i_d 和 i_q）转换回两相静止坐标系下的信号，为空间矢量脉宽调制提供输入。

（7）SVPWM　空间矢量脉宽调制技术，用于生成逆变器所需的脉冲宽度调制信号。该技术能够高效地利用逆变器的开关状态，实现电压和频率的精确控制。

（8）三相逆变器　将空间矢量脉宽调制生成的脉冲宽度调制信号转换为三相交流电，驱动异步电机旋转。

（9）异步电机　作为被控对象，接收来自逆变器的三相交流电，将电能转换为机械能输出。

3.2.4　异步电机直接转矩控制

直接转矩控制是一种基于定子磁场定向的异步电机控制策略。与矢量控制不同，直接转矩控制直接以电机的转矩和磁链为控制对象，通过选择适当的电压矢量来快速调整转矩和磁链。直接转矩控制结构简单，动态响应迅速，且对电机参数的依赖性较小。然而，由于采用滞环控制等非线性控制方法，直接转矩控制可能存在转矩脉动较大的问题。

3.2.4.1 异步电机直接转矩控制的基本原理

异步电机直接转矩控制的基本原理在于直接对电机的电磁转矩进行控制，而非通过控制电流或磁链间接调节转矩。直接转矩控制通过检测电机的定子电压、电流，实时计算转矩和磁链的估计值，并与给定值进行比较。根据比较结果，采用滞环控制策略直接选择逆变器的开关状态，从而快速调整电机转矩，实现对电机的高效、快速控制。

3.2.4.2 异步电机直接转矩控制的优点

(1) 动态响应快 直接转矩控制通过直接控制电磁转矩，能够迅速响应负载变化，实现快速启动、制动和反转等操作，大大提高了电机的动态性能。

(2) 控制结构简单 相比于矢量控制等复杂控制方法，直接转矩控制省去了坐标变换和电流解耦等步骤，控制算法相对简单，易于实现和调试。

(3) 参数鲁棒性强 直接转矩控制对电机参数的依赖性较低，即使在电机参数发生一定变化的情况下，也能保持较好的控制性能，增强了系统的鲁棒性。

(4) 转矩脉动小 通过采用滞环控制等策略，直接转矩控制能够有效抑制转矩脉动，提高电机的运行平稳性。

(5) 效率高 直接转矩控制能够准确控制电机的电磁转矩，避免了不必要的能量损耗，提高了系统的整体效率。

3.2.4.3 异步电机直接转矩控制的缺点

(1) 开关频率不固定 直接转矩控制在控制过程中需要频繁切换逆变器的开关状态，以实现对电磁转矩的快速调节。然而，这会导致逆变器的开关频率不固定，可能引发电磁干扰和噪声问题。

(2) 谐波含量较高 由于直接转矩控制的控制策略较为直接，可能会在某些情况下导致电机电流和电压的谐波含量较高，影响电机的运行性能和寿命。

(3) 低速性能受限 在低速运行时，由于电机反电动势较小，直接转矩控制的控制精度和稳定性可能会受到影响，因此需要采取额外的措施来改善低速性能。

(4) 对传感器精度要求高 直接转矩控制需要实时检测电机的定子电压、电流等参数，以计算电磁转矩和磁链的估计值。因此，对传感器的精度和可靠性要求较高，一旦传感器出现故障或误差较大，将直接影响控制效果。

3.2.4.4 异步电机直接转矩控制示例

图 3-11 所示为异步电机直接转矩控制框图。

(1) 3/2 坐标变换 作为输入处理的第一步，3/2 坐标变换将三相定子电流从三相静止坐标系（ABC 坐标系）转换为两相静止坐标系（α-β 坐标系）。这一步骤简化了后续的计算过程，并为后续的控制策略提供了便利。

(2) 磁链观测器 磁链观测器基于电机的电压和电流信息，实时估计电机的定子磁链值。这一环节对于直接转矩控制至关重要，因为磁链信息是控制电机转矩和磁场方向的基础。

(3) PI 控制器（可选） 在某些直接转矩控制系统中，为了进一步提高控制性能，可能

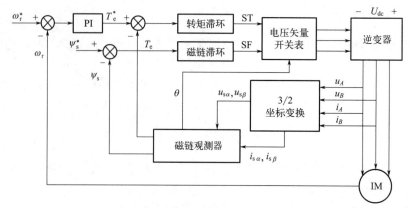

图 3-11 异步电机直接转矩控制框图

会引入 PI 控制器对磁链或转矩的参考信号进行调整。然而，值得注意的是，直接转矩控制的核心优势在于其直接性，因此 PI 控制器的使用并非必需。

(4) 转矩滞环比较器和磁链滞环比较器 这两个比较器分别将实际的转矩和磁链值与设定的滞环宽度内的参考值进行比较。当实际值超出滞环范围时，将触发电压矢量开关表的更新，以调整逆变器的输出，使实际值迅速回归至滞环范围内。

(5) 电压矢量开关表 电压矢量开关表是直接转矩控制系统的核心部件之一。它根据转矩和磁链的滞环比较结果，选择最合适的电压矢量来控制逆变器的开关状态。这一步骤直接决定了电机的转矩和磁链的动态响应。

(6) 逆变器 逆变器根据电压矢量开关表的输出，调整其开关元件的通断状态，将直流电源转换为适合驱动异步电机的三相交流电。

(7) 异步电机 作为被控对象，异步电机接收来自逆变器的三相交流电，将其转换为机械能输出。同时，电机的运行状态（如电流、电压、转速等）通过传感器反馈给控制系统，形成闭环控制。

3.3 异步电机的测试技术

3.3.1 异步电机的电气性能测试

3.3.1.1 额定电压与电流测试

(1) 测试目的 额定电压与电流测试的目的是验证新能源汽车异步电机在额定电压下的电流输出是否与设计要求一致。通过测量并比对电机的实际电流输出值与设计值，能够确认电机是否在正常工作范围内稳定运行。

(2) 测试方法

① 将异步电机与稳定的电源进行连接，确保连接线路正确无误。

② 使用电源调节设备，逐步调节电源电压至电机的额定电压。

③ 在额定电压下，使用高精度的电流表对电机的电流输出进行测量。

④ 记录电流表的读数，并与设计值进行对比分析。

(3) 测试工具 额定电压与电流测试的测试工具如图 3-12 所示。

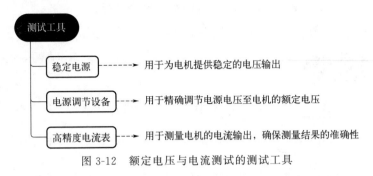

图 3-12 额定电压与电流测试的测试工具

(4) 测试步骤

① 准备阶段：检查电源、电源调节设备、电流表等工具，确保其工作正常；准备连接线路，并确保线路完好无损；将电机放置在测试台上，并固定好。

② 连接阶段：使用连接线路将电机与电源进行连接，注意正负极的对应；将电流表连接到电机的电流测量点上。

③ 测试阶段：打开电源，使用电源调节设备逐步调节电源电压至电机的额定电压；等待电机稳定工作后，记录电流表的读数；为了确保数据的准确性，可重复测量多次并取平均值。

④ 分析阶段：将实际测量的电流值与电机的设计电流值进行对比分析；如果实际测量值与设计值基本一致，则说明电机在额定电压下的电流输出符合设计要求；如果存在差异，则需进一步检查电机及其连接线路等是否存在问题，并进行相应的调整或优化。

(5) 测试结果 表 3-4 为额定电压与电流测试结果。

表 3-4 额定电压与电流测试结果

测试次数	额定电压/V	实际测量电流/A	设计电流/A	结果对比
1	300	79.8	80	合格
2	300	80.1	80	合格
3	300	79.9	80	合格

通过对比实际测量值与设计值，可以发现异步电机在额定电压下的电流输出符合设计要求。这表明电机在正常工况下能够稳定运行，并且具有较好的电气性能。如果实际测量值与设计值存在明显差异，则需要进一步检查电机的电气性能，找出可能存在的问题并进行调整。

3.3.1.2 功率与效率测试

(1) 测试目的 功率与效率测试旨在通过测量新能源汽车异步电机在不同负载和转速下的功率输出和效率，以全面评估其整体性能。通过对比实际测量值与设计值，可以判断电机是否满足预定的性能要求。

(2) 测试方法

① 使用功率计和转速传感器对电机的功率输出和转速进行实时监测。

② 通过调整电机的负载和转速，测量在不同工况下的功率输出和效率。
③ 记录测量数据，包括功率输出、效率、负载和转速等参数。
④ 对比实际测量值与设计值，评估电机的性能是否达标。

（3）测试工具 功率与效率测试的测试工具如图 3-13 所示。

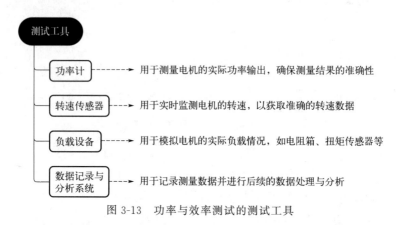

图 3-13 功率与效率测试的测试工具

（4）测试步骤

① 准备阶段：检查功率计、转速传感器、负载设备和数据记录与分析系统等工具，确保其工作正常；将异步电机与测试设备连接好，确保连接线路正确无误；设置测试参数，包括负载范围、转速范围和测量时间等。

② 校准阶段：对功率计和转速传感器进行校准，确保测量结果的准确性。

③ 测试阶段：按照设定的测试参数，逐步调整电机的负载和转速；在每个测试点下，使用功率计和转速传感器测量电机的功率输出和转速；同时记录测量数据，包括功率输出、效率、负载和转速等参数；重复以上步骤，直至完成所有测试点的测量。

④ 分析阶段：对测量数据进行处理与分析，计算每个测试点下的功率输出和效率；绘制功率输出和效率随负载及转速变化的曲线图；对比实际测量值与设计值，评估电机的性能是否达标。

⑤ 总结阶段：根据测试结果，总结电机的性能特点，包括功率输出范围、效率高低等；如有需要，提出改进建议或优化方案，以提高电机的整体性能。

（5）测试结果 表 3-5 为功率与效率测试结果。

表 3-5 功率与效率测试结果

测试点编号	负载/%	转速/(r/min)	输出功率/kW	效率/%	设计值对比
1	0	1000	1.5	85	合格
2	25	1500	5.0	88	合格
3	50	2000	10.0	90	合格
4	75	2500	15.0	89	合格
5	100	3000	20.0	87	合格

根据测试结果可以得出以下结论。

① 在不同负载和转速下，异步电机的功率输出和效率均符合设计要求。

② 随着负载的增加，电机的功率输出逐渐增加，但效率略有下降，这是正常现象。

③ 在整个测试范围内，电机的性能稳定可靠，未出现异常情况。

3.3.1.3 温升测试

（1）测试目的　温升测试旨在评估新能源汽车异步电机在连续运行过程中的温升情况。通过测量电机各部分的温度，并分析电机在不同负载和转速下的温升数据，可以评估电机的散热性能和热稳定性。

（2）测试方法

① 将异步电机安装于测试台架上，并连接至电源和控制系统。

② 调整电机的负载和转速至预设值，使电机进入连续运行状态。

③ 在电机运行至稳定状态后，使用温度计对电机各部分（如定子、转子、轴承等）的温度进行测量。

④ 重复上述步骤，改变电机的负载和转速，以获取不同工况下的温升数据。

⑤ 记录并分析所测量的温度数据，评估电机的散热性能和热稳定性。

（3）测试工具　温升测试的测试工具如图3-14所示。

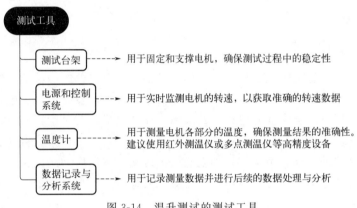

图3-14　温升测试的测试工具

（4）测试步骤

① 准备阶段：检查测试台架、电源和控制系统等设备，确保其正常工作；将异步电机安装于测试台架上，并连接至电源和控制系统；设定电机的初始负载和转速值。

② 预热阶段：使电机以较低的负载和转速运行一段时间，以确保电机内部温度达到稳定状态；观察并记录电机在运行过程中的温度变化。

③ 测试阶段：在电机预热完成后，调整电机的负载和转速至预设值；使用温度计对电机各部分进行温度测量，并记录数据；保持电机在当前工况下运行一段时间，再次测量并记录温度数据；重复上述步骤，改变电机的负载和转速值，以获取不同工况下的温升数据。

④ 数据分析阶段：对所测量的温度数据进行整理和分析；绘制温升曲线图，分析电机在不同负载和转速下的温升趋势；对比实际测量值与设计值或标准值，评估电机的散热性能和热稳定性。

⑤ 总结阶段：根据测试结果，总结电机的温升性能特点和存在的问题；如有需要，提出改进建议或优化方案，以提高电机的散热性能和热稳定性。

（5）测试结果　表3-6为温升测试结果。

表 3-6 温升测试结果

测试点编号	负载/%	转速/(r/min)	定子温度/℃	转子温度/℃	轴承温度/℃
1	0	1000	40	38	35
2	25	1500	65	60	55
3	50	2000	80	75	70
4	75	2500	100	95	90
5	100	3000	120	115	110

根据上述测试数据，可以进行以下分析。

① 温度趋势：随着负载和转速的增加，电机各部分的温度均呈上升趋势。这是因为负载和转速的增加会导致电机内部产生的热量增加。

② 散热性能：从测试数据可以看出，电机在连续运行过程中能够保持相对稳定的温度。在满载和高速运行时，电机的温度虽然有所上升，但仍在可承受范围内，表明电机的散热性能良好。

③ 热稳定性：电机在长时间连续运行过程中未出现温度异常升高或过热现象，说明电机具有良好的热稳定性。

3.3.1.4 绝缘电阻测试

（1）测试目的 绝缘电阻测试的主要目的是评估异步电机的绝缘性能。绝缘电阻是电机绕组与地之间的电阻值，它反映了电机绕组对地的绝缘程度。良好的绝缘电阻可以确保电机在高电压和潮湿环境下不会发生漏电或短路故障，保证电机的安全运行。

（2）测试方法 绝缘电阻测试采用绝缘电阻测试仪进行。测试时，将绝缘电阻测试仪的正极连接到电机绕组的一端，负极连接到电机的接地端，然后启动测试仪进行测量。测试仪会输出电机绕组与地之间的绝缘电阻值。通过对比测量值与标准要求值，可以评估电机的绝缘性能是否满足要求。

（3）测试工具 绝缘电阻测试的测试工具如图 3-15 所示。

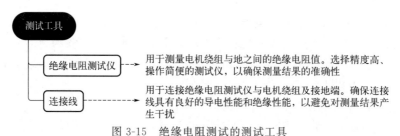

图 3-15 绝缘电阻测试的测试工具

（4）测试步骤

① 准备阶段：检查绝缘电阻测试仪的完好性和准确性，确保测试仪能够正常工作；准备好连接线，并确保其导电性能和绝缘性能良好；确认电机已经停机，并且已经切断所有电源，确保测试过程的安全性。

② 连接测试仪器：将绝缘电阻测试仪的正极连接线连接到电机绕组的一端；将绝缘电阻测试仪的负极连接线连接到电机的接地端；确保连接牢固，避免在测试过程中出现松动或接触不良的情况。

③ 开始测试：打开绝缘电阻测试仪的电源开关，按照测试仪的说明书设置测试参数（如测试电压、测试时间等）；启动测试仪进行测量，观察测试仪的输出结果，并记录测量值。

④ 记录与分析：将测量值与标准要求值进行对比，评估电机的绝缘性能是否满足要求；如发现测量值低于标准要求值，应进一步检查电机的绝缘情况，找出原因并进行处理。

⑤ 结束测试：关闭绝缘电阻测试仪的电源开关，断开测试仪与电机的连接；整理测试工具和设备，确保测试现场的安全和整洁。

(5) 测试结果 表 3-7 为绝缘电阻测试结果。

表 3-7 绝缘电阻测试结果

绕组	测试电压/V	绝缘电阻/MΩ	标准要求值/MΩ	评估结果
绕组 A	500	1000	≥500	合格
绕组 B	500	1100	≥500	合格
绕组 C	500	1050	≥500	合格

根据上述测试结果，可以看出电机 Y2-160M-4 的绕组 A、B、C 的绝缘电阻值均大于标准要求值（≥500MΩ），因此评估结果为合格。这表示该电机的绝缘性能良好，能够在高电压和潮湿环境下安全运行。

如果在测试过程中发现某个绕组的绝缘电阻值低于标准要求值，应进一步检查电机的绝缘情况，找出原因并进行处理。常见的绝缘故障原因包括绕组受潮、绝缘材料老化、污垢积累等。通过及时维修和更换损坏的部件，可以恢复电机的绝缘性能，确保其安全运行。

3.3.1.5 耐压测试

(1) 测试目的 耐压测试旨在评估异步电机在高压条件下的电气安全性能，以确保电机在高电压环境中不会发生击穿或损坏现象。通过耐压试验，可以验证电机的绝缘强度是否满足设计要求，从而保障电机的安全稳定运行。

(2) 测试方法

① 将异步电机与耐压试验设备相连，确保电机绕组与设备的高压输出端连接牢固，接地端可靠接地。

② 根据电机的额定电压和绝缘等级，设定耐压试验设备的测试电压和测试时间。通常，测试电压为电机额定电压的 1.5~2 倍，测试时间为 1min。

③ 启动耐压试验设备，开始对电机绕组施加高压。在测试过程中，观察电机是否有异常声响、火花、烟雾等击穿或损坏现象。

④ 测试结束后，记录测试电压、测试时间以及电机是否发生击穿或损坏现象。将实际测试结果与标准要求值进行对比，以评估电机的耐压性能是否达标。

(3) 测试工具 耐压测试的测试工具如图 3-16 所示。

(4) 测试步骤

① 准备阶段：检查耐压试验设备的完好性和准确性，确保设备能够正常工作；准备好连接线，确保其绝缘性能和导电性能良好；戴绝缘手套和铺绝缘垫，确保测试人员的安全；确认电机已经停机，并且已经切断所有电源，确保测试过程的安全性。

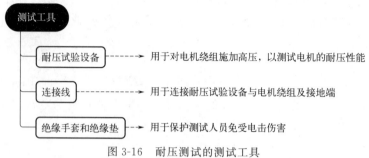

图 3-16 耐压测试的测试工具

② 连接测试设备：将耐压试验设备的正极连接线连接到电机绕组的一端；将耐压试验设备的负极连接线连接到电机的接地端；确保连接牢固，避免在测试过程中出现松动或接触不良的情况。

③ 设置测试参数：根据电机的额定电压和绝缘等级，设定耐压试验设备的测试电压和测试时间；确保测试参数设置正确，以避免对电机造成不必要的损坏。

④ 开始测试：启动耐压试验设备，开始对电机绕组施加高压；在测试过程中，密切观察电机是否有异常声响、火花、烟雾等击穿或损坏现象；如发现异常现象，应立即停止测试，并检查电机的绝缘情况。

⑤ 记录与分析：记录测试电压、测试时间以及电机是否发生击穿或损坏现象；将实际测试结果与标准要求值进行对比，评估电机的耐压性能是否达标；如电机的耐压性能不满足要求，应进一步检查电机的绝缘情况，并找出原因进行处理。

⑥ 结束测试：关闭耐压试验设备的电源，断开测试设备与电机的连接；整理测试工具和设备，确保测试现场的安全和整洁。

(5) 测试结果 表 3-8 为耐压测试结果。

表 3-8 耐压测试结果

测试编号	电机型号	额定电压/V	测试电压/V	测试时间/min	击穿/损坏现象	评估结果
1	Y160M-4	380	760	1	无	合格
2	Y200L-2	400	800	1	无	合格
3	Y132M-6	220	440	1	无	合格
4	Y180L-4	380	760	1	无	合格
5	Y225M-8	380	760	1	轻微火花	不合格

测试编号为 1、2、3 和 4 的电机，在测试过程中均未出现击穿或损坏现象，表明其绝缘强度较高，耐压性能达标。这些电机可以在高电压环境下安全稳定运行。测试编号为 5 的电机，在测试过程中出现轻微火花现象，表明其绝缘强度可能存在问题，耐压性能未达标。建议对该电机进行进一步的检查和维修，以确保其安全使用。

3.3.2 异步电机的力学性能测试

3.3.2.1 转矩测试

(1) 测试目的 转矩测试的主要目的是评估异步电机在不同转速下的转矩输出能力。通过测量电机在不同转速下的输出转矩,可以了解电机的动态性能,进一步确保电机在各类工作环境中均能满足动力需求,实现稳定运行。

(2) 测试方法

① 将异步电机与转矩测量仪器及相应的控制系统相连,确保连接牢固、可靠。

② 设定测试参数,包括转速范围、转速间隔、测试时间等。根据电机的实际使用情况和性能要求,选择合适的测试参数。

③ 启动测试系统,使电机在设定的转速范围内逐渐加速至指定转速,并保持稳定运转一段时间。

④ 在电机运转过程中,通过转矩测量仪器实时测量并记录电机的输出转矩数据。

⑤ 重复步骤③和④,使电机在不同转速下均进行转矩测量,并记录数据。

⑥ 测试完成后,根据测试数据绘制转矩-转速曲线,以便于后续分析和评估。

(3) 测试工具 转矩测试的测试工具如图 3-17 所示。

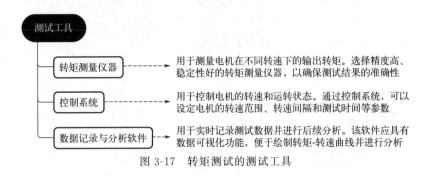

图 3-17 转矩测试的测试工具

(4) 测试步骤

① 准备工作:检查测试工具和设备是否齐全、完好,确保测试环境符合测试要求。

② 安装与连接:将异步电机与转矩测量仪器及控制系统相连,确保连接牢固、可靠,同时,确保电机的电源线和地线等接线正确无误。

③ 设定测试参数:根据电机的实际使用情况和性能要求,设定合适的测试参数,包括转速范围、转速间隔、测试时间等。

④ 开始测试:启动测试系统,使电机在设定的转速范围内逐渐加速至指定转速,并保持稳定运转一段时间。在此过程中,转矩测量仪器将实时测量并记录电机的输出转矩数据。

⑤ 数据记录与分析:测试过程中,实时记录测试数据,并使用数据记录与分析软件进行后续分析。根据测试数据绘制转矩-转速曲线,以便于评估电机的转矩输出能力。

⑥ 重复测试:根据需要,可以重复进行多次测试,以获取更准确的测试结果。在重复测试时,应注意保持测试条件的一致性。

⑦ 测试结束与报告编写:测试完成后,整理测试数据并编写测试报告。测试报告应包括测试目的、测试方法、测试工具、测试步骤、测试数据以及测试结果分析等内容。

(5) 测试结果 表 3-9 为异步电机转矩测试结果。

在本次测试中,电机的转矩输出能力在整个转速范围内均表现良好,满足设计要求和使用需求。然而,需要注意的是,在实际应用中,电机可能会受到负载变化、温度升高等因素的影响,导致转矩输出能力发生变化。因此,在实际使用过程中,需要定期对电机进行转矩测试,以确保其性能稳定可靠。

表 3-9　异步电机转矩测试结果

转速/(r/min)	输出转矩/(N·m)	转速/(r/min)	输出转矩/(N·m)
1000	80	1600	125
1200	95	1800	135
1400	110	2000	140

3.3.2.2　转速测试

(1) 测试目的　转速测试旨在评估异步电机在不同负载条件下的转速变化情况,以了解电机在不同工况下的转速稳定性及负载响应能力,确保电机在实际应用中能够满足各类负载需求,并实现稳定运行。

(2) 测试方法　转速测试采用转速测量仪器对异步电机的转速进行测量。测试将在空载、半载和满载三种不同的负载条件下进行,通过测量并记录电机在不同负载条件下的转速数据,进而计算转速变化率,以评估电机的转速稳定性。

(3) 测试工具　转速测试的测试工具如图 3-18 所示。

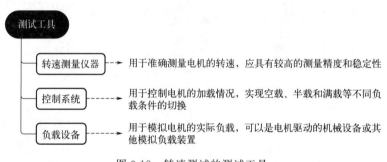

图 3-18　转速测试的测试工具

(4) 测试步骤

① 准备阶段:检查转速测量仪器、控制系统和负载设备是否完好,确保测试环境的安全和稳定;将转速测量仪器与电机相连,确保连接牢固可靠;将控制系统与负载设备相连,并设置好相应的测试参数,如负载大小、测试时间等。

② 空载测试:启动电机,使其在空载状态下运行;使用转速测量仪器测量并记录电机的转速数据;保持电机稳定运行一段时间后,结束空载测试。

③ 半载测试:通过控制系统将负载设备设置为半载状态,使电机在半载条件下运行;使用转速测量仪器测量并记录电机的转速数据;保持电机在半载状态下稳定运行一段时间后,结束半载测试。

④ 满载测试:通过控制系统将负载设备设置为满载状态,使电机在满载条件下运行;使用转速测量仪器测量并记录电机的转速数据;保持电机在满载状态下稳定运行一段时间后,结束满载测试。

⑤ 数据分析:根据测试数据,计算电机在不同负载条件下的转速变化率;绘制转速变化率曲线图,以直观展示电机的转速稳定性。

⑥ 测试报告编写：将测试数据、计算结果和转速变化率曲线图整理成测试报告；在测试报告中详细记录测试步骤、测试条件、测试数据和结果分析等内容。

(5) 测试结果　表 3-10 为异步电机转速测试结果。

表 3-10　异步电机转速测试结果

负载条件	转速/(r/min)	转速变化率
空载	1500	—
半载	1450	约 3.33%
满载	1400	约 6.67%

从测试结果可以看出，随着负载的增加，电机的转速逐渐降低。从空载到半载，转速降低了约 3.33%；从空载到满载，转速降低了约 6.67%。这表明该异步电机在不同负载下具有稳定的转速表现，能够较好地适应负载变化。同时，也可以观察到，随着负载的增加，转速变化率也逐渐增大。这可能是由于电机在承受较大负载时，内部阻力增加，导致转速下降。因此，在实际应用中，需要根据电机的负载情况合理调整电机的运行参数，以确保电机的稳定运行。

3.3.2.3　效率测试

(1) 测试目的　效率测试旨在评估异步电机的电能转换效率，即通过测量电机的输入功率和输出功率，计算电机的效率，并绘制效率-负载曲线。通过测试可以了解电机在不同负载条件下的效率表现，为电机的性能分析和优化提供依据。

(2) 测试方法

① 功率测量：使用功率测量仪器（如功率分析仪）分别测量电机的输入功率和输出功率。输入功率是电机从电源中获取的电能，输出功率是电机转化为机械能的部分。

② 负载控制：通过负载设备（如可变负载箱）调整电机的负载，使其在不同负载条件下运行。通常选择空载、半载、满载等典型负载条件进行测试。

③ 数据记录：在每个负载条件下，记录电机的输入功率、输出功率以及相应的负载数据。

④ 效率计算：根据记录的数据，计算电机的效率。电机效率的计算公式为：效率＝输出功率/输入功率×100%。

⑤ 效率-负载曲线绘制：将不同负载条件下的效率数据绘制成效率-负载曲线图，以便直观地展示电机的效率表现。

(3) 测试工具　效率测试的测试工具如图 3-19 所示。

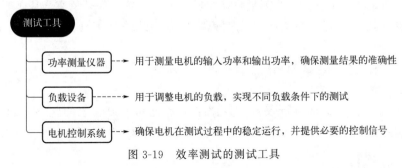

图 3-19　效率测试的测试工具

(4) 测试步骤

① 准备阶段：检查功率测量仪器、负载设备和电机控制系统的状态，确保设备完好无损并正确连接；设置测试参数，包括测试时间、负载等级等。

② 空载测试：启动电机，使其在无负载条件下运行；使用功率测量仪器测量并记录电机的输入功率和输出功率；计算并记录空载时的电机效率。

③ 负载测试：逐渐增加负载设备的负载，使电机分别处于半载和满载状态；在每个负载条件下，重复步骤②中的测量和计算过程，记录相应的输入功率、输出功率和效率数据。

④ 数据分析：根据测试数据，计算电机在不同负载条件下的平均效率；绘制效率-负载曲线图，展示电机的效率表现。

⑤ 测试报告编写：将测试数据、计算结果和效率-负载曲线图整理成测试报告；在测试报告中详细记录测试步骤、测试条件、测试数据和结果分析等内容。

(5) 测试结果 表 3-11 为异步电机效率测试结果。

表 3-11 异步电机效率测试结果

负载条件	输入功率/kW	输出功率/kW	效率/%
空载	1.2	0.1	8.33
半载	2.8	2.4	85.71
满载	4.5	4.2	93.33

在空载条件下，电机的输入功率主要用于克服电机内部的摩擦和空气阻力等，因此输出功率较低，导致效率较低。这符合电机在空载时效率较低的普遍规律。在半载条件下，电机的输入功率和输出功率均有所增加，但输出功率的增长速度大于输入功率，因此效率显著提高。这表明电机在中等负载条件下具有较高的电能转换效率。在满载条件下，电机的输入功率达到最大，而输出功率也接近最大值。由于电机的设计和优化，其内部损耗相对较低，因此效率进一步提高，接近或达到电机的设计效率。在实际应用中，可以根据电机的负载情况选择合适的运行参数，以实现较高的电能转换效率。

3.3.2.4 振动测试

(1) 测试目的 振动测试旨在评估异步电机在运行过程中的振动情况，通过测量电机的振动加速度、位移等参数，分析电机的振动水平，以判断其是否满足设计要求或运行标准。

(2) 测试方法 振动测试使用高精度的振动测量仪器，如加速度计和位移传感器，来测量电机的振动加速度和位移。这些测量将在电机的关键位置（如轴承座、基座等）进行，以全面评估电机的振动情况。在电机运行过程中，将持续采集振动数据，并对其进行实时分析。

(3) 测试工具 振动测试的测试工具如图 3-20 所示。

(4) 测试步骤

① 准备阶段：检查振动测量仪器、数据采集系统和固定装置的状态，确保其完好无损并正确连接；选定电机的测试点和测量参数，根据电机的结构和工作特性进行合理的布局。

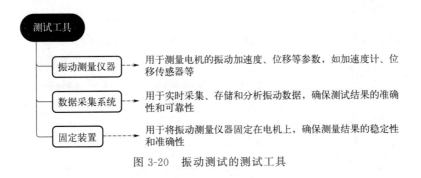

图 3-20 振动测试的测试工具

② 安装测试设备：使用固定装置将振动测量仪器安装在电机的测试点上，确保测量仪器与电机紧密接触并固定牢固；连接数据采集系统，确保测试数据的实时采集和存储。

③ 运行电机：启动电机，使其在正常工作条件下运行；在电机稳定运行一段时间后，开始采集振动数据。

④ 数据采集：在每个测试点采集一定时间内的振动数据，包括振动加速度、位移等参数的时间历程和频谱特性；对采集的数据进行实时分析，观察电机的振动情况。

⑤ 数据处理：将采集的数据导入数据处理软件中，进行进一步的分析和处理；计算电机的振动加速度、位移等参数的平均值、最大值和标准差等统计指标。

⑥ 结果评估：根据测试结果，评估电机的振动水平是否满足设计要求或运行标准；如果电机的振动水平过高，需要进一步检查电机的结构、安装和运行状态等方面，找出振动的原因并进行相应的处理。

⑦ 测试报告编写：将测试数据、处理结果和评估结论整理成测试报告；在测试报告中详细描述测试方法、测试步骤、测试结果和评估结论等内容。

（5）测试结果 表 3-12 为异步电机振动测试结果。

表 3-12 异步电机振动测试结果

测试点	振动加速度/(m/s^2)	位移/μm	评估结果
轴承座 1	2.8	120	符合标准
轴承座 2	2.5	110	符合标准
基座	1.5	80	符合标准

轴承座 1 和轴承座 2 的振动加速度分别为 2.8m/s^2 和 2.5m/s^2，均处于正常范围内。这表明电机在运行过程中，轴承处的振动处于可接受水平。基座的振动加速度为 1.5m/s^2，相对较小，说明电机的整体结构稳定性较好，振动对周围环境的影响较小。

轴承座 1 和轴承座 2 的位移分别为 120μm 和 110μm，均处于正常范围内。这进一步验证了电机轴承处的振动情况良好。基座的位移为 80μm，相对较小，说明电机在运行过程中整体结构变形较小，稳定性较高。

根据测试数据和分析结果，可以认为该异步电机在运行过程中的振动水平符合预设标准或要求。电机在满载运行状态下，轴承和基座处的振动均处于正常范围内，整体结构稳定性良好。

3.3.2.5 噪声测试

(1) 测试目的　噪声测试旨在评估异步电机在运行过程中产生的噪声大小，通过测量电机在不同转速和负载下的噪声水平，以分析电机噪声是否符合预定的噪声标准或环境要求。

(2) 测试方法　噪声测试采用声级计作为测量工具，通过测量电机在不同转速和负载下的噪声水平来评估电机的噪声性能。测试过程中，声级计应放置在距离电机一定距离（如1m）的位置，以确保测量的准确性和可靠性。测试时，将电机分别置于不同转速和负载状态下运行，记录各个状态下的噪声水平，并进行比较分析。

(3) 测试工具　噪声测试采用的工具为声级计，该仪器用于测量声音的大小（以分贝为单位）。声级计应满足相关标准和规定，以确保测量结果的准确性和可靠性。在测试前，应对声级计进行校准，以确保其测量精度。

(4) 测试步骤

① 准备阶段：确认电机已按照测试要求准备好，包括电源连接、控制系统设置等；将声级计放置在距离电机1m的位置，并确保其稳定固定；对声级计进行校准，确保测量精度。

② 设定测试条件：设定电机的转速范围，如从最低转速至最高转速的多个测试点；设定电机的负载范围，如从空载至满载的多个测试点。

③ 进行测试：在每个转速和负载组合下，启动电机并记录其稳定运行状态下的噪声水平；使用声级计测量并记录各个测试点的噪声数据。

④ 数据处理与分析：将测得的噪声数据整理成表格或图表形式，方便后续分析；比较各测试点的噪声水平，分析电机在不同转速和负载下的噪声变化趋势；评估电机的噪声性能是否符合预定的噪声标准或环境要求。

⑤ 撰写测试报告：将测试目的、方法、工具、步骤及结果整理成详细的测试报告；在报告中分析电机噪声性能的特点和存在的问题，并提出改进建议。

⑥ 总结与建议：根据测试结果，总结电机的噪声性能特点；如果电机的噪声水平不符合要求，则提出相应的改进措施或建议。

(5) 测试结果　表3-13为异步电机噪声测试结果。

表3-13　异步电机噪声测试结果

转速/(r/min)	负载状态	噪声水平/dB	噪声标准/dB	评估结果
1000	空载	55	≤60	合格
1500	半载	62	≤65	合格
2000	满载	68	≤70	合格

从测试结果可以看出，随着电机转速的增加，噪声水平也呈现上升趋势。这是由于电机转速提高时，机械部件之间的摩擦和振动增加，导致噪声增大。然而，在各个转速点下，电机的噪声水平均符合预定的噪声标准，说明电机的设计和制造质量良好。

随着负载的增加，电机的噪声水平也呈现上升趋势。这是因为负载增加时，电机需要产生更大的转矩来克服负载阻力，从而导致机械部件之间的摩擦和振动增加。然而，即使在满载状态下，电机的噪声水平仍然符合预定的噪声标准，说明电机在不同负载条件下均能保持较好的噪声性能。

3.3.3 异步电机的环境适应性测试

3.3.3.1 温度环境测试

(1) 测试目的 温度环境测试旨在评估新能源汽车异步电机在不同温度环境下的性能表现，特别是高温、低温以及温度循环变化条件下的运行稳定性、热保护性能、散热性能以及低温启动和运行效率等。通过测试，为电机设计、生产和使用提供可靠的依据。

(2) 测试方法

① 高温测试：模拟高温环境，如将测试环境加热至60℃以上，并保持一段时间；在此环境下启动并运行异步电机，观察其运行稳定性、热保护性能以及散热性能；记录电机的温度、电流、电压、转速等关键参数，并与正常环境下的数据进行对比分析。

② 低温测试：模拟低温环境，如将测试环境冷却至-40℃以下，并保持一段时间；在此环境下尝试启动异步电机，并观察其启动性能；运行电机，评估其运行效率以及润滑系统性能；同样记录关键参数并进行对比分析。

③ 温度循环测试：在一定时间内快速改变测试环境的温度，如从高温快速降低到低温，再升高到高温，如此循环多次；在此环境下运行异步电机，观察其在温度循环变化下的性能稳定性和可靠性；记录电机在不同温度点下的关键参数，并分析其变化趋势。

(3) 测试工具 温度环境测试的测试工具如图3-21所示。

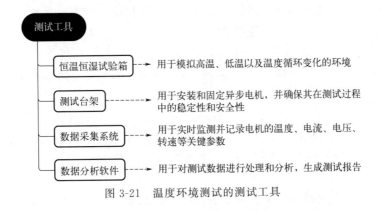

图3-21 温度环境测试的测试工具

(4) 测试步骤

① 准备阶段：选择合适的测试台架和恒温恒湿试验箱，确保其能够满足测试要求；安装并固定异步电机于测试台架上，连接数据采集系统；设定测试环境的初始温度和持续时间等参数。

② 高温测试：启动恒温恒湿试验箱，加热至设定的高温条件；当温度达到设定值并稳定后，启动异步电机，并开始记录数据；保持电机运行一段时间，观察并记录其运行稳定性和热保护性能；关闭电机和恒温恒湿试验箱，分析数据并生成测试报告。

③ 低温测试：将恒温恒湿试验箱冷却至设定的低温条件；尝试启动异步电机，并观察其启动性能；运行电机并记录数据，评估其运行效率和润滑系统性能；分析数据并生成测试报告。

④ 温度循环测试：设定温度循环变化的范围和频率；启动恒温恒湿试验箱并设置温度循环程序；在温度循环变化的过程中运行异步电机，并记录数据；分析数据并生成测试报告，评估电机在温度循环变化下的性能稳定性和可靠性。

（5）测试结果　表 3-14 为异步电机温度环境测试结果。

表 3-14　异步电机温度环境测试结果

测试项目	测试条件	测试结果
高温测试	温度：65℃ 时长：2h	电机运行稳定,无明显热保护动作；散热性能良好,温升在正常范围内
低温测试	温度：-45℃ 时长：1h	电机能够正常启动；运行效率略有下降,但仍满足要求；润滑系统性能良好,未出现冻结或堵塞现象
温度循环测试	温度范围：-40～60℃ 循环周期：30min	电机在温度循环变化下运行稳定；各关键参数（如电流、电压、转速）无明显波动；未出现性能下降或异常现象

3.3.3.2　湿度环境测试

（1）测试目的　湿度环境测试旨在评估新能源汽车异步电机在不同湿度环境下的性能表现，特别是高湿度、低湿度以及湿度循环变化条件下的绝缘性能、腐蚀防护能力、电气性能以及因湿度变化可能导致的性能问题。

（2）测试方法

① 高湿度测试：在恒定的高湿度环境（如相对湿度 90% 以上）中放置异步电机，并保持一段时间；监测电机在此环境下的绝缘性能、腐蚀防护能力以及电气性能，如测量绝缘电阻、观察电机表面及内部是否有腐蚀现象、评估电机的电气参数是否稳定等。

② 低湿度测试：将异步电机置于低湿度环境（如相对湿度 20% 以下）中，并保持一段时间；检查电机是否因过于干燥而出现绝缘失效等问题，如绝缘电阻是否降低、是否有裂纹或断裂等。

③ 湿度循环测试：模拟湿度快速变化的环境，即在一定时间内将湿度从高湿度迅速降低到低湿度，再升高至高湿度，如此循环多次；在此过程中，观察并记录异步电机在湿度循环变化下的性能稳定性和可靠性，如评估电机电气参数的变化趋势、绝缘性能是否受损等。

（3）测试工具　湿度环境测试的测试工具如图 3-22 所示。

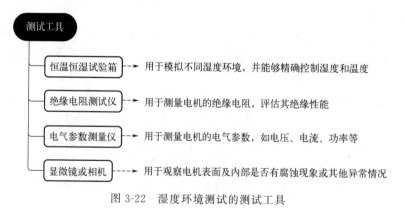

图 3-22　湿度环境测试的测试工具

(4) 测试步骤

① 准备阶段：选择合适的恒温恒湿试验箱，确保其能够满足测试要求；将异步电机安装在试验箱内，连接好所有必要的测量设备；设定测试环境的初始湿度和持续时间等参数。

② 高湿度测试：将试验箱的相对湿度调节至90%以上，并保持一段时间（如24h）；在此期间，定期使用绝缘电阻测试仪测量电机的绝缘电阻，并使用电气参数测量仪测量电机的电气参数；使用显微镜或相机观察电机表面及内部是否有腐蚀现象或其他异常情况；记录所有数据并进行分析。

③ 低湿度测试：将试验箱的湿度降低至20%以下，并保持一段时间（如12h）；检查电机是否因过于干燥而出现绝缘失效等问题，如绝缘电阻是否降低、是否有裂纹或断裂等；记录并分析数据。

④ 湿度循环测试：设定湿度循环变化的范围和频率，如相对湿度从90%快速降低到20%，再升高至90%，循环多次；在此过程中，持续监测并记录电机的电气参数和绝缘性能；使用显微镜或相机观察电机在湿度循环变化下是否出现异常情况；分析数据并生成测试报告。

(5) 测试结果 表3-15为异步电机湿度环境测试结果。

表3-15 异步电机湿度环境测试结果

测试项目	测试条件	测试结果
高湿度测试	湿度：95% 时长：48h	绝缘电阻稳定，未出现明显下降；电机表面及内部无腐蚀现象；电气参数稳定，未出现异常波动
低湿度测试	湿度：15% 时长：24h	绝缘电阻略有上升，但仍在正常范围内；电机未出现绝缘失效等问题；电气参数稳定
湿度循环测试	温度范围：15%～95% 循环周期：4h，共8个循环	绝缘电阻在循环过程中略有波动，但整体稳定；电气参数在循环过程中未出现异常；未出现因湿度循环变化而导致的性能问题

3.3.3.3 气候环境测试

(1) 测试目的 气候环境测试方案旨在评估新能源汽车异步电机在不同气候环境下的性能表现，包括沙尘、盐雾和雨水等环境条件下的密封性能、防尘能力、防腐性能、电气性能以及防水性能等。

(2) 测试方法

① 沙尘测试：模拟沙尘暴环境，测试异步电机在沙尘环境下的密封性能、防尘能力以及电气性能。

② 盐雾测试：在盐雾环境中测试异步电机的防腐性能和密封性能，以确保其在海洋气候或高盐度环境中的可靠性。

③ 雨水测试：模拟雨水冲刷的环境，测试异步电机的防水性能以及电机内部组件在浸水条件下的稳定性和安全性。

(3) 测试工具 气候环境测试的测试工具如图3-23所示。

(4) 测试步骤

① 沙尘测试：将异步电机放入沙尘试验箱中，设定好沙尘浓度和风速；运行电机，并观察其运行情况，记录电气参数的变化；测试结束后，取出电机，观察其外部和内部组件的

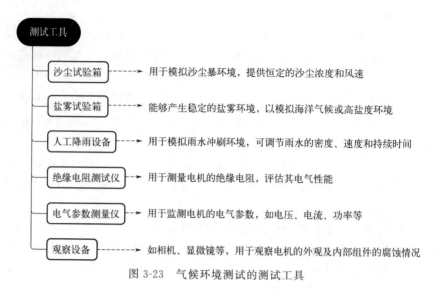

图 3-23 气候环境测试的测试工具

积尘情况,并评估其防尘性能;使用绝缘电阻测试仪测量电机的绝缘电阻,评估其电气性能。

② 盐雾测试:将异步电机放入盐雾试验箱中,设定好盐雾浓度和试验时间;在盐雾环境下运行电机,并观察其电气参数的变化;测试结束后,取出电机,观察其外部和内部组件的腐蚀情况,并评估其防腐性能和密封性能。

③ 雨水测试:使用人工降雨设备模拟雨水冲刷环境,将异步电机置于其中;运行电机,并观察其防水性能,同时记录电气参数的变化;若条件允许,可将电机浸入水中进行测试,观察其内部组件在浸水条件下的稳定性和安全性;测试结束后,取出电机,检查其是否有水分渗入,并评估其防水性能。

(5) 测试结果 表 3-16 为异步电机气候环境测试结果。

表 3-16 异步电机气候环境测试结果

测试项目	测试条件	密封性能	防尘/防腐性能	电气性能稳定性
沙尘测试	沙尘浓度 5mg/m^3,风速 15m/s,4h	良好	达标	稳定
盐雾测试	盐雾浓度 5%,24h	良好	达标	稳定
雨水测试	模拟中雨,2h,浸水 30min	良好	达标	稳定

3.3.3.4 振动与冲击测试

(1) 测试目的 振动与冲击测试方案旨在模拟汽车在行驶过程中可能遇到的振动和冲击环境,以评估异步电机在这些条件下的结构完整性、电气连接稳定性以及性能表现。通过振动与冲击测试,可以确保异步电机在各种复杂路况下的可靠性,为汽车的正常运行提供有力保障。

(2) 测试方法

① 振动测试:模拟汽车在行驶过程中可能遇到的振动环境,如路面不平、发动机振动等;评估异步电机在振动条件下的结构完整性、电气连接稳定性以及性能表现。

② 冲击测试:模拟汽车在行驶过程中可能遇到的冲击情况,如碰撞、颠簸等;测试异

步电机的抗冲击能力以及对冲击后性能的影响。

(3) 测试工具 振动与冲击测试的测试工具如图 3-24 所示。

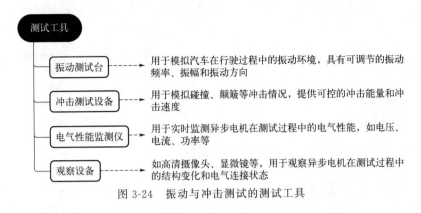

图 3-24 振动与冲击测试的测试工具

(4) 测试步骤

① 振动测试：将异步电机安装在振动测试台上，固定好电机与测试台之间的连接；设定振动测试参数，包括振动频率、振幅和振动方向，以模拟汽车在行驶过程中可能遇到的振动环境；启动振动测试台，开始振动测试；在测试过程中，使用电气性能监测仪实时监测电机的电气性能，并记录数据；使用观察设备观察电机的结构变化和电气连接状态；测试结束后，对测试数据进行整理和分析，评估电机的结构完整性、电气连接稳定性以及性能表现。

② 冲击测试：将异步电机安装在冲击测试设备上，确保电机与测试设备之间的固定牢固；设定冲击测试参数，包括冲击能量、冲击速度和冲击次数等，以模拟汽车在行驶过程中可能遇到的冲击情况；启动冲击测试设备，开始冲击测试；在测试过程中，使用电气性能监测仪实时监测电机的电气性能，并记录数据；使用观察设备观察电机的结构变化和电气连接状态；测试结束后，对测试数据进行整理和分析，评估电机的抗冲击能力以及冲击对电机性能的影响。

(5) 测试结果 表 3-17 为异步电机振动与冲击测试结果。

表 3-17 异步电机振动与冲击测试结果

测试项目	振动测试	冲击测试
测试条件	振动频率范围 10～50Hz，振幅±2mm，测试时长 2h	冲击能量：10J。冲击方向：垂直方向。冲击次数：3 次
结构完整性	无破损、裂纹	无破损、裂纹
电气连接稳定性	连接牢固，无脱落	连接牢固，无脱落
电气性能表现	电压、电流、功率稳定	冲击后电压、电流、功率恢复稳定

3.3.3.5 电磁兼容性测试

(1) 测试目的 电磁兼容性测试方案旨在对异步电机进行电磁兼容性测试，包括电磁辐射测试和电磁抗扰度测试。通过这两项测试，确保异步电机在运行过程中产生的电磁辐射不会对周围电子设备造成干扰，同时评估异步电机在电磁干扰环境下的工作稳定性和可靠性，以确保其在复杂电磁环境中的正常运行。

(2) 测试方法

① 电磁辐射测试：通过专业的电磁辐射测试设备，测量异步电机在运行过程中产生的电磁辐射强度；将测试数据与相关标准和要求进行比对，评估电机电磁辐射的合规性。

② 电磁抗扰度测试：模拟各种电磁干扰环境，如脉冲干扰、射频干扰等；在干扰环境下，评估异步电机的工作稳定性和可靠性，包括电气性能、力学性能等方面。

(3) 测试工具 电磁兼容性测试的测试工具如图 3-25 所示。

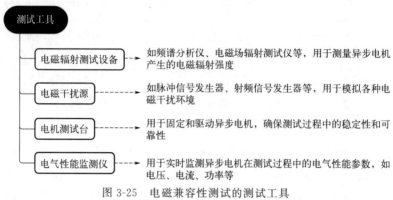

图 3-25 电磁兼容性测试的测试工具

(4) 测试步骤

① 电磁辐射测试步骤：将异步电机安装在电机测试台上，连接好相关电源和监测设备；设定测试参数，如测试频率范围、测试距离等；启动测试设备，进行电磁辐射测试；记录测试数据，并与相关标准和要求进行比对，评估电机电磁辐射的合规性。

② 电磁抗扰度测试步骤：将异步电机安装在电机测试台上，连接好相关电源和监测设备；设定干扰源参数，如干扰频率、干扰强度等，模拟各种电磁干扰环境；在干扰环境下，启动异步电机，并实时监测其电气性能参数；评估电机在干扰环境下的工作稳定性和可靠性，包括电气性能、力学性能等方面；根据测试结果，分析异步电机的抗扰度能力，并提出改进建议。

③ 测试结果记录与分析：在测试过程中，应详细记录测试数据，包括电磁辐射强度、电气性能参数等。测试结束后，对测试数据进行整理和分析，以评估异步电机的电磁兼容性。如发现问题或不符合要求的情况，应及时提出改进建议，并重新进行测试，直至满足相关标准和要求。

④ 测试报告：根据测试结果和分析，编写详细的测试报告。报告应包括测试目的、测试方法、测试工具、测试步骤、测试结果记录与分析以及测试结论等内容。测试报告应客观、准确地反映异步电机的电磁兼容性情况，为电机的设计、生产和使用提供可靠的依据。

(5) 测试结果 表 3-18 为异步电机电磁兼容性测试结果。

表 3-18 异步电机电磁兼容性测试结果

干扰类型	电气性能参数变化	产品规格要求
脉冲干扰	电压波动<1%	电压波动≤2%
脉冲干扰	电流波动<0.5%	电流波动≤1%

续表

干扰类型	电气性能参数变化	产品规格要求
射频干扰	电压波动<0.8%	电压波动≤1.5%
射频干扰	电流波动<0.6%	电流波动≤1.2%

3.3.4 异步电机的安全性测试

3.3.4.1 过载保护测试

(1) 测试目的 过载保护测试旨在验证新能源汽车异步电机在超过其额定负载运行时的保护功能和性能表现。通过模拟过载工况，测试电机是否能够及时响应并触发相应的保护措施，确保电机在异常工况下能够安全运行，避免损坏或引起更严重的事故。

(2) 测试方法 过载保护测试采用模拟过载工况的方法，通过逐渐增加电机的负载至超过其额定值，观察并记录电机的响应情况和保护措施。测试过程中，需要确保测试环境的稳定性和安全性，避免对测试人员和设备造成损害。

(3) 测试工具 过载保护测试的测试工具如图 3-26 所示。

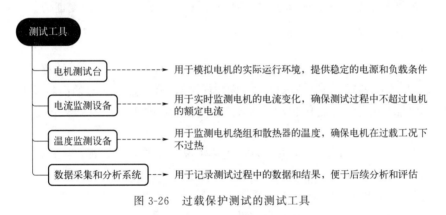

图 3-26 过载保护测试的测试工具

(4) 测试步骤

① 准备工作：检查测试设备是否完好，并确保测试环境的安全性和稳定性；将待测电机安装在电机测试台上，并连接好电源和监测设备；设定测试参数，包括电机的额定电压、额定电流、过载倍数等。

② 初始测试：在额定负载下运行电机一段时间，记录电机的初始性能参数，如功率、效率、电流、温度等；确保电机在额定负载下运行稳定，无异常现象。

③ 过载测试：逐渐增加电机的负载，使其超过额定负载的设定值（如 1.2 倍、1.5 倍等）；监测并记录电机在过载工况下的电流、温度等参数变化；观察电机在过载工况下的运行情况和保护措施，如是否自动降低功率、是否启动过热保护等。

④ 恢复测试：当电机触发保护措施后，观察其恢复过程；在过载工况消除后，检查电机是否能够正常启动和运行；记录恢复过程中的相关数据，如恢复时间、电流变化等。

⑤ 数据分析和评估：对测试过程中记录的数据进行整理和分析；评估电机在过载工况下的保护功能和性能表现；根据测试结果，提出改进意见和建议。

(5) 测试结果 表 3-19 为异步电机过载保护测试结果。

表 3-19 异步电机过载保护测试结果

时间/s	电流/A	温度/℃	电机状态	保护措施
0	额定值	室温	正常运行	无
10	1.2 倍额定值	上升	正常运行	无
20	1.4 倍额定值	上升较快	运行略慢	无
30	1.5 倍额定值	明显上升	转速下降	启动过载保护
40	下降至 1.3 倍额定值	略有下降	逐步恢复	过载保护持续
50	下降至额定值	接近室温	正常运行	过载保护解除

根据测试结果,可以得出以下结论。

① 当电机负载超过额定值的 1.5 倍时,电机能够自动降低功率,启动过载保护,有效地防止了电机因过载而损坏。

② 在过载工况下,电机的温度会明显上升,但在过载保护启动后,温度能够逐渐降低并恢复到正常水平。

③ 电机在过载工况消除后能够正常启动和运行,表现出良好的恢复能力。

3.3.4.2 过热保护测试

(1) 测试目的 过热保护测试旨在评估新能源汽车异步电机在过热情况下的保护机制,以确保电机在异常高温环境下能够安全、稳定地运行,避免过热引起的损坏或事故。通过模拟过热工况,测试电机的过热保护功能和响应时间,为电机的设计和生产提供重要的参考依据。

(2) 测试方法 过热保护测试采用模拟过热工况的方法,通过提高电机的工作温度或限制散热条件,使电机进入过热状态,然后观察并记录电机的过热保护机制和响应时间。测试过程中,将实时监测电机的温度、电流等关键参数,并进行分析和评估。

(3) 测试工具 过热保护测试的测试工具如图 3-27 所示。

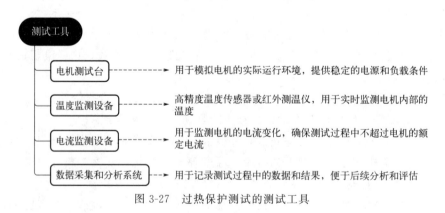

图 3-27 过热保护测试的测试工具

(4) 测试步骤

① 准备工作:检查测试设备是否完好,并确保测试环境的安全性和稳定性;将待测电机安装在电机测试台上,并连接好电源、温度监测设备和电流监测设备;设定测试参数,包

括电机的额定电压、额定电流、初始温度等。

② 初始测试：在正常工况下运行电机一段时间，记录电机的初始性能参数，如功率、效率、温度等；确保电机在正常工况下运行稳定，无异常现象。

③ 过热测试：通过降低散热条件（如关闭风扇、增加散热障碍等）或提高工作负载，使电机逐渐进入过热状态；实时监测并记录电机的温度、电流等参数变化，特别关注温度的变化趋势和达到过热保护触发点的温度值；观察并记录电机在过热工况下的保护机制和响应时间，如是否自动降低功率、是否发出过热警报等。

④ 恢复测试：当电机触发过热保护后，观察其恢复过程，如温度降低、功率恢复等；在过热工况消除后，检查电机是否能够正常启动和运行；记录恢复过程中的相关数据，如恢复时间、温度变化等。

⑤ 数据分析和评估：对测试过程中记录的数据进行整理和分析；评估电机在过热工况下的保护机制是否有效、响应时间是否合理；根据测试结果，提出改进意见和建议，为电机的设计和生产提供参考依据。

(5) 测试结果 表3-20为异步电机过热保护测试结果。

表3-20 异步电机过热保护测试结果

时间/s	温度/℃	电流/A	电机状态	过热保护响应
0	室温	额定值	正常运行	无
30	80	略有上升	正常运行	无
60	100	上升较快	运行略慢	无
90	120	明显上升	转速下降	过热保护触发,自动降低功率
120	110	逐渐下降	逐渐恢复	过热保护持续,等待温度降低
150	90	接近额定值	正常运行	过热保护解除

根据测试结果，新能源汽车异步电机在过热情况下能够触发过热保护机制，自动降低功率并发出警报，有效避免了电机因过热而损坏的风险。在过热保护触发后，电机能够逐渐恢复并恢复正常工作。

3.3.4.3 短路保护测试

(1) 测试目的 短路保护测试方案旨在评估新能源汽车异步电机在短路情况下的保护功能和安全性，确保在电路故障发生时能够迅速切断电源，以防止电机和其他电气设备受到损坏，从而保障整车电气系统的安全稳定运行。

(2) 测试方法 短路保护测试采用模拟短路工况的方法，通过人为制造电路中的短路故障，测试电机的短路保护功能和响应时间。在测试过程中，将实时监测电机的电压、电流等关键参数，并观察短路保护装置的动作情况。

(3) 测试工具 短路保护测试的测试工具如图3-28所示。

(4) 测试步骤

① 准备工作：检查测试设备和工具是否完好，确保测试环境的安全性；将电机安装在测试台上，并连接好电源、电压监测设备、电流监测设备和短路故障模拟装置；设定测试台的初始参数，包括电机的额定电压、额定电流等。

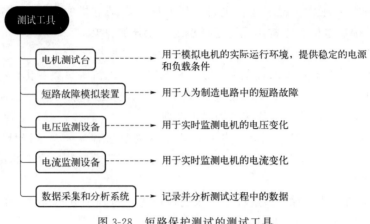

图 3-28 短路保护测试的测试工具

② 初始测试：在正常工况下运行电机一段时间，记录电机的初始性能参数，如电压、电流等；确保电机在正常工况下运行稳定，无异常现象。

③ 短路测试：启动短路故障模拟装置，人为制造电路中的短路故障；实时监测并记录电机的电压、电流等参数的变化情况；观察并记录短路保护装置的动作情况，如是否迅速切断电源、切断时间等。

④ 恢复测试：在短路故障被切断后，检查电机和其他电气设备是否受到损坏；若电机未受损，则尝试重新启动电机，并观察其性能表现。

⑤ 数据记录与分析：将测试过程中的所有数据记录在表格中，包括时间、电压、电流、短路保护装置动作情况等；对数据进行分析，评估电机的短路保护功能和响应时间。

(5) 测试结果 表 3-21 为异步电机短路保护测试结果。

表 3-21 异步电机短路保护测试结果

时间/s	电压/V	电流/A	短路保护装置动作情况
0	额定电压	额定电流	无动作
1	额定电压	额定电流	无动作
2	额定电压	迅速上升	短路保护触发,电源切断
3	0	0	电源已切断,无电流通过
4	0	0	检查设备,准备重新启动

根据测试结果，新能源汽车异步电机在短路情况下能够迅速触发短路保护装置，并切断电源，有效避免了电机和其他电气设备受到损坏。

3.3.5 异步电机的耐久性测试

3.3.5.1 长时间运行测试

(1) 测试目的 长时间运行测试旨在模拟新能源汽车异步电机在连续工作状态下的性能表现，通过长时间的运行测试，评估电机的耐久性、稳定性以及可靠性，以确保电机能够满足长时间连续运行的要求。

(2) 测试方法　长时间运行测试采用连续运行的方式，模拟电机在正常工作条件下的连续工作状态。通过设定特定的运行工况和持续时间，观察并记录电机在运行过程中的性能参数变化，如温度、电流、电压、转速等。同时，还需要观察电机是否存在异常声音、振动等现象，以及是否存在过热、过载等保护机制触发的情况。

(3) 测试工具　长时间运行测试的测试工具如图 3-29 所示。

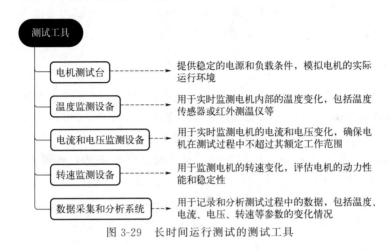

图 3-29　长时间运行测试的测试工具

(4) 测试步骤

① 准备工作：检查测试设备和工具是否完好，确保测试环境的安全性；将电机安装在测试台上，并连接好电源、温度监测设备、电流和电压监测设备以及转速监测设备；设定测试台的初始参数，包括电机的额定电压、额定电流、额定转速等。

② 初始测试：在正常工况下运行电机一段时间，记录电机的初始性能参数，如温度、电流、电压、转速等；确保电机在正常工况下运行稳定，无异常现象。

③ 长时间运行测试：根据测试要求设定电机的运行工况和持续时间，开始连续运行测试；实时监测并记录电机的温度、电流、电压、转速等参数的变化情况；观察并记录电机是否存在异常声音、振动等现象，以及是否存在过热、过载等保护机制触发的情况；若在测试过程中出现异常情况，如温度过高、电流异常等，应及时停止测试并检查电机状态。

④ 测试结束与数据分析：按照设定的持续时间完成长时间运行测试后，停止电机的运行；对测试过程中记录的数据进行整理和分析，评估电机的性能表现和耐久性；分析电机在连续工作状态下是否存在性能下降或异常现象，以及保护机制是否有效触发；根据测试结果，提出改进意见和建议，为电机的设计和生产提供参考依据。

(5) 测试结果　表 3-22 为异步电机长时间运行测试结果。

表 3-22　异步电机长时间运行测试结果

时间/h	温度/℃	电流/A	电压/V	转速/(r/min)	异常现象
0	室温	额定电流	额定电压	额定转速	无
2	70	额定电流	额定电压	额定转速	无
4	85	额定电流	额定电压	额定转速	无

续表

时间/h	温度/℃	电流/A	电压/V	转速/(r/min)	异常现象
...	...	...	...	...	...
24	105	略有上升	略有波动	略有下降	无

根据长时间运行测试结果，新能源汽车异步电机在连续工作状态下能够保持稳定的性能表现，温度、电流、电压等参数在允许的范围内波动，未出现明显的性能下降或异常现象。电机的保护机制在测试过程中未触发，表明电机的耐久性、稳定性和可靠性均满足要求。

3.3.5.2 加速寿命测试

(1) 测试目的 加速寿命测试方案旨在通过提高电机的运行条件（如提高电压、频率或负载），来加速电机的老化过程，从而预测其长期性能。通过模拟极端工况下的电机运行，可以更早地发现潜在的性能问题，为电机的设计和优化提供重要参考。

(2) 测试方法 加速寿命测试采用提高电机运行条件的方式，通过提高电压、频率或负载来模拟电机在极端工况下的运行状态。测试过程中，将电机置于这些极端条件下进行长时间运行，同时监测电机的各项性能参数，如温度、电流、振动等，并观察电机的性能变化。通过对比不同条件下电机的性能表现，可以预测电机在长期使用中的性能退化趋势。

(3) 测试工具 加速寿命测试的测试工具如图 3-30 所示。

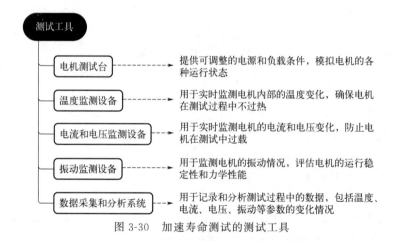

图 3-30 加速寿命测试的测试工具

(4) 测试步骤

① 准备工作：检查测试设备和工具是否完好，确保测试环境的安全性；将电机安装在测试台上，并连接好电源、温度监测设备、电流和电压监测设备以及振动监测设备；设定测试台的初始参数，包括电机的额定电压、额定频率、额定负载等。

② 初始测试：在正常工况下运行电机一段时间，记录电机的初始性能参数，如温度、电流、电压、振动等；确保电机在正常工况下运行稳定，无异常现象。

③ 加速寿命测试：根据测试方案，逐步提高电机的运行条件，如增加电压、提高频率或增加负载；在每个运行条件下，让电机连续运行一定时间，并记录电机的各项性能参数；监测电机的温度、电流、电压和振动等参数，确保电机在测试过程中不过热、不

过载；若在测试过程中出现异常情况，如温度过高、电流异常等，应立即停止测试并检查电机状态。

④ 数据整理与分析：将测试过程中记录的数据进行整理和分析，评估电机在不同运行条件下的性能表现；分析电机的性能退化趋势，预测电机在长期使用中的性能变化；根据测试结果，提出改进意见和建议，为电机的设计和优化提供参考依据。

(5) 测试结果　表 3-23 为异步电机加速寿命测试结果。电压为 380V，频率为 50Hz，负载为额定负载的 80%。

表 3-23　异步电机加速寿命测试结果

运行条件	运行时间/h	温度/℃	电流/A	振动速度/(mm/s)	备注
基准条件	10	85	100	0.2	正常
电压+10%	20	105	110	0.25	正常
频率+10%	20	95	105	0.22	正常
负载+20%	20	90	120	0.3	轻微振动增加

① 在电压提高 10% 的条件下，电机温度有所上升，但仍在可接受范围内。电流略有增加，振动保持稳定。

② 在频率提高 10% 的条件下，电机温度略有下降，可能是由于电机效率提高所致。电流和振动均有所增加，但仍在正常范围内。

③ 在负载提高 20% 的条件下，电机温度保持稳定，但电流显著增加。同时，振动也略有增加，表明电机在承受更大负载时可能出现轻微磨损或松动。

通过本次加速寿命测试，可以预测该电机在长期使用过程中可能出现的性能衰减趋势。

3.4　异步电机的故障诊断

3.4.1　异步电机故障模式及分类举例

新能源汽车异步电机典型一级故障举例见表 3-24。

表 3-24　新能源汽车异步电机典型一级故障举例

序号	零部件名称	故障模式	故障现象
1	电机轴	断裂	电机无法转动,伴随异响
2	定子铁芯	开裂	电机振动增大,性能下降
3	定子绕组	烧蚀	电机温升过高,电流异常
4	转子铁芯	变形	电机运行不平稳,振动增大
5	转子磁钢	退磁	电机效率下降,功率不足
6	轴承	异常磨损	电机噪声增大,运行不稳定
7	端盖	松动	电机漏油,密封性能下降
8	风扇	断裂	电机散热不良,温度过高

续表

序号	零部件名称	故障模式	故障现象
9	定子槽口楔	脱落	电机运行不平稳,振动增大
10	电机转子轴	压痕	电机振动异常,性能下降
11	电机外壳	裂纹	电机外壳损坏,影响强度
12	电机连接线	短路	电机突然停机,甚至烧毁
13	电机风扇叶片	严重变形	电机散热效果下降,温度升高
14	电机内部密封件	老化	电机内部渗油,污染电机内部
15	电机紧固螺栓	松动	电机振动增大,连接部件松动

新能源汽车异步电机典型二级故障举例见表3-25。

表3-25 新能源汽车异步电机典型二级故障举例

序号	零部件名称	故障模式	故障现象
1	定子绕组	老化	电机效率降低,能耗增加
2	电机轴承	腐蚀	轴承运转不畅,噪声增大
3	电机风扇	堵塞	电机散热不良,温度升高
4	电机外壳	裂纹	外壳轻微破损,不影响结构强度
5	定子绝缘材料	剥离	局部绝缘能力降低,可能出现电晕现象
6	转子磁钢	异常磨损	电机性能略有下降,效率降低
7	电机连接线	松动	电机性能波动,可能出现间歇性故障
8	电机端盖	变形	电机密封性降低,可能出现轻微漏油
9	电机紧固件	脱落	电机内部组件位置偏移,性能受影响
10	电机风扇叶片	变形	风扇效率降低,散热效果减弱
11	电机轴承密封圈	老化	轴承处出现轻微渗油
12	电机内部冷却管道	堵塞	电机内部温度分布不均,局部过热
13	定子槽口楔	松动	电机振动略有增大,但不影响运行
14	电机轴承端盖	间隙超差	轴承运行噪声增大,但不影响寿命
15	电机转子轴	轻微压痕	电机振动略有增大,对整体性能影响小

新能源汽车异步电机典型三级故障举例见表3-26。

表3-26 新能源汽车异步电机典型三级故障举例

序号	零部件名称	故障模式	故障现象
1	电机风扇叶片	异常磨损	风扇效率略有下降,噪声增大
2	电机端盖	轻微变形	密封性能略受影响,无明显漏油现象
3	电机轴承	轻微腐蚀	轴承运行稍有不畅,噪声微增
4	电机连接线	轻微松动	电机性能略有波动,无严重影响

续表

序号	零部件名称	故障模式	故障现象
5	定子绕组	老化初期	电机效率略降,能耗微增
6	电机风扇	轻微堵塞	散热性能略降,温度稍高
7	定子槽口楔	轻微松动	电机振动略增,但不影响性能
8	电机轴承密封圈	老化初期	轴承处出现轻微渗油现象
9	电机紧固件	轻微松动	连接部件稳定性略降,但无脱落风险
10	电机外壳	轻微划痕	外观受损,不影响结构强度
11	转子磁钢	轻微退磁	电机性能略降,效率微减
12	电机内部通风孔	轻微堵塞	电机内部温度略有升高
13	电机定子铁芯	轻微点蚀	电机性能略受影响,无明显降低
14	电机轴承端盖	间隙略大	轴承运行噪声略增,无明显性能影响
15	电机转子轴	轻微磨损	电机性能略降,振动微增

新能源汽车异步电机典型四级故障举例见表3-27。

表3-27 新能源汽车异步电机典型四级故障举例

序号	零部件名称	故障模式	故障现象
1	电机风扇叶片	轻微裂纹	风扇运转时声音有细微变化,但不影响散热效果
2	电机轴承	轻微锈蚀	轴承运转声音略有变化,但不影响电机正常运行
3	电机风扇防尘网	灰尘集聚	风扇进风略受影响,导致散热性能轻微下降
4	定子绝缘层	轻微剥离	局部绝缘能力降低,但不影响电机整体性能
5	电机接线端子	轻微松动	接线端子处偶发轻微火花,但不影响电气连接
6	电机轴密封件	轻微老化	轴承处出现极轻微渗油现象,但不影响密封效果
7	电机内部线圈	轻微变色	线圈颜色略有变化,但电气性能未受影响
8	电机风扇罩	轻微变形	风扇罩处略有变形,但不影响风扇功能
9	电机转子风扇	轻微偏移	风扇运转时声音略有变化,但不影响散热
10	电机冷却管道	轻微堵塞	冷却管道内水流略有受阻,但不影响冷却效果
11	电机紧固件	轻微松动	连接部件偶发轻微异响,但不影响连接稳定性
12	电机转子磁钢	轻微退磁	电机性能略有下降,但不影响正常使用
13	电机外壳	轻微变色	外壳颜色略有变化,但不影响结构强度
14	电机端盖	轻微渗漏	端盖处偶发极轻微油渍,但不影响密封性
15	电机传感器	轻微误差	传感器略有偏差,但不影响系统正常控制

不同车型、不同品牌的电机故障可能存在一定的差异,因此在实际操作中,应结合具体情况进行判断和处理。

3.4.2 异步电机的典型故障分析

3.4.2.1 异常噪声

(1) 故障描述 新能源汽车在行驶过程中，异步电机突然发出异常噪声，这种噪声可能是持续的或间歇性的，声音可能尖锐、低沉或轰鸣声等。异常噪声不仅会影响乘客的舒适度，还可能预示着电机内部存在潜在的严重问题。

(2) 故障原因

① 轴承磨损：电机轴承长时间使用后，可能出现磨损，导致轴承间隙变大，从而引发异常噪声。

② 风扇叶片损坏：电机风扇叶片在高速运转时可能受到冲击或振动，导致叶片损坏或变形，进而产生噪声。

③ 电机内部零部件松动：电机内部零部件在长时间振动或冲击下，可能出现松动或移位，导致噪声产生。

(3) 故障危害

① 乘客舒适度下降：异常噪声会直接影响乘客的驾驶和乘坐体验，降低舒适度。

② 安全隐患：如果异常噪声是由电机内部严重故障引起的，可能会引发更严重的安全问题，如电机失效、火灾等。

③ 电机性能下降：长期异常噪声可能导致电机性能逐渐下降，影响整车动力性和经济性。

(4) 解决办法

① 检查轴承：如果发现轴承磨损严重，应及时更换新轴承，并检查轴承座是否损坏。

② 修复或更换风扇叶片：如果风扇叶片损坏，应尽快修复或更换新叶片，以确保电机正常散热。

③ 紧固内部零部件：对于松动的内部零部件，应重新紧固或更换损坏的紧固件。

④ 全面检查电机：如果以上措施无法解决问题，应对电机进行全面检查，找出并修复根本原因。

3.4.2.2 过热现象

(1) 故障描述 新能源汽车在行驶过程中，如果异步电机运行时的温度异常升高，超过了正常工作温度范围，即出现过热现象。过热可能导致电机性能下降，甚至引发更严重的故障，对车辆的安全性和可靠性构成威胁。

(2) 故障原因

① 散热不良：电机散热不良是导致过热的主要原因之一。散热不良可能是由于散热片堵塞、风扇损坏或转速不足、散热器与电机接触不良等因素导致的。

② 冷却系统故障：冷却系统是确保电机正常散热的关键。冷却系统故障可能是由于冷却液不足、冷却泵损坏、冷却管路堵塞等原因引起的。

③ 电机内部短路：电机内部绕组、接线等部件的短路可能导致电流过大，产生过多热量，从而引发过热现象。

(3) 故障危害

① 电机性能下降：过热会导致电机内部零部件性能下降，如绕组电阻增大、磁钢性能降低等，从而影响电机的整体性能。

② 引发更严重的故障：长时间过热可能导致电机内部零部件损坏，如绕组烧毁、绝缘材料老化等，从而引发更严重的故障。

③ 损坏电机：如果过热现象得不到及时控制，最终可能导致电机烧毁，给车辆造成严重的经济损失和安全隐患。

(4) 解决办法

① 检查散热系统：清理散热片上的灰尘和杂物，确保散热效果良好；检查风扇的运转情况，如有损坏应及时更换；检查散热器与电机的接触情况，确保接触良好。

② 检查冷却系统：确保冷却液充足，检查冷却泵和冷却管路的工作状态，如有损坏应及时更换或维修。

③ 检查电机内部：对电机内部进行检查，排除短路等故障，如有必要可请专业人员进行检修。

3.4.2.3 振动加剧

(1) 故障描述　新能源汽车在行驶过程中，如果异步电机出现振动异常加剧的现象，即振动幅度超过正常范围，且持续或间歇性地出现。这种故障不仅影响电机的正常运行和使用寿命，还可能对车辆的其他部件造成损害。

(2) 故障原因

① 转子不平衡：电机转子在制造或维修过程中可能存在质量分布不均的情况，导致运行时产生不平衡力，进而引发振动加剧。

② 轴承损坏：电机轴承损坏或磨损会导致轴承间隙增大，轴承支撑不稳定，从而引起电机振动加剧。

③ 紧固件松动：电机内部紧固件如螺栓、螺母等如果发生松动，会导致电机内部零部件之间产生间隙，进而引发振动。

(3) 故障危害

① 电机寿命缩短：长期振动加剧会导致电机内部零部件磨损加剧，缩短电机的使用寿命。

② 噪声增大：振动加剧通常伴随着噪声的增大，影响乘客的舒适体验。

③ 对车辆其他部件造成损害：电机振动会传递到车辆的其他部件，如传动系统、悬挂系统等，长期如此可能导致这些部件的损坏或性能下降。

(4) 解决办法

① 检查并平衡转子：对电机转子进行检查，如发现不平衡，应进行平衡处理，确保转子质量分布均匀。

② 更换或维修轴承：如轴承损坏或磨损严重，应及时更换新轴承或进行维修，确保轴承支撑稳定。

③ 紧固松动的紧固件：对电机内部松动的紧固件进行紧固，确保电机内部零部件之间的连接紧密可靠。

④ 检查电机安装情况：检查电机在车辆上的安装情况，确保电机安装牢固、稳定。

3.4.2.4 性能下降

(1) 故障描述 新能源汽车在行驶过程中,如果异步电机出现性能明显下降的现象,如转速降低、扭矩减小等,即表示电机性能已无法满足车辆正常运行的需求。这种故障将直接影响车辆的动力性和驾驶体验,给乘客的出行带来不便。

(2) 故障原因

① 绕组故障:电机绕组可能因为长时间使用、高温、过载等原因导致绝缘层老化、断裂,甚至发生短路或断路现象,从而引发电机性能下降。

② 磁钢退磁:电机磁钢受高温、振动、外部磁场干扰等因素影响,可能导致磁性能减弱或退磁,使电机产生的磁场强度降低,进而造成电机性能下降。

③ 控制器问题:电机控制器是电机正常运行的关键部件,若控制器出现故障,如内部电路损坏、元件老化等,将无法准确控制电机运行,导致电机性能下降。

(3) 故障危害

① 动力性下降:电机性能下降将直接影响车辆的动力性,使车辆加速变慢、爬坡能力降低等,影响乘客的驾驶体验。

② 能耗增加:电机性能下降可能导致电机运行效率降低,使车辆能耗增加,影响车辆的经济性。

③ 安全隐患:若电机性能下降严重,可能导致电机失效或引发其他故障,对车辆的安全性构成威胁。

(4) 解决办法

① 检查绕组:对电机绕组进行检查,发现损坏或老化部分及时更换或修复,确保绕组正常工作。

② 更换磁钢:如磁钢发生退磁现象,应及时更换新磁钢,以恢复电机的磁场强度。

③ 检查并修复控制器:对电机控制器进行检查,若发现故障应及时修复或更换损坏的元件,确保控制器正常工作。

④ 综合调整与校准:在完成上述维修措施后,对电机进行综合调整与校准,以确保电机性能恢复至最佳状态。

3.4.2.5 电流异常

(1) 故障描述 新能源汽车在行驶过程中,如果异步电机出现电流异常现象,如电流过大、波动剧烈等,可能表示电机内部存在潜在问题。这种故障现象需要及时排查和处理,以避免对电机和控制器造成进一步损害。

(2) 故障原因

① 电机内部短路:电机内部绕组、接线等部件的短路可能导致电流异常增大,严重时可能烧毁电机。

② 外部负载过大:车辆行驶过程中,如果外部负载过大,如急加速、爬坡等工况,电机需要输出更大的电流以驱动车辆,但过大的电流可能对电机和控制器造成损害。

③ 控制器故障:电机控制器是控制电机运行的关键部件,如果控制器出现故障,如内部电路损坏、元件老化等,可能导致电机电流控制失稳,产生异常电流。

(3) 故障危害

① 电机损坏：长时间处于异常电流状态下运行，可能导致电机内部温度过高，从而烧毁绕组、损坏磁钢等部件，最终导致电机损坏。

② 控制器失效：控制器故障导致的异常电流可能对控制器本身造成损害，使其失去对电机的控制功能，影响车辆的正常行驶。

③ 安全隐患：异常电流可能导致电机过热、冒烟甚至起火，对车辆和乘客的安全构成威胁。

(4) 解决办法

① 检查电机内部：对电机内部进行仔细检查，若发现短路、接触不良等故障应及时修复。

② 调整外部负载：根据车辆行驶工况，合理调整外部负载，避免电机长时间处于高负荷状态。

③ 更换或修复控制器：如控制器出现故障，应及时更换或修复，确保控制器正常工作。

④ 监测电流状态：在车辆运行过程中，实时监测电机电流状态，若发现异常应及时处理。

3.4.2.6 异味产生

(1) 故障描述　新能源汽车在行驶或静止状态下，电机在运行过程中若散发出异常气味，如烧焦味、塑料味等，即可判断为电机存在异味产生故障。这种异味通常是由电机内部组件的异常状况引起的，是电机故障的一个明显标志，需要驾驶人或维修人员及时察觉并进行检查。

(2) 故障原因

① 电机内部短路：电机内部绕组、接线等部件的短路可能导致电流异常增大，产生高温，进而烧焦绕组或周边材料，释放出烧焦味。

② 绕组烧毁：由于过载、过热或制造缺陷等原因，电机绕组可能烧毁，产生烧焦味。

③ 绝缘材料老化：电机长期运行或受高温、潮湿等环境因素影响，绝缘材料可能老化、变质，散发出塑料味或其他异味。

(3) 故障危害

① 电机损坏：异常气味通常伴随着电机内部组件的损坏，如绕组烧毁、绝缘材料老化等，严重时可能导致电机报废。

② 安全隐患：电机内部短路、绕组烧毁等故障可能导致电机过热、起火，对车辆和乘客的安全构成威胁。

③ 性能下降：电机故障可能导致车辆动力下降、能耗增加等性能问题，影响驾驶体验。

(4) 解决办法

① 停车检查：驾驶人一旦发现电机产生异常气味，应立即停车检查，切断电源，防止故障进一步扩大。

② 检查电机内部：维修人员需对电机内部进行检查，若发现烧焦、烧毁等故障部件，应及时更换或维修。

③ 清洗电机：对电机进行清洗，去除灰尘、油污等杂质，保持电机内部清洁。

④ 更换绝缘材料：如绝缘材料老化，需及时更换新的绝缘材料，确保电机的电气性能

和安全性能。

3.4.2.7 无法启动

(1) 故障描述　新能源汽车在尝试启动电机时，电机无法正常工作，表现为无响应或启动后立即停止，即为电机无法启动故障。此故障可能严重影响车辆的正常运行，需要及时诊断和处理。

(2) 故障原因

① 电源问题：电池电量不足、电池老化、电池管理系统故障等可能导致电机无法正常启动。此外，电源线路连接不良、断路或短路等问题也可能影响电机启动。

② 控制器故障：电机控制器是控制电机运行的核心部件，若控制器出现故障，如内部电路损坏、元件老化、程序错误等，可能导致电机无法接收正确的启动指令，从而无法启动。

③ 电机内部故障：电机内部部件损坏、绕组短路、轴承卡死等也可能导致电机无法启动。此外，电机过热、过载等也可能引发此类故障。

(3) 故障危害

① 车辆无法运行：电机无法启动将直接导致车辆无法行驶，影响乘客的正常出行。

② 安全隐患：若电机无法启动是由于内部短路、过热等原因引起的，可能引发火灾等安全事故，对车辆和乘客的安全构成威胁。

③ 经济损失：电机无法启动将导致车辆无法使用，增加维修成本和时间成本，造成经济损失。

(4) 解决办法

① 检查电源：首先检查电池电量、电池老化程度及电池管理系统状态，确保电源供应正常。同时，检查电源线路连接情况，确保无断路、短路等问题。

② 诊断控制器：使用专业设备对电机控制器进行诊断，检查内部电路、元件等是否正常工作。若发现故障，根据故障类型进行维修或更换。

③ 检查电机内部：若电源和控制器均正常，需对电机内部进行检查。使用专业工具拆卸电机，检查绕组、轴承等部件是否损坏。若发现故障，则进行相应维修或更换。

④ 系统复位：在排除硬件故障后，尝试对电机控制系统进行复位操作，看是否能恢复正常工作。

3.4.2.8 指示灯故障

(1) 故障描述　在驾驶新能源汽车的过程中，若电机故障指示灯异常亮起或无法正常显示，即表示存在指示灯故障。指示灯作为车辆故障的重要提示工具，其故障可能导致驾驶人无法及时了解电机的工作状态，对车辆的正常运行和安全行驶构成潜在威胁。

(2) 故障原因

① 线路问题：指示灯的线路连接不良、断路、短路等电气问题，可能导致指示灯无法正常工作。

② 传感器故障：电机相关的传感器，如温度传感器、转速传感器等，若出现故障，可能导致指示灯接收到的信号异常，从而引发指示灯故障。

③ 控制器故障：电机控制器作为车辆的核心控制部件，若出现故障，可能无法正确判

断电机的工作状态，进而影响指示灯的显示。

④ 指示灯本身故障：指示灯本身可能因老化、损坏等原因，导致无法正常亮起或显示异常。

（3）故障危害

① 驾驶人无法及时了解电机工作状态：指示灯故障可能导致驾驶人无法及时了解电机的工作状态，如过热、过载等异常情况，进而影响驾驶决策。

② 增加故障排查难度：指示灯是车辆故障诊断的重要依据之一，若其出现问题则可能增加故障排查的难度和时间成本。

③ 安全隐患：若电机存在严重故障而指示灯未能及时提示，则可能增加车辆行驶中的安全隐患，对驾驶人和乘客的生命财产安全构成威胁。

（4）解决办法

① 检查线路连接：首先检查指示灯的线路连接情况，确保无断路、短路等电气问题。

② 排查传感器故障：使用专业工具对电机相关传感器进行检查，确保传感器工作正常，信号传输无误。

③ 诊断控制器故障：使用诊断设备对电机控制器进行故障排查，如发现控制器故障，应及时进行维修或更换。

④ 更换指示灯：若指示灯本身出现故障，应及时更换新的指示灯，确保故障得到及时解决。

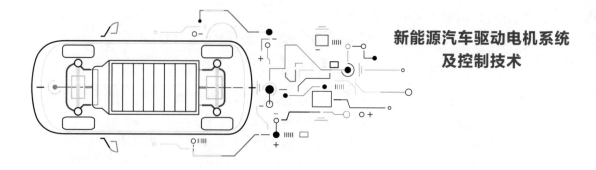

新能源汽车驱动电机系统及控制技术

第4章
电机控制器技术

　　新能源汽车电机控制器技术作为电动汽车动力系统的核心，集成了先进的电力电子、控制算法与智能诊断技术。它精准调控电机输出，确保车辆动力充沛、行驶平稳，并显著提升能源利用效率。随着材料科学、半导体技术的进步，控制器性能不断优化，支持更复杂的工况与更高的安全标准。新能源汽车电机控制器技术的发展，正引领汽车行业的绿色革命，推动全球交通向低碳、智能转型。

4.1 电机控制器的基础知识

4.1.1 电机控制器的功能

电机控制器是新能源汽车的核心控制部件,它负责接收整车控制器的指令,控制驱动电机的转速和转矩,实现车辆的加速、减速、停车等功能。电机控制器不仅具有高效能量转换效率,还能根据车辆行驶状态实时调整电机运行状态,确保车辆安全、稳定、高效地运行。同时,电机控制器还具备故障诊断和保护功能,提高了新能源汽车的可靠性和安全性。

4.1.1.1 电机控制器的功能

电机控制器一般具有以下功能。

(1) 直流到交流的转换 电机控制器首要的功能是将直流电转换为交流电。这是因为电机(尤其是三相交流电机)通常需要交流电来驱动。电机控制器通过内置的逆变器(一种电力电子器件)和复杂的控制逻辑,将输入的直流电转换成频率和电压可调的三相交流电。逆变器通过高速开关半导体器件(如IGBT)的通断,控制电流的方向和大小,从而生成所需的交流电。这种转换是电机正常运行的基础,也是电机控制器最基本的功能。

(2) 电机的正反转控制 电机控制器可以控制电机的正向旋转和反向旋转。这是通过改变输出交流电的相序来实现的。当电机控制器改变输出电流的相序时,电机的磁场方向也会随之改变,从而改变电机的旋转方向。在需要改变电机旋转方向时,电机控制器会迅速切换输出交流电的相序,使电机平滑地过渡到反向旋转状态。

例如,在电动汽车中,当驾驶人想要倒车时,车辆控制系统会向电机控制器发送一个倒车指令。电机控制器接收到这个指令后,会立即改变输出电流的相序,使电机反转,从而驱动车辆向后移动。

(3) 电机输出控制 电机控制器可以精确控制电机的输出,包括转速、扭矩和功率等。它通过接收外部的指令信号(如油门踏板位置、车辆速度等),计算出合适的控制参数,并通过调整输出交流电的频率、电压和相位等,实现对电机输出的精确控制。

例如,当驾驶人踩下电动汽车油门踏板时,车辆控制系统会根据踏板的位置和速度计算出所需的电机转速和扭矩,然后将这些指令发送给电机控制器。电机控制器会根据指令信号调整输出交流电的参数,控制电机的运行状态,从而实现对车速和加速度的精确控制。

(4) 能量回收 在电动汽车等应用中,电机控制器还具有能量回收功能。当车辆减速或制动时,电机控制器可以控制电机工作在发电模式,将车辆的动能转化为电能并储存在电池中。这样不仅可以减少制动系统的负担,还可以提高能量的利用效率。

(5) CAN 通信功能 电机控制器通常具备 CAN 通信功能,可以与车辆中的其他控制单元进行数据交换和通信。通过 CAN 总线,电机控制器可以接收来自车辆控制单元(如整车控制器、电池管理系统等)的指令和数据,并上传自身的状态信息和故障信息。这样,整个车辆系统可以实现协同工作和故障诊断。

(6) 主动放电功能 为了保护电机控制器内部的电力电子器件免受高电压的损害,电机控制器通常具有主动放电功能。在断开电源或关闭车辆时,电机控制器会自动启动放电程序,将内部的电容器和其他储能元件中的电荷释放掉。这可以确保在下次启动时电机控制器处于安全状态,防止因高电压引起的损坏或故障。

(7) 安全保护功能 电机控制器还具有多种安全保护功能,以确保电机系统的安全运行。这些保护功能包括过流保护、过压保护、过热保护、欠压保护等。当电机系统出现异常情况时,如电流过大、电压过高、温度过高或电压过低等,电机控制器会立即启动相应的保护措施,切断或限制输出电流和电压,以防止对电机和系统造成损害。

例如,当电机控制器检测到内部温度超过设定的阈值时,它会立即启动过热保护程序。首先,它会降低输出电流和电压,减少电机的负载和发热量。如果温度仍然持续上升,它会进一步限制输出或完全切断输出,以防止电机控制器因过热而损坏。同时,它还会通过CAN总线向车辆控制系统发送过热警告信号,提示驾驶人或维修人员采取相应的措施。

4.1.1.2 新能源汽车电机控制器的比较

新能源汽车电机控制器的比较见表4-1。

表4-1 新能源汽车电机控制器的比较

项目	纯电动汽车电机控制器	混合动力电动汽车电机控制器	燃料电池电动汽车电机控制器
能量来源	电池组	电池组与燃油发动机	燃料电池
控制策略	最大化电池能量利用率,优化驱动性能	根据驾驶模式和电池状态,智能切换电机与发动机驱动	最大化燃料电池能量转换效率,优化电机驱动
能量回收	支持,回收制动能量并储存于电池中	支持,但回收能量可能用于电池充电或辅助发动机	支持,回收制动能量并转换为氢气储存于燃料电池系统
能源管理	仅管理电池组,确保电池性能与寿命	管理电池组与燃油发动机,优化整体能耗	管理燃料电池系统,确保氢气转换效率与电池性能
通信接口	CAN总线、LIN总线等,与车辆其他系统通信	CAN总线、LIN总线等,与车辆其他系统(包括发动机控制单元)通信	CAN总线、LIN总线等,与车辆其他系统(包括燃料电池管理单元)通信
安全保护功能	过流、过压、过热、欠压等保护	包括BEV的所有保护功能,并增加对内燃机状态的监测与保护	包括BEV的所有保护功能,并增加对燃料电池系统状态的监测与保护
设计复杂度	中等,主要关注电池管理与电机控制	较高,需平衡电池、电机与内燃机的工作状态	较高,需确保燃料电池系统的高效运行与电机控制
成本	适中,因为电池成本略高	较高,因为需同时配备电池与内燃机	较高,因为燃料电池系统成本较高
环境适应性	主要考虑电池温度管理	需考虑电池与内燃机的温度管理	需考虑燃料电池系统与电池的温度管理
发展趋势	提高电池能量密度、延长电池寿命、优化电机控制算法	实现内燃机与电机的高效协同工作,提升整车能效	提高燃料电池系统的转换效率,降低氢气储存与供应成本

4.1.1.3 永磁同步电机控制器和异步电机控制器的比较

永磁同步电机控制器和异步电机控制器的比较见表4-2。

表 4-2 永磁同步电机控制器和异步电机控制器的比较

比较项目	永磁同步电机控制器	异步电机控制器
控制目标	实现高性能的转矩控制和位置控制	实现稳定的转速控制和功率输出
控制方法	矢量控制、直接转矩控制	矢量控制、变频控制
转矩性能	较高,尤其在低速和高负载时	适中,但在某些情况下可能出现转矩脉动
调速范围	宽,适用于各种速度范围	较窄,适用于中高速范围
能量效率	较高,尤其在高效率区域	适中,但在轻载时效率较低
控制系统复杂度	较高,需精确控制永磁体磁场	适中,控制系统相对简单
应用场景	需要高精度转矩和位置控制的场合,如电动汽车驱动、工业伺服等	对转矩脉动不敏感且转速控制需求较大的场合,如水泵、风机等
发展趋势	提高转矩密度、扩大调速范围、降低控制成本	提高能量效率、减少转矩脉动、优化控制算法

通过综合比较,可以看出永磁同步电机控制器和异步电机控制器在控制目标、控制方法、转矩性能、调速范围、能量效率、控制系统复杂度以及应用场景等方面存在显著差异。在选择电机控制器时,应根据具体的应用需求和场景进行权衡和选择。

图 4-1 所示为某企业生产的电机控制器的外部结构。在标准设计中,电机控制器至少具备两对高压接口和一个低压接头。高压输入接口用于将动力蓄电池包中的电能引入,确保控制器有足够的能量驱动电机。高压输出接口则负责将电能传输给驱动电机,同时根据整车控制器的指令调整和控制电机的运行状态。低压接头则是控制器与其他系统交互的桥梁,所有通信信号、传感器数据和低压电源都需要通过此接头连接到整车控制器和动力蓄电池管理系统,以实现整个电动车辆系统的高效协调运行。

(a) 60~80kW　　　　(b) 80~135kW

图 4-1 某企业生产的电机控制器的外部结构

不同新能源电动汽车的电机控制器,其功能是有差异的,在使用前,应阅读其说明书。

4.1.2 电机控制器的组成

电机控制器主要由控制模块、功率转换模块、传感器接口模块、通信接口模块以及保护模块等组成。这些模块共同协作,确保电机的高效、稳定运行。

4.1.2.1 控制模块

电机控制器是电机系统中不可或缺的组成部分,而控制模块作为电机控制器的核心,更是起着举足轻重的作用。控制模块不仅负责接收来自整车控制器或其他控制单元的指令,还要根据这些指令精确地计算出电机所需的电流、电压等参数,从而实现对电机的精确控制。

(1) 控制模块的功能 控制模块是电机控制器的"大脑",主要包括以下功能。

① 指令接收:控制模块通过通信接口接收来自整车控制器或其他控制单元的指令,这些指令通常包括电机的目标转速、转矩、运行方向等。

② 计算与控制:在接收到指令后,控制模块会根据内置的电机控制算法和实时采集的电机状态信息(如电流、电压、温度等),计算出电机所需的电流、电压等参数。这些参数将直接用于驱动电机,实现对电机的精确控制。

③ 故障诊断与保护:控制模块还具备故障诊断与保护功能。当电机或控制器出现异常时,控制模块会立即切断电源或采取其他措施,防止故障进一步扩大,确保系统的安全稳定运行。

(2) 控制模块的特点 控制模块通常采用高性能的数字信号处理器或微控制器,具备以下特点。

① 强大的计算能力:数字信号处理器或微控制器具有高速、高精度的计算能力,能够实时处理大量的数据和控制指令,确保电机的快速响应和精确控制。

② 丰富的外设接口:控制模块通常配备多种外设接口,如 ADC、DAC、GPIO 等,用于与外部设备(如传感器、执行器等)进行通信和数据交换。

③ 实时性要求高:电机控制系统对实时性要求极高,控制模块需要在极短的时间内完成指令的接收、计算和控制输出,以确保电机的稳定运行。

4.1.2.2 功率转换模块

功率转换模块是新能源汽车电机控制系统中的核心部件之一,其主要功能是将直流电源提供的电能转换为交流电能,以满足电机的运行需求。该模块通常由多个功率半导体器件(如 IGBT、MOSFET 等)组成,这些器件具有快速导通和关断的能力,能够在短时间内实现电能的精确控制。

(1) 功率半导体器件介绍

① IGBT(insulated gate bipolar transistor):绝缘栅双极型晶体管是一种电压控制型器件,具有输入阻抗高、驱动功率小、开关速度快、饱和压降低等优点。在新能源汽车中,IGBT 被广泛应用于功率转换模块中,实现直流到交流的转换。

② MOSFET(metal-oxide-semiconductor field-effect transistor):金属氧化物半导体场效应晶体管是一种单极型半导体器件,具有开关速度快、输入阻抗高、驱动功率小等特点。虽然其耐压能力相对 IGBT 较低,但在一些低压大电流的应用场合中,MOSFET 仍然是一种优秀的选择。

(2) 功率转换模块的工作原理 功率转换模块通过控制功率半导体器件的导通和关断来实现电能的转换。当控制器发出指令时,功率转换模块会根据指令快速调整功率半导体器件的状态,从而改变电路中的电流和电压。在新能源汽车中,功率转换模块需要实现高精度、高效率的电能转换,以满足电机的运行需求。

(3) 功率转换模块的性能要求

① 高效率:新能源汽车对能源利用效率有着很高的要求,因此功率转换模块需要具备高效率的特点,以减少能源浪费。

② 高可靠性:新能源汽车需要长时间稳定运行,因此功率转换模块需要具备高可靠性,

能够承受各种恶劣的工作环境。

③ 高精度控制：为了满足电机的运行需求，功率转换模块需要实现高精度控制，以确保电能的稳定输出。

④ 散热性能良好：由于功率半导体器件在工作过程中会产生大量热量，因此功率转换模块需要具备良好的散热性能，以确保器件的稳定运行。

4.1.2.3 传感器接口模块

传感器接口模块作为新能源汽车电机控制系统的重要组成部分，发挥着至关重要的作用。

(1) 传感器接口模块的主要功能

① 传感器连接：传感器接口模块负责连接电机内部的各类传感器，如电流传感器、温度传感器、位置传感器等。这些传感器能够实时监测电机的运行状态，如电流、温度、位置等关键参数，为控制系统提供准确、可靠的数据支持。

② 数据采集与处理：传感器接口模块具备强大的数据采集与处理功能。它能够实时采集传感器数据，并进行必要的处理和分析。通过对数据的处理，该模块能够识别电机的异常状态，如过热、过载等，并将相关信息传递给控制模块。此外，传感器接口模块还能对原始数据进行滤波、放大、转换等处理，以提高数据的准确性和可靠性。

③ 数据通信：传感器接口模块通过通信接口将处理后的数据传输给控制模块。这些数据是控制模块进行电机控制决策的重要依据。通信接口通常采用标准的通信协议，如 CAN 总线、LIN 总线等，以确保数据的快速、准确传输。

(2) 传感器接口模块的特点

① 高效的数据处理能力：传感器接口模块采用先进的数据处理算法和高速的数据处理芯片，能够实时、准确地处理传感器数据。这有助于控制系统快速响应电机的运行状态变化，提高系统的整体性能。

② 高可靠性：传感器接口模块采用高品质的硬件设计和先进的抗干扰技术，能够在恶劣的工作环境下稳定运行。同时，该模块还具备自诊断功能，能够实时监测自身的工作状态，确保数据的准确性和可靠性。

③ 易扩展性：传感器接口模块具有良好的扩展性。随着新能源汽车技术的不断发展，新的传感器类型和功能不断涌现。传感器接口模块能够通过简单的配置和扩展，支持新的传感器类型和功能，满足系统的不断升级需求。

④ 灵活的配置方式：传感器接口模块支持多种配置方式，如硬件配置、软件配置等。用户可以根据实际需求，灵活配置模块的参数和功能，实现个性化定制。这有助于满足不同车型和不同应用场景的需求。

⑤ 标准的接口协议：传感器接口模块通常采用标准的接口协议，如 CAN 总线、LIN 总线等。这使得模块具有良好的通用性和兼容性，能够与各种控制系统进行无缝对接。同时，标准的接口协议也有助于降低系统集成的复杂度和成本。

4.1.2.4 通信接口模块

在新能源汽车的电机控制系统中，通信接口模块是实现系统间通信的核心组件。它负责电机控制器与其他系统（如整车控制器、故障诊断系统等）之间的数据交换，确保信息的快速、准确传输。

(1) 通信接口模块的功能

① 通信协议的支持:通信接口模块通常支持多种通信协议,如 CAN 总线、LIN 总线等,以适应不同系统间的通信需求。这些协议具有高效、稳定、可靠的特点,能够确保信息在系统中的顺畅传输。

② 数据接收与发送:通信接口模块能够接收来自其他系统的指令和数据,如整车控制器的控制指令、故障诊断系统的故障信息等。同时,它也能够将电机控制器的状态信息发送给其他系统,以供其他系统对电机进行监控和管理。

③ 数据缓冲与处理:为了确保数据传输的稳定性和准确性,通信接口模块通常具备数据缓冲和处理能力。在数据接收过程中,模块会将接收到的数据进行存储和处理,以提高系统的响应速度和稳定性。

(2) 通信接口模块的特点

① 高速传输:通信接口模块采用高速通信协议,能够实现信息的快速传输。这有助于确保电机控制器能够实时响应其他系统的指令和数据,提高系统的整体性能。

② 高可靠性:通信接口模块采用稳定的通信协议和可靠的硬件设计,能够确保信息在传输过程中的准确性和完整性。这有助于减少系统故障的发生,提高系统的可靠性和稳定性。

③ 易扩展性:通信接口模块通常支持多种通信协议和接口方式,具有良好的扩展性。随着新能源汽车技术的不断发展,系统间的通信需求也在不断增加。通信接口模块的易扩展性能够满足这些需求,为系统的升级和扩展提供便利。

4.1.2.5 保护模块

在新能源汽车电机控制系统中,保护模块是一个不可或缺的组成部分。它负责监测系统的运行状态,并在电机或控制器出现异常时,迅速采取相应的保护措施,以保证系统的安全稳定运行。

(1) 保护模块的主要功能

① 过流保护:过流保护是保护模块的核心功能之一。当电机或控制器中的电流超过设定阈值时,过流保护功能会立即启动,切断电源或限制电流输出,以防止电机或控制器因电流过大而受损。

② 过压保护:过压保护功能用于监测系统电压是否超出正常范围。当电压过高时,过压保护会切断电源或降低电压输出,以避免电机或控制器因过电压而损坏。

③ 过热保护:过热保护是保护模块的又一个重要功能。它通过监测电机或控制器的温度来判断是否出现过热现象。当温度超过设定阈值时,过热保护会切断电源或启动散热装置,以降低温度并保护电机和控制器免受损坏。

④ 其他保护功能:除了上述三种主要保护功能外,保护模块还可能具备其他保护功能,如欠压保护、短路保护、过载保护等。这些功能可以根据实际需求进行配置和扩展。

(2) 保护模块的特点

① 实时监测:保护模块能够实时监测电机和控制器的运行状态,包括电流、电压、温度等关键参数。这种实时监测能力使得保护模块能够及时发现异常情况并采取相应的保护措施。

② 精确控制：保护模块采用精确的控制算法和高质量的硬件设备，能够实现对电机和控制器的精确控制。这有助于减少误判和误动作的可能性，提高系统的稳定性和可靠性。

③ 快速响应：保护模块具有快速响应的特点。当出现异常情况时，保护模块能够在极短的时间内切断电源或采取其他措施，以避免电机或控制器受到进一步的损坏。

④ 可扩展性：保护模块具有良好的可扩展性。随着新能源汽车技术的不断发展，新的保护需求不断涌现。保护模块可以通过简单的配置和扩展来满足这些新需求，实现系统的不断升级和优化。

⑤ 高可靠性：保护模块采用高品质的硬件设计和先进的抗干扰技术，能够在恶劣的工作环境下稳定运行。同时，它还具有自诊断功能，能够实时监测自身的工作状态并报告异常情况，确保系统的可靠性。

图 4-2 所示为某电机控制器内部结构。

图 4-2　某电机控制器内部结构

4.1.3　电机控制器的工作原理

4.1.3.1　电机控制器的基本原理

电机控制器以 IGBT 模块为核心，辅以驱动集成电路和主控集成电路构成，通常也被称为智能功率模块。其中，IGBT 模块负责实现电能的转换与控制，驱动集成电路负责给 IGBT 栅极加载电压以控制其通断，主控集成电路则负责接收来自车辆控制系统的指令，并根据指令对驱动电机进行精确的控制。

如图 4-3 所示，IGBT 与驱动电机的连接关系体现了电机控制器的基本工作原理。在驱动电机时，直流电通过 C 端（集电极）接入，经过 IGBT 模块后从 U、V、W 三相输出到驱

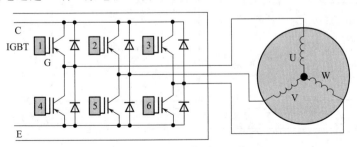

图 4-3　IGBT 与驱动电机的连接关系

动电机。其中，G端（栅极）接控制端，用于接收来自驱动集成电路的电压信号，控制IGBT的通断。

(1) 直流电到交流电的转换　电机控制器通过控制IGBT的通断，实现直流电到交流电的转换。具体来说，当需要向驱动电机提供三相交流电时，控制器会按照特定的规律控制IGBT的通断。

① 若1、6号IGBT导通，其他关断，则电流从U相输入，经1号IGBT，从W相输出。

② 若1、5、6号IGBT导通，其他关断，则电流从U相输入，分别经5、6号IGBT从V、W相输出。

③ 若3、4号IGBT导通，其他关断，则电流从W相输入，经3号IGBT，从U相输出。

④ 若2、3、4号IGBT导通，其他关断，则电流从V、W相输入，经2、3号IGBT从U相输出。

通过控制上述IGBT的通断组合，电机控制器可以生成有规律的三相交流电，进而驱动电机按照一定的规律旋转。

(2) 再生制动与交流电到直流电的转换　在再生制动过程中，驱动电机作为发电机将机械能转化为电能并输出。由于驱动电机是三相的，它发出的也是三相交流电。为了将这部分电能回收到动力蓄电池中，电机控制器需要将三相交流电转换为直流电。

在如图4-2所示的结构中，由于二极管的存在，驱动电机发出的三相交流电在逆变器的作用下会自动转换为直流电。无论电流从驱动电机的哪相流出流入，由于二极管的单向导通性，最终都将从C端口流出逆变器，经E端口流回逆变器，从而保证了逆变器左端始终为直流电。在此过程中，IGBT需要保持关断状态以避免短路等危险情况的发生。

4.1.3.2　纯电动汽车电机控制器实例

图4-4所示为某纯电动汽车电机控制器的连接示意。在该系统中，整车控制器负责根据驾驶人的意图发出各种指令，而电机控制器则负责响应这些指令，并实时调整驱动电机的输

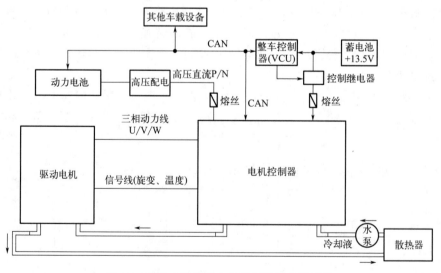

图 4-4　某纯电动汽车电机控制器的连接示意

出，以实现整车的怠速、前行、倒车、停车、能量回收以及驻坡等功能。

(1) 驱动控制 电机控制器通过接收整车控制器的指令，实时调整驱动电机的输出，以实现对整车的控制。无论是怠速、前行、倒车还是停车，电机控制器都能根据指令精确控制电机的转速和扭矩，以满足不同工况下的驾驶需求。

(2) 能量回收 在制动过程中，电机控制器可以实现能量回收功能。当驾驶人踩下制动踏板时，电机控制器会控制电机进入发电模式，将车辆的动能转化为电能并储存在电池中，以提高整车的能量利用率。

(3) 通信功能 电机控制器与整车控制器之间通过通信线路进行信息交换。整车控制器向电机控制器发送指令，同时电机控制器也会将自身的状态信息和故障信息反馈给整车控制器，以实现整车的协调运行和故障诊断。

(4) 保护功能 电机控制器具备完善的保护功能，可以实时监测驱动电机系统的运行状态和故障情况。一旦发现异常情况，如过流、过压、过热等，电机控制器会立即采取相应的保护措施，如切断电源或限制功率输出等，以防止电机系统和整车受到损坏。

(5) 驻坡功能 在坡道上停车时，电机控制器可以通过控制电机的输出，实现驻坡功能。具体来说，当车辆停在坡道上时，电机控制器会控制电机输出一定的扭矩，以克服重力对车辆的影响，防止车辆下滑。

4.1.4 电机控制器的特点

4.1.4.1 新能源汽车电机控制器的优点

(1) 高效能 新能源汽车电机控制器采用先进的控制算法和高效的功率半导体器件，如IGBT（绝缘栅双极型晶体管），能够实现高效的电能转换，降低能量损耗，提高整车能源利用效率。

例如，特斯拉 Model Y 采用了先进的电机控制器设计，集成了 IGBT 等高效的功率半导体器件，这些器件能够在极短的时间内完成电能的高效转换，减少了能量的损失。同时，控制器还搭载了先进的控制算法，精确控制电机的工作状态，确保电能得到最大限度的利用。在实际行驶中，Model Y 的电机控制器能够根据车速、负载和驾驶模式等参数实时调整工作状态，实现最优的能量分配。

(2) 精确控制 电机控制器能够实现精确的电机转速、扭矩和位置控制，从而确保车辆行驶过程中的稳定性和舒适性。此外，通过精确控制，还能实现能量的回收和再利用，提高能量利用率。

例如，某知名电动汽车搭载了先进的电机控制器，能够实现对电机转速、扭矩和位置的精确控制。在行驶过程中，电机控制器能够实时根据路况和驾驶人意图调整电机的运行状态。在需要加速时，控制器迅速提高电机转速和扭矩输出，确保车辆迅速响应；在制动时，控制器则通过精确控制实现能量的回收，将部分动能转化为电能储存于电池中，既提高了能量利用率，又增加了车辆的续航里程。

(3) 高可靠性 电机控制器具备完善的故障诊断和保护功能，如过流、过压、过热等保护，能够有效避免电机和控制系统在异常情况下受损，提高整车的可靠性和安全性。

例如，某款先进的电动汽车的电机控制器拥有完善的故障诊断和保护功能。在实际运行中，电机控制器能够实时监控电机和控制系统的运行状态。当系统出现过流、过压、过热等异常情况时，控制器能够迅速识别并启动相应的保护措施，如降低功率输出、切断电源等，从而有效避免电机和控制系统受损。

（4）强拓展性 电机控制器采用模块化设计，便于不同功率等级、不同控制策略的电机进行适配和升级。同时，通过软件升级和参数调整，可以实现更多的功能和性能优化。

例如，某款先进的电机控制器采用模块化设计理念，使得不同功率等级、不同控制策略的电机都能轻松适配。随着新能源汽车技术的不断进步，车辆性能需求也在不断变化。这款电机控制器凭借其可拓展性，能够轻松应对这些变化。当需要升级或优化电机性能时，用户只需更换相应的功能模块或进行软件升级，即可实现性能的显著提升。

（5）环保节能 新能源汽车电机控制器作为电能转换的核心部件，其高效能和精确控制特性有助于减少能源消耗和排放，降低对环境的污染，符合环保和可持续发展的要求。

例如，某电动汽车的电机控制器通过高效能和精确控制，显著降低了能源消耗。在实际应用中，这款电机控制器通过优化能量转换过程，减少了电能浪费，并精准控制电机运行，使车辆在运行过程中更加节能。同时，通过能量回收技术，该控制器还能在车辆制动时将部分动能转化为电能储存，进一步提高了能源利用效率。

4.1.4.2 新能源汽车电机控制器的缺点

（1）成本较高 电机控制器的制造成本相对较高，主要包括高性能的功率半导体器件、复杂的控制电路和精密的制造工艺等。这导致新能源汽车的成本也相对较高，影响了其市场竞争力。

例如，某新能源汽车品牌的电机控制器采用了先进的 IGBT 技术和复杂的控制电路，确保了高效能和精确控制。然而，这些高性能组件和精细工艺也导致车辆制造成本上升，进而影响了该品牌新能源汽车的市场竞争力，使其在价格敏感的消费者市场面临一定的挑战。

（2）技术门槛高 电机控制器的设计、制造和调试需要高水平的技术团队和先进的设备支持。这要求企业具备较强的技术实力和创新能力，否则难以满足市场需求。

例如，某新能源汽车企业的电机控制器研发团队汇聚了众多行业精英，拥有国际领先的研发设备和实验室。正是这种强大的技术实力和创新能力，使该企业能够持续推出高性能、高可靠性的电机控制器，满足不断升级的市场需求。这也充分说明了电机控制器技术门槛之高，对企业技术实力的要求之严。

（3）依赖外部供应商 电机控制器中的关键部件如 IGBT 等通常依赖外部供应商，这可能导致供应链的不稳定和技术泄露的风险。同时，外部供应商的价格波动和供货能力也可能对电机控制器的成本和交货期造成影响。

例如，某新能源汽车制造商在制造电机控制器时，高度依赖一家国际知名的 IGBT 供应商。然而，当这家供应商面临产能不足或价格波动时，制造商的电机控制器生产成本和交货期都会受到严重影响。更为严重的是，长期依赖单一供应商还增加了技术泄露的风险，可能对企业的技术竞争力构成威胁。

（4）维修和更换成本高 由于电机控制器的复杂性和技术门槛高，一旦发生故障或损坏，其维修和更换成本也相对较高。这增加了车辆的维护成本和用户使用成本。

例如，某新能源汽车品牌的电机控制器在遭受意外撞击后出现故障。由于控制器的复杂性和技术难度，维修过程不仅耗时，而且费用高昂。同时，如果需要更换全新的控制器，成本更是达到了数万元，这无疑增加了车辆的维护成本和用户的经济负担。

(5) 环境影响因素多 电机控制器的工作性能受到多种环境因素的影响,如温度、湿度、电磁干扰等。在恶劣的环境条件下,电机控制器的性能可能会下降或出现故障,影响整车的正常运行。

例如,某地区处于高温天气,新能源汽车在这样的环境下行驶时,电机控制器的散热性能会受到极大挑战。过高的温度可能导致控制器内部元件过热,进而引发性能下降或故障。当电机控制器无法正常工作时,车辆的动力输出和稳定性将受到严重影响,甚至可能引发安全事故。

4.2 电机控制器的测试

4.2.1 电机控制器的功能性测试

功能性测试是验证电机控制器基本功能是否正常的测试项目,这些测试通常涵盖启动与停止、调速、能量管理以及与其他车载系统的通信与接口等方面,具体包括但不限于以下测试项目。

4.2.1.1 电机控制器的启动与停止测试

(1) 测试目的 启动与停止测试旨在验证新能源汽车电机控制器在接收到启动和停止指令时,是否能够正常启动和停止电机,并评估启动和停止过程的平稳性。通过测试,确保电机控制器具备良好的控制精度和稳定性。

(2) 测试方法 启动与停止测试将采用实验室测试和实地测试相结合的方式。在实验室环境下,通过模拟实际工况,使用专业测试设备对电机控制器进行启动和停止测试。在实地测试中,将电机控制器安装在实车上,通过实际行驶验证其启动和停止性能。

(3) 测试工具 启动与停止测试的测试工具如图 4-5 所示。

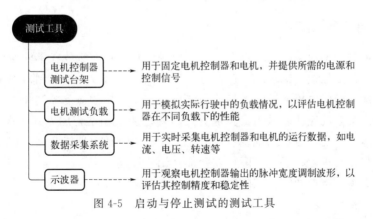

图 4-5 启动与停止测试的测试工具

(4) 测试步骤

① 准备工作:将电机控制器安装在测试台架上,并连接好相关电缆和管路;安装电机测试负载,并设置适当的负载值;连接数据采集系统和示波器,确保能够实时采集和显示测试数据。

② 电机控制器启动测试：给电机控制器发送启动指令，观察电机是否能够正常启动；使用示波器观察电机控制器输出的脉冲宽度调制波形，评估其控制精度和稳定性；记录电机启动过程中的电流、电压、转速等参数，并进行分析。

③ 电机控制器停止测试：给电机控制器发送停止指令，观察电机是否能够平稳停止；评估电机停止过程中的制动效果和电机控制器的响应速度；记录电机停止过程中的电流、电压、转速等参数，并进行分析。

④ 数据分析与评估：对采集的测试数据进行整理和分析，评估电机控制器的启动和停止性能；根据测试结果，评估电机控制器在启动和停止过程中的平稳性，是否满足设计要求。

⑤ 结果记录与报告：记录所有测试数据、测试结果和分析评估，并编写测试报告；测试报告应包括测试目的、测试方法、测试工具、测试步骤、测试数据和结果分析等内容。

(5) 测试结果　表 4-3 为电机控制器的启动与停止实验室测试结果。

表 4-3　电机控制器的启动与停止实验室测试结果

测试序号	启动条件	停止条件	启动时间/ms	启动峰值电流/A	停止时间/ms	停止峰值电流/A	平稳性评估
1	空载启动	正常停止	120	80	100	50	良好
2	50%负载启动	正常停止	135	120	110	60	良好
3	满载启动	正常停止	150	180	120	70	良好
4	空载启动	紧急停止	120	80	80	100	优秀
5	50%负载启动	紧急停止	135	120	90	110	优秀
6	满载启动	紧急停止	150	180	100	130	良好

根据测试结果，电机控制器在接收到启动和停止指令时，能够正常启动和停止电机，并且启动和停止过程的平稳性良好。在不同的负载和启动/停止条件下，电机控制器的表现均达到预期要求，说明其具备良好的控制精度和稳定性。

4.2.1.2　调速功能测试

(1) 测试目的　调速功能测试旨在验证新能源汽车电机控制器在不同速度指令下的调速性能和稳定性，包括加速、减速和匀速运行。通过测试，可以评估控制器在不同速度下的控制精度和稳定性，确保电机能够在各种行驶状态下实现准确的速度控制和优秀的动力响应。

(2) 测试方法　调速功能采用实验室测试和实地测试相结合的方式。在实验室环境下，通过模拟实际工况，使用专业测试设备对电机控制器进行调速性能测试。在实地测试中，将电机控制器安装在实车上，通过实际行驶验证其调速性能。

(3) 测试工具　调速功能测试的测试工具如图 4-6 所示。

(4) 测试步骤

① 准备工作：将电机控制器安装在测试台架上，并连接好相关电缆和管路；安装电机测试负载，并设置适当的负载值；连接数据采集系统和转速传感器，确保能够实时采集和显示测试数据。

② 设定测试条件：设置不同的速度指令序列，包括加速、减速和匀速运行的指令；根据需要，设定不同的负载情况以模拟实际行驶工况。

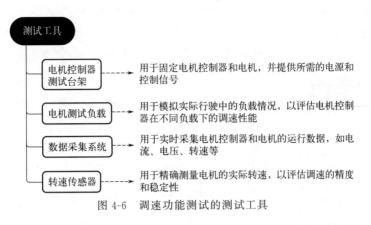

图 4-6　调速功能测试的测试工具

③ 进行调速测试：按照设定的速度指令序列，依次发送指令给电机控制器；使用数据采集系统实时监测并记录电机控制器和电机的运行数据，包括电流、电压、转速等；通过转速传感器精确测量电机的实际转速，并与设定的速度指令进行对比。

④ 数据分析与评估：对采集的测试数据进行整理和分析，计算实际转速与设定速度指令之间的误差；评估电机控制器在加速、减速和匀速运行过程中的控制精度和稳定性；检查电机控制器在不同负载下的调速性能，确保在各种工况下都能实现准确的速度控制。

⑤ 结果记录与报告：记录所有测试数据、测试结果和分析评估，并编写测试报告；测试报告应包括测试目的、测试方法、测试工具、测试步骤、测试数据和结果分析等内容。

(5) 测试结果　表 4-4 为电机控制器的调速功能实验室测试结果。

表 4-4　电机控制器的调速功能实验室测试结果

测试序号	设定转速/(r/min)	加速时间/s	匀速时间/s	减速时间/s	实际峰值转速/(r/min)	允许误差范围/(r/min)	稳定性评估
1	1000	3	5	2	1002	±5	优秀
2	2000	5	10	3	1998	±5	优秀
3	3000	7	15	4	3005	±5	良好
4	2000～1000	—	—	3	1001	±5	优秀
5	3000～2000	—	—	4	2003	±5	良好

从上述测试结果可以看出，在不同速度指令下，电机控制器的实际速度均能较好地匹配设定速度，且误差范围在 ±5r/min 以内，显示出良好的调速性能和稳定性。在加速、减速和匀速运行过程中，电机控制器均能迅速响应并稳定控制电机的转速。

4.2.1.3　能量管理测试

(1) 测试目的　能量管理测试旨在评估新能源汽车电机控制器在能量回收、充电和放电过程中的效率，以及在不同工况下的能量优化管理能力。通过测试，验证控制器是否能高效回收制动能量、提升充电效率、优化放电策略，并在不同工况下实现能量的有效管理。

(2) 测试方法　能量管理测试采用实验室测试和实地测试相结合的方法。在实验室环境下，通过模拟不同工况，使用专业测试设备对电机控制器进行能量回收、充电和放电效率测试。在实地测试中，将电机控制器安装在实车上，通过实际行驶工况验证其在不同工况下的能量优化管理能力。

（3）测试工具 能量管理测试的测试工具如图4-7所示。

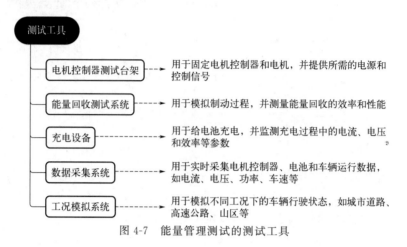

图 4-7 能量管理测试的测试工具

（4）测试步骤

① 准备工作：将电机控制器安装在测试台架上，并连接好相关电缆和管路；安装能量回收测试系统、充电设备和数据采集系统；设定测试参数和模拟工况。

② 能量回收测试：启动工况模拟系统，模拟制动过程；监测并记录能量回收测试系统测量的能量回收效率和性能；分析数据，评估电机控制器在能量回收过程中的效率。

③ 充电效率测试：使用充电设备给电池充电；监测并记录充电过程中的电流、电压和效率等参数；分析数据，评估电机控制器在充电过程中的效率和性能。

④ 放电策略测试：在不同工况下，模拟车辆行驶过程；监测并记录电机控制器、电池和车辆运行数据；分析数据，评估电机控制器在放电过程中的能量管理策略和优化能力。

⑤ 不同工况下的能量管理测试：通过工况模拟系统，模拟不同路况和行驶状态；监测并记录电机控制器、电池和车辆在不同工况下的运行数据；分析数据，评估电机控制器在不同工况下的能量优化管理能力。

⑥ 数据分析与评估：对测试数据进行整理和分析，包括能量回收效率、充电效率、放电策略及不同工况下的能量管理效果等；根据分析结果，评估电机控制器的能量管理性能是否满足要求。

⑦ 结果记录与报告：记录所有测试数据、测试结果和分析评估，并编写测试报告；测试报告应包括测试目的、测试方法、测试工具、测试步骤、测试数据和结果分析等内容。

（5）测试结果 表4-5为电机控制器的能量管理实验室测试结果。

表 4-5 电机控制器的能量管理实验室测试结果

测试阶段	设定工况	能量回收效率/%	充电效率/%	放电效率/%	备注
能量回收	城市道路制动	85	—	—	平均速度30km/h；制动时间5s
能量回收	高速公路制动	90	—	—	平均速度100km/h；制动时间3s

续表

测试阶段	设定工况	能量回收效率/%	充电效率/%	放电效率/%	备注
充电	恒流充电	92	—	—	充电电流 50A；充电时间 30min
放电	城市道路行驶	—	—	95	平均速度 30km/h；行驶时间 10min
放电	高速公路行驶	—	—	93	平均速度 100km/h；行驶时间 5min

从测试结果中可以看出，在能量回收阶段，电机控制器在城市道路和高速公路制动工况下均表现出较高的能量回收效率，有效回收了制动过程中产生的能量。在充电阶段，恒流充电的充电效率达到 92%，表明电机控制器在充电过程中具有较高的能量转换效率。在放电阶段，电机控制器在城市道路和高速公路行驶工况下均表现出较高的放电效率，有效利用了电池中的能量。

4.2.1.4 通信与接口测试

(1) 测试目的　通信与接口测试旨在验证新能源汽车电机控制器与整车控制器、电池管理系统、车载充电机等其他车载系统之间的通信可靠性和接口兼容性。通过测试，确保控制器能够准确地接收和发送数据，与各系统之间实现高效、稳定的通信。

(2) 测试方法　通信与接口测试采用模拟实验和实际测试相结合的方法。首先，在实验室环境下，通过模拟整车控制系统、电池管理系统、车载充电机等车载系统的行为，测试电机控制器与这些系统的通信和接口功能。然后，在实际车辆上进行测试，验证在真实工作环境下，电机控制器与其他车载系统之间的通信和接口是否满足要求。

(3) 测试工具　通信与接口测试的测试工具如图 4-8 所示。

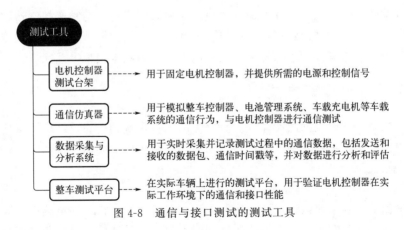

图 4-8　通信与接口测试的测试工具

(4) 测试步骤

① 准备工作：将电机控制器安装在测试台架上，并连接好相关电缆和管路；搭建测试环境，包括整车控制系统、电池管理系统、车载充电机等车载系统的模拟或实际连接；设置测试参数，包括通信协议、通信波特率、通信地址等。

② 通信协议测试：验证电机控制器与整车控制器、电池管理系统、车载充电机等车载

系统之间的通信协议是否一致;发送预设的数据包,检查接收端是否能够正确解析并响应;验证在通信过程中出现错误时,各系统是否能够正确处理和恢复通信。

③ 通信接口测试:验证电机控制器与整车控制器、电池管理系统、车载充电机等车载系统之间的接口类型和接口协议是否一致;检查接口的物理连接是否稳定可靠,如接线是否松动、接触不良等;发送预设的数据包,检查接收端是否能够正确接收并处理数据。

④ 实际工作环境测试:在整车测试平台上进行实际测试,验证电机控制器在实际工作环境下的通信和接口性能;模拟各种工况下的通信和接口使用情况,如启动、加速、减速、停车等;检查在实际工作过程中,电机控制器与整车控制器、电池管理系统、车载充电机等车载系统之间的通信是否稳定可靠,接口是否兼容。

⑤ 数据分析与评估:对测试过程中采集的数据进行分析和评估,包括通信成功率、通信延迟、接口故障率等指标;根据分析结果,评估电机控制器与整车控制器、电池管理系统、车载充电机等车载系统之间的通信和接口性能是否满足要求。

⑥ 结果记录与报告:记录所有测试数据、测试结果和分析评估结果,并编写测试报告;测试报告应包括测试目的、测试方法、测试工具、测试步骤、测试数据和结果分析等内容。

(5) 测试结果 表 4-6 为电机控制器通信与接口实验室测试结果。

表 4-6 电机控制器通信与接口实验室测试结果

测试项目	测试数/次	成功数/次	失败数/次	成功率/%	备注
电机控制器响应整车控制器指令	100	100	0	100	响应时间均小于100ms
电机控制器与电池管理系统数据交换	100	100	0	100	数据内容准确,无丢失
电机控制器与车载充电机数据交换	100	100	0	100	数据内容准确,无丢失

根据测试结果,电机控制器在通信与接口测试中表现出色,与整车控制器、电池管理系统和车载充电机之间的通信稳定可靠,接口兼容性好。电机控制器能够准确接收整车控制器的指令并做出响应,与电池管理系统和车载充电机之间的数据交换准确无误。

4.2.2 电机控制器的性能测试

性能测试主要评估电机控制器在特定条件下的工作表现和性能,这些测试项目包括效率测试、功率输出测试、热性能测试等,具体包括但不限于以下测试项目。

4.2.2.1 效率测试

(1) 测试目的 效率测试旨在评估新能源汽车电机控制器在不同负载和工况下的能量转换效率,以衡量其在整车运行过程中的能量利用效率。通过测试,可以获取控制器在不同条件下的性能数据。

(2) 测试方法 效率测试采用实验室模拟测试和实际道路测试相结合的方式。在实验室环境中,通过模拟不同负载和工况,测试电机控制器的能量转换效率;在实际道路上,通过实车测试验证电机控制器在真实工作环境下的能量利用效率。

① 实验室模拟测试:搭建测试台架,模拟不同负载和工况下的工作条件;使用功率分

析仪、示波器等测试工具,实时记录电机控制器的输入和输出功率、电流、电压等参数;根据测试数据计算能量转换效率,并与设计目标进行对比分析。

② 实际道路测试:在实际道路上选择具有代表性的路段,包括城市道路、高速公路等;使用数据采集系统记录整车在不同工况下的运行数据,包括车速、加速度、电池电量等;通过数据处理和分析,计算电机控制器在实际运行中的能量转换效率。

(3) 测试工具 效率测试的测试工具如图 4-9 所示。

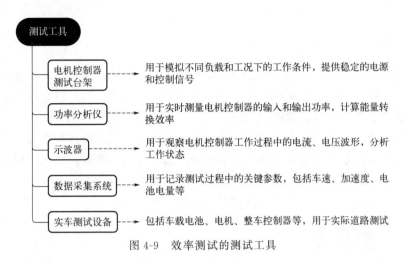

图 4-9 效率测试的测试工具

(4) 测试步骤

① 实验室模拟测试步骤:搭建测试台架,连接电机控制器和测试工具;设置测试参数,包括负载大小、工况类型(如恒速、加速、减速等);开始测试,记录电机控制器的输入和输出功率、电流、电压等参数;测试完成后,计算能量转换效率,并与设计目标进行对比分析。

② 实际道路测试步骤:准备实车测试设备,确保车辆状态良好;选择具有代表性的路段进行测试,并记录测试路线和测试条件;进行实车测试,记录整车在不同工况下的运行数据;测试完成后,对数据进行处理和分析,计算电机控制器在实际运行中的能量转换效率。

(5) 测试结果 表 4-7 为电机控制器效率实验室测试结果。

表 4-7 电机控制器效率实验室测试结果

负载等级	工况	输入功率/kW	输出功率/kW	能量转换效率/%
低	恒速	10.0	9.2	92.0
低	加速	15.0	13.5	90.0
低	减速	8.0	7.0	87.5
中	恒速	20.0	18.0	90.0
中	加速	30.0	26.5	88.3
中	减速	15.0	12.8	85.3
高	恒速	30.0	26.0	86.7
高	加速	40.0	34.0	85.0
高	减速	25.0	20.5	82.0

根据测试数据，可以对控制器的能量转换效率进行评估。从表 4-7 中可以看出，在低、中、高三种不同负载等级下，控制器在恒速工况下的能量转换效率普遍较高，表明控制器在稳定工作状态下的性能良好。在加速和减速工况下，能量转换效率略有下降，这是由于控制器在快速响应负载变化时会产生一定的能量损失。

通过对比不同负载和工况下的数据，可以发现控制器在高负载和加速工况下的能量转换效率相对较低。这提示在后续的研发和优化中，需要关注控制器在高负载和动态工况下的性能提升，以提高整车的能量利用效率。

4.2.2.2 功率输出测试

(1) 测试目的 功率输出测试旨在验证新能源汽车电机控制器在不同转速和负载下的功率输出能力，以确保其能够满足车辆动力性能的要求。通过测试，可以获取控制器在不同工况下的功率输出数据，评估其性能表现。

(2) 测试方法 功率输出测试采用实验室模拟测试的方法，通过控制测试台架的参数设置，模拟不同转速和负载条件，测量并记录控制器的功率输出数据。测试过程中，将按照预设的测试步骤和参数范围进行，以确保测试结果的准确性和可靠性。

(3) 测试工具 功率输出测试的测试工具如图 4-10 所示。

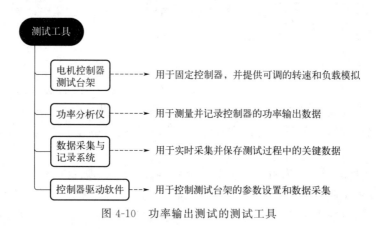

图 4-10 功率输出测试的测试工具

(4) 测试步骤

① 测试准备：安装控制器到测试台架上，并连接好所有必要的测试工具和设备；启动测试软件，并设置测试参数范围，包括转速范围和负载范围。

② 无负载测试：在无负载条件下，逐步提高控制器的转速，并记录每个转速点下的功率输出数据；分析无负载条件下的功率输出特性，确保其在额定转速范围内能够达到设计要求。

③ 负载测试：设定一系列不同的负载值，并在每个负载值下逐步提高控制器的转速；记录每个转速和负载组合下的功率输出数据；分析功率输出随转速和负载变化的趋势，评估控制器在不同工况下的性能表现。

④ 特殊工况测试：根据车辆实际使用场景，设定一些特殊工况条件，如最大加速、最大减速等；在这些特殊工况下测试控制器的功率输出能力，并记录相关数据；分析控制器在特殊工况下的性能表现，评估其是否满足车辆动力性能的要求。

⑤ 测试结束与数据分析：完成所有测试后，关闭测试软件和设备；对测试数据进行整

理和分析，包括绘制功率输出曲线、计算平均功率等；根据测试结果评估控制器的性能表现，并提出改进建议。

(5) 测试结果 表 4-8 为电机控制器功率输出实验室测试结果。

表 4-8 电机控制器功率输出实验室测试结果

序号	转速/(r/min)	负载/(N·m)	功率输出/kW
1	1000	0	5.0
2	2000	0	10.0
3	3000	0	15.0
...	...	...	...
10	1000	100	7.0
11	2000	100	13.0
12	3000	100	18.0
...	...	...	...

通过功率输出测试，全面评估了新能源汽车电机控制器在不同转速和负载下的功率输出能力。测试结果表明，控制器在预设的转速和负载范围内能够稳定地输出所需的功率，并满足车辆动力性能的要求。然而，也发现了一些潜在的优化空间，如进一步提高高负载条件下的功率输出效率等。

4.2.2.3 热性能测试

(1) 测试目的 热性能测试旨在评估新能源汽车电机控制器在高温环境下的散热性能和温度稳定性。通过测试，可以了解控制器在高温条件下的工作状况，确保其不会因为过热而导致性能下降或损坏。

(2) 测试方法 热性能测试采用实验室模拟测试的方法，通过搭建模拟高温环境的测试系统，对控制器进行长时间的高温运行测试。测试过程中，将监控控制器的温度变化情况，并评估其散热性能和温度稳定性。

(3) 测试工具 热性能测试的测试工具如图 4-11 所示。

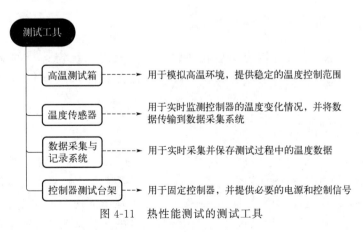

图 4-11 热性能测试的测试工具

(4) 测试步骤

① 测试准备：将控制器安装在测试台架上，并连接好所有必要的测试工具和设备；设

定高温测试箱的温度范围,确保测试过程中温度保持稳定;启动数据采集与记录系统,并设置适当的采样频率。

② 初始温度测试:在测试开始前,记录控制器的初始温度,作为测试的基准值。

③ 高温运行测试:将控制器放入高温测试箱中,开始测试;在测试过程中,不断监测并记录控制器的温度变化情况;根据需要,可以调整测试箱的温度或控制器的负载条件,以模拟不同的工作场景。

④ 散热性能测试:评估控制器的散热性能,包括散热器的设计、风扇的转速等因素对温度的影响;通过调整散热器的结构或风扇的转速,观察控制器温度的变化情况,以找到最佳的散热方案。

⑤ 温度稳定性测试:在测试结束后,保持高温测试箱的温度不变,继续监测并记录控制器的温度变化情况;评估控制器在高温环境下长时间运行时的温度稳定性,以确保其不会因为过热而导致性能下降或损坏。

⑥ 测试数据分析:对测试过程中采集的温度数据进行整理和分析,包括绘制温度曲线、计算温度波动范围等;根据测试结果评估控制器的散热性能和温度稳定性,并提出改进建议。

(5) 测试结果 表 4-9 为电机控制器热性能实验室测试结果。

表 4-9 电机控制器热性能实验室测试结果

时间/min	0	5	10	15	⋯	55	60	65	70	⋯	115	120
控制器温度/℃	室温	55	60	65	⋯	78	79	80	80	⋯	89	80

从测试数据中可以看出,控制器在高温测试箱内的温度逐渐上升,但在测试开始后的第 60min 左右,控制器的温度稳定在 80℃ 左右,并在此后的测试过程中保持稳定。这表明控制器在高温环境下具有较好的散热性能和温度稳定性,能够有效防止因过热导致的性能下降或损坏。

根据测试结果,可以认为该控制器在高温环境下能够保持良好的散热性能和温度稳定性,符合设计要求。然而,为了进一步提高控制器的性能,还可以考虑对散热系统进行优化,如增加散热片面积、提高风扇转速等。

4.2.3 电机控制器的可靠性测试

可靠性测试是为了评估电机控制器在各种条件下长时间稳定运行的能力,这些测试项目包括环境适应性测试、耐久性测试和电磁兼容性测试等,具体包括但不限于以下测试项目。

4.2.3.1 环境适应性测试

(1) 测试目的 环境适应性测试旨在评估新能源汽车电机控制器在不同环境温度(高温、低温)、湿度和振动条件下的性能及可靠性。通过模拟各种极端环境条件,测试控制器在恶劣环境下的工作稳定性和适应性,以确保其在各种环境下均能正常工作。

(2) 测试方法 环境适应性测试采用模拟环境条件的实验室测试方法,通过搭建可控的环境测试系统,分别设置不同的温度、湿度和振动条件,对控制器进行性能和可靠性测试。测试过程中,将实时监测并记录控制器的运行数据,包括温度、湿度、振动等参数,以评估控制器在不同环境下的工作稳定性和适应性。

(3) 测试工具 环境适应性测试的测试工具如图 4-12 所示。

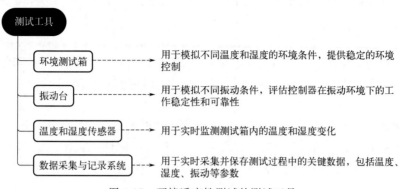

图 4-12 环境适应性测试的测试工具

(4) 测试步骤

① 测试准备：将控制器安装于环境测试箱内，并连接好温度和湿度传感器、数据采集与记录系统；检查并确认测试系统的正常工作状态。

② 高温环境测试：设定环境测试箱的温度为高温值（如 80℃），并等待箱内温度稳定；启动控制器，实时监测并记录其温度、湿度等参数；在高温环境下持续运行控制器至预定时长（如 2h），观察并记录其性能和可靠性表现。

③ 低温环境测试：设定环境测试箱的温度为低温值（如 -40℃），并等待箱内温度稳定；重复步骤②的测试过程，观察并记录控制器在低温环境下的性能和可靠性表现。

④ 湿度环境测试：设定环境测试箱的湿度至预设的高湿值（如相对湿度 90%），并等待箱内湿度稳定；重复步骤②的测试过程，观察并记录控制器在高湿环境下的性能和可靠性表现。

⑤ 振动环境测试：将控制器安装于振动台上，并设置不同频率和振幅的振动条件；启动控制器，实时监测并记录其在振动环境下的温度、湿度等参数；在不同振动条件下持续运行控制器至预定时长（如 1h），观察并记录其性能和可靠性表现。

⑥ 数据分析与总结：对测试过程中采集的数据进行整理和分析，包括温度、湿度、振动等参数的变化趋势和控制器的性能表现；根据测试结果评估控制器的环境适应性，并提出改进建议。

(5) 测试结果 表 4-10 为电机控制器环境适应性实验室测试结果。

表 4-10 电机控制器环境适应性实验室测试结果

环境条件	测试时长/h	平均温度/℃	平均相对湿度/%	振动参数/(Hz/mm)	控制器状态
高温(80℃)	2	79～81	30～50	无	正常
低温(-40℃)	2	-41～-39	30～50	无	正常
高湿(相对湿度90%)	2	20～30	85～95	无	正常
振动(50Hz/2mm)	1	室温	30～50	50/2	正常

通过环境适应性测试，全面评估了新能源汽车电机控制器在不同环境温度（高温、低温）、湿度和振动条件下的性能及可靠性。测试结果表明，控制器在各种环境下均能保持良好的工作稳定性和适应性，未出现性能下降或损坏现象。

4.2.3.2 耐久性测试

（1）测试目的 耐久性测试旨在通过模拟长时间运行和恶劣工况，评估新能源汽车电机控制器的使用寿命和可靠性。测试旨在确保控制器在长期使用和恶劣工作环境下仍能保持稳定的性能及可靠性。

（2）测试方法 耐久性测试采用模拟长时间运行和恶劣工况的方法，通过搭建可控的测试系统，模拟控制器在长时间工作和恶劣环境下的使用情况。测试过程中，将实时监测并记录控制器的运行数据，包括温度、电流、电压等关键参数，以评估控制器的性能和可靠性。

（3）测试工具 耐久性测试的测试工具如图 4-13 所示。

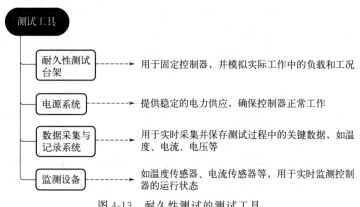

图 4-13 耐久性测试的测试工具

（4）测试步骤

① 测试准备：将控制器安装于耐久性测试台架上，并连接好电源系统和数据采集与记录系统；检查并确认测试台架、电源系统和数据采集与记录系统的正常工作状态。

② 模拟工况设置：根据控制器的实际使用情况和要求，设置测试台架的负载和工况，以模拟控制器在实际工作中可能遇到的各种情况；设定测试时长，例如连续运行数百小时至数千小时，以确保控制器在长时间运行下仍能保持稳定的性能。

③ 开始测试：启动测试台架和控制器，开始测试；在测试过程中，实时监测并记录控制器的关键数据，如温度、电流、电压等；定期检查控制器的运行状态，记录任何异常情况或故障。

④ 恶劣工况模拟：在测试过程中，通过调整测试台架的负载和工况，模拟恶劣工作环境下的使用情况，如高温、高湿、高海拔等条件；在这些恶劣条件下，继续监测并记录控制器的运行状态和数据。

⑤ 测试结束与数据分析：完成预设的测试时长后，停止测试；对测试过程中采集的数据进行整理和分析，评估控制器的使用寿命和可靠性；分析控制器的性能衰减情况、故障发生率和原因，以及控制器在不同工况下的表现。

(5) 测试结果 表 4-11 为电机控制器耐久性实验室测试结果。

表 4-11 电机控制器耐久性实验室测试结果

时间/h	温度/℃	负载状态	备注
0	室温正常负载	正常负载	开始测试
12	45	正常负载	
24	50	正常负载	
36	52	正常负载	
48	53	正常负载	开始恶劣工况模拟
49	57	最大负载的 80%	高温、高负载开始
52	60	最大负载的 80%	
56	62	最大负载的 80%	
60	64	最大负载的 80%	
72	58	正常负载	测试结束

从测试数据中可以看出，在长时间连续运行测试阶段，控制器的温度逐渐上升，但在可接受的范围内波动。当进入恶劣工况模拟测试阶段后，控制器的温度明显上升，但仍未超过其设计温度阈值，且在整个测试过程中未出现性能下降或故障现象。根据测试结果，可以认为该控制器在长时间运行和恶劣工况下具有较好的耐久性和可靠性。

4.2.3.3 电磁兼容性测试

(1) 测试目的 电磁兼容性测试旨在评估新能源汽车电机控制器在电磁环境下的抗干扰能力，以确保其在各种电磁干扰条件下能够稳定工作，避免对车辆其他电子系统产生不良影响。

(2) 测试方法 电磁兼容性测试采用国际通用的电磁兼容性测试方法，包括辐射发射测试和辐射抗扰度测试。辐射发射测试用于评估控制器在正常工作状态下产生的电磁辐射是否满足相关标准；辐射抗扰度测试则用于评估控制器在外部电磁辐射干扰下的稳定性和可靠性。

(3) 测试工具 电磁兼容性测试的测试工具如图 4-14 所示。

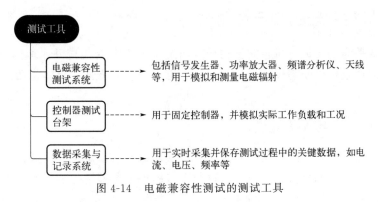

图 4-14 电磁兼容性测试的测试工具

(4) 测试步骤

① 测试准备：将控制器安装于测试台架上，并连接好数据采集与记录系统；检查并确

认测试系统、测试台架和数据采集与记录系统的正常工作状态。

② 辐射发射测试：在测试室中布置合适的电磁辐射监测点和接收天线；启动控制器，并使其处于正常工作状态；使用频谱分析仪测量并记录控制器产生的电磁辐射强度和频率分布；根据测试结果评估控制器是否满足相关辐射发射标准。

③ 辐射抗扰度测试：使用信号发生器和功率放大器产生不同频率和强度的电磁干扰信号；在控制器正常运行时，将电磁干扰信号通过天线辐射至控制器所在位置；在测试过程中，实时监测并记录控制器的关键参数，如电流、电压、频率等；逐渐增加电磁干扰信号的强度和频率，直至控制器出现异常或故障；记录控制器在出现异常或故障时的电磁干扰信号强度和频率，评估其抗干扰能力。

④ 测试数据分析：对辐射发射测试和辐射抗扰度测试过程中采集的数据进行整理和分析；根据相关标准评估控制器的电磁兼容性表现；分析控制器在电磁干扰下的性能衰减情况、故障发生率和原因。

(5) 测试结果 表 4-12 为电机控制器电磁兼容性实验室测试结果。

表 4-12 电机控制器电磁兼容性实验室测试结果

电磁干扰信号频率/MHz	电磁干扰信号强度/(dB·μV/m)	控制器状态	备注
10	50	正常	
50	100	正常	
100	50	正常	
200	200	异常（电流波动）	首次出现异常
300	250	故障（停机）	控制器停止工作

根据电磁兼容性测试结果，评估了新能源汽车电机控制器在电磁环境下的抗干扰能力。在辐射发射测试中，控制器产生的电磁辐射满足相关标准；在辐射抗扰度测试中，控制器在较低频率和强度的电磁干扰下能够正常工作，但在较高频率和强度的电磁干扰下出现了异常和故障。

基于测试结果，建议对控制器进行进一步的电磁兼容性设计和优化，提高其抗干扰能力，确保在实际使用中能够稳定工作，避免对车辆其他电子系统产生不良影响。同时，也建议在实际应用中采取相应的电磁屏蔽和防护措施，降低外部电磁干扰对控制器的影响。

4.2.4 电机控制器的安全性测试

安全性测试是为了验证电机控制器在异常情况下能否及时响应并采取适当的保护措施，这些测试项目包括故障诊断与保护、过载保护、电气安全等方面，具体包括但不限于以下测试项目。

4.2.4.1 故障诊断与保护测试

(1) 测试目的 故障诊断与保护测试旨在模拟新能源汽车电机控制器在实际运行中可能遇到的各种故障情况，如过流、过压、过热等，以验证控制器是否能够准确诊断这些故障并采取相应的保护措施。

(2) 测试方法 故障诊断与保护测试采用模拟故障的方法来检验控制器的故障诊断和保护功能。通过专门的测试设备模拟出控制器可能遇到的故障情况，同时观察控制器的响应和动作，以验证其故障诊断和保护功能的有效性。

(3) 测试工具 故障诊断与保护测试的测试工具如图 4-15 所示。

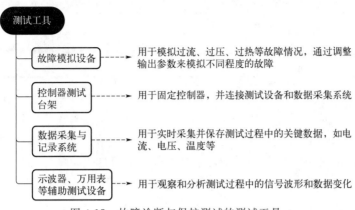

图 4-15 故障诊断与保护测试的测试工具

(4) 测试步骤

① 测试准备：将控制器安装于测试台架上，并连接好数据采集与记录系统；检查并确认测试设备、测试台架和数据采集系统的正常工作状态；设定测试参数，包括模拟故障的类型、程度和时间等。

② 过流故障诊断与保护测试：使用故障模拟设备模拟过流故障，逐渐增加电流输出，直至达到控制器的过流保护阈值；观察控制器的响应，包括是否发出故障警报、是否切断输出电流等；记录测试过程中的关键数据，如故障发生时的电流值、控制器的响应时间等。

③ 过压故障诊断与保护测试：使用故障模拟设备模拟过压故障，逐渐增加电压输出，直至达到控制器的过压保护阈值；观察控制器的响应，包括是否发出故障警报、是否切断输出电压等；记录测试过程中的关键数据，如故障发生时的电压值、控制器的响应时间等。

④ 过热故障诊断与保护测试：使用热源或加热设备对控制器进行加热，模拟过热故障；观察控制器的温度监测功能是否准确，并记录温度数据；当温度达到控制器的过热保护阈值时，观察控制器是否发出故障警报并采取适当的保护措施，如降低功率输出或停止工作；记录测试过程中的关键数据，如温度达到阈值的时间、控制器的响应时间等。

⑤ 测试数据分析与总结：对测试过程中采集的数据进行整理和分析，评估控制器的故障诊断和保护功能的有效性；根据测试结果，分析控制器在故障诊断和保护方面存在的问题与不足，并提出改进建议。

(5) 测试结果 表 4-13 为电机控制器故障诊断与保护实验室测试结果。

表 4-13 电机控制器故障诊断与保护实验室测试结果

故障类型	故障级别	触发值	故障诊断时间/ms	保护措施执行时间/ms
过流	轻微	150A	5	10
过流	中度	180A	4	8
过流	严重	220A	3	5
过压	轻微	380V	8	12
过压	中度	420V	7	10

续表

故障类型	故障级别	触发值	故障诊断时间/ms	保护措施执行时间/ms
过压	严重	460V	6	8
过热	轻微	100℃	20	25
过热	中度	110℃	18	22
过热	严重	120℃	15	20

通过故障诊断与保护测试，验证了新能源汽车电机控制器在模拟的轻微、中度和严重级别的过流、过压、过热故障情况下的响应和保护能力。测试结果表明，控制器能够准确诊断不同级别的故障，并在故障发生时迅速采取相应的保护措施，确保车辆的安全和稳定性。此外，随着故障级别的增加，控制器的故障诊断和保护响应速度也相应加快，显示出了较好的适应性和可靠性。

4.2.4.2 过载保护测试

(1) 测试目的　过载保护测试旨在验证新能源汽车电机控制器在过载情况下的保护能力，确保在电机或控制器受到过大负载时能够及时、有效地采取措施，防止因过载而导致的损坏。

(2) 测试方法　过载保护测试采用模拟过载法，通过逐渐增加负载电流来模拟过载情况，同时监测控制器的响应和保护动作，以评估其过载保护能力。

(3) 测试工具　过载保护测试的测试工具如图4-16所示。

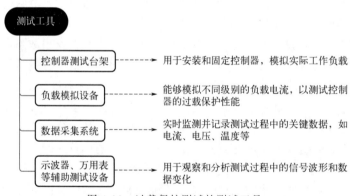

图4-16　过载保护测试的测试工具

(4) 测试步骤

① 测试准备：将控制器安装于测试台架上，并连接好数据采集系统和负载模拟设备；检查并确认测试设备、测试台架和数据采集系统的正常工作状态；设置测试参数，包括过载电流的模拟级别、测试时间等。

② 模拟过载情况：使用负载模拟设备逐渐增加负载电流，以模拟不同程度的过载情况；在每个过载级别下，保持一段时间的稳定负载，以充分模拟实际工作场景。

③ 监测控制器响应：在模拟过载的过程中，使用数据采集系统实时监测并记录控制器的响应情况，包括电流、电压、温度等关键参数的变化；特别注意观察控制器是否发出过载警报，以及是否采取了相应的保护措施，如降低输出电流、切断负载等。

④ 分析测试数据：对采集到的数据进行整理和分析，评估控制器在过载情况下的保护能力；分析控制器在不同过载级别下的响应时间和保护动作的有效性。

⑤ 记录测试结果：将测试过程中的关键数据和观察结果记录在测试报告中，包括过载级别、响应时间、保护动作等；特别注意记录任何异常情况或不符合预期的结果，以便后续分析和改进。

（5）测试结果 表 4-14 为电机控制器过载保护实验室测试结果。

表 4-14 电机控制器过载保护实验室测试结果

过载级别	负载电流/A	响应时间/ms	保护动作
轻微过载	120%额定电流	5	降低输出电流
中度过载	150%额定电流	4	切断负载
重度过载	180%额定电流	3	切断负载并发出警报

通过过载保护测试，验证了新能源汽车电机控制器在模拟的过载情况下的保护能力。测试结果表明，控制器能够准确诊断过载情况，并在不同过载级别下采取相应的保护措施，如降低输出电流或切断负载，以防止电机或控制器受损。同时，控制器的响应时间较快，能够有效应对过载情况，保障整车的安全运行。

4.2.4.3 电气安全测试

（1）测试目的 电气安全测试旨在确保新能源汽车电机控制器在设计、制造和使用过程中均符合相关的电气安全标准和规范，特别关注防触电、接地保护等关键电气安全要求。通过全面严格的测试，提高控制器的电气安全性能，降低因电气故障导致的安全风险，保障用户的生命财产安全。

（2）测试方法

① 绝缘电阻测试：使用绝缘电阻测试仪，测量控制器内部电路与外壳之间的绝缘电阻值，以评估控制器的绝缘性能。

② 耐电压测试：利用耐电压测试仪，对控制器施加高于正常工作电压的电压，以检验控制器的绝缘材料是否能够承受高压而不发生击穿或闪络。

③ 接地电阻测试：使用接地电阻测试仪，测量控制器的接地电阻值，确保接地系统能够有效地将电气故障电流导入大地，减少触电风险。

④ 泄漏电流测试：在控制器正常工作状态下，利用泄漏电流测量仪测量控制器的泄漏电流值，评估控制器的电气安全性。

⑤ 功能安全测试：模拟控制器在异常工作状态下的电气行为，如短路、过流等，以检验控制器是否具备相应的保护措施和故障指示功能。

（3）测试工具 电气安全测试的测试工具如图 4-17 所示。

（4）测试步骤

① 测试准备：搭建测试环境，确保测试场地安全、无干扰；检查测试设备是否校准、工作正常；将控制器安装于测试台架上，并连接好测试设备。

② 绝缘电阻测试：选择合适的测试电压和测试时间；将绝缘电阻测试仪的正负极分别连接到控制器的内部电路和外壳上；启动测试，记录绝缘电阻值，并与标准值进行比较。

③ 耐电压测试：设定测试电压和测试时间；将耐电压测试仪的高压输出端连接到控制

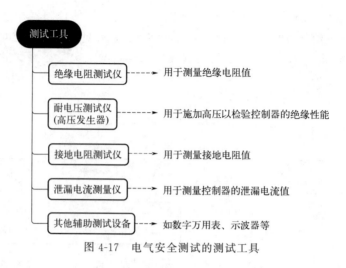

图 4-17 电气安全测试的测试工具

器的内部电路和外壳上;启动测试,观察是否有电气击穿或电弧现象发生。

④ 接地电阻测试:选择合适的测试电流和测试时间;将接地电阻测试仪的电流输出端连接到控制器的接地端,电压测量端连接到接地参考点;启动测试,记录接地电阻值,并与标准值进行比较。

⑤ 泄漏电流测试:设定测试电压和测试时间;将泄漏电流测量仪的测量端连接到控制器的外壳或其他非带电部分;启动测试,记录泄漏电流值,并与标准值进行比较。

⑥ 测试总结与报告:根据测试结果,评估控制器的电气安全性能是否符合相关标准和规范的要求;如有不符合项,需进行原因分析并提出改进措施;编制测试报告,详细记录测试过程、结果和结论。

(5) 测试结果 表 4-15 为电机控制器电气安全实验室测试结果。

表 4-15 电机控制器电气安全实验室测试结果

测试项目	测试条件	测试结果	判定标准	是否合格
绝缘电阻	测试电压 500V;测试时间 1min	1.5MΩ	≥1MΩ	是
耐电压	测试电压 450V;测试时间 1min	无击穿或闪络	无击穿或闪络	是
接地电阻	测试电流 10A	0.08Ω	≤0.1Ω	是
泄漏电流	控制器正常工作状态	0.3mA	≤0.5mA	是
过流保护	模拟过流状态	切断电流,显示故障信息	自动切断电流并显示故障信息	是
过温保护	模拟过温状态	降低功率或关闭并显示故障信息	自动降低功率或关闭并显示故障信息	是
短路保护	模拟短路状态	立即切断电流,显示故障信息	立即切断电流并显示故障信息	是
故障指示与报警	模拟各类故障状态	准确显示故障类型,报警提醒	准确显示故障类型,具备有效报警功能	是

根据上述测试结果,新能源汽车电机控制器的电气安全及功能安全性能均符合相关安全标准和规范。在电气安全方面,控制器的绝缘电阻、耐电压、接地电阻和泄漏电流均满足标

准要求;在功能安全方面,控制器在过流、过温、短路等异常工况下能够正确响应,并具备有效的故障指示与报警功能。在实际使用过程中,建议定期对控制器进行电气安全及功能安全检查和维护,以确保其持续符合相关安全要求。

4.3 电机控制器的故障诊断

4.3.1 电机控制器故障模式及分类举例

新能源汽车电机控制器典型一级故障举例见表4-16。

表4-16 新能源汽车电机控制器典型一级故障举例

序号	零部件名称	故障模式	故障现象
1	控制模块	烧蚀	控制器失去通信能力,电机无法正常工作,可能出现故障码
2	功率转换模块	击穿	控制器内部短路,电机无法启动或工作异常,伴随过热现象
3	电流传感器	短路	控制器无法准确读取电流值,可能导致电机过流保护或性能下降
4	温度传感器	失效	控制器无法监测温度,可能导致过热保护失效,电机损坏
5	母线电容	老化	控制器输出电压波动大,电机工作不稳定,可能出现异响或抖动
6	继电器	粘连	控制器无法正确控制继电器动作,可能导致电机持续工作或无法启动
7	通信接口	失效	控制器与其他系统通信中断,可能导致整车功能受限或失效
8	电源模块	短路	控制器电源故障,可能导致系统整体断电或电机无法启动
9	散热器	堵塞	控制器散热不良,温度过高,可能导致内部元器件损坏
10	电路板	腐蚀	控制器电路板腐蚀,可能导致电路短路或断路,电机工作异常
11	接线端子	松动	控制器内部线路连接不良,可能导致电机工作不稳定或无法启动
12	绝缘材料	老化	控制器内部绝缘性能下降,可能导致短路或漏电,危及安全
13	滤波器	失效	控制器输出波形异常,可能导致电机工作不稳定或产生噪声
14	连接器	脱落	控制器内部连接器脱落,可能导致电路断路,电机无法正常工作
15	保护模块	性能失调	控制器保护功能失效,可能导致电机过流、过热等异常状态无法及时保护

新能源汽车电机控制器典型二级故障举例见表4-17。

表4-17 新能源汽车电机控制器典型二级故障举例

序号	零部件名称	故障模式	故障现象
1	控制板	老化	控制器响应变慢,导致电机控制延迟,影响驾驶性能
2	功率半导体	退磁	功率半导体性能下降,导致电机控制效率降低,能耗增加
3	电流传感器	异常磨损	传感器精度下降,影响电流检测的准确性,可能导致电机保护失效
4	传感器接口电路	短路	传感器信号异常,可能导致电机控制异常或误报故障
5	电源滤波电容	漏电	控制器电源不稳定,可能导致电机控制波动,甚至影响其他系统稳定性
6	通信接口	堵塞	通信不稳定,可能导致信息传输延迟或中断,影响系统协同工作
7	散热风扇	松动	散热效果下降,控制器温度升高,可能导致其他元器件性能下降
8	散热器	腐蚀	散热器性能下降,散热不良,控制器内部温度升高

续表

序号	零部件名称	故障模式	故障现象
9	电路板连接线	脱落	连接线脱落,导致控制器内部某些功能失效或异常
10	电源模块	发热异常	电源模块过热,可能影响其稳定性和寿命,甚至导致控制器失效
11	保护继电器	性能失调	继电器动作异常,可能导致电机控制保护失效,影响系统安全
12	绝缘材料	剥离	绝缘性能下降,可能导致控制器内部元器件间短路,引发安全问题
13	控制器外壳	漏水	控制器内部进水,可能导致电路短路,元器件损坏
14	连接插头	间隙超差	插头接触不良,可能导致信号传输不稳定或中断
15	电源接口	渗水	接口处渗水,可能导致电源不稳定,影响控制器正常工作

新能源汽车电机控制器典型三级故障举例见表4-18。

表4-18 新能源汽车电机控制器典型三级故障举例

序号	零部件名称	故障模式	故障现象
1	控制板	轻微老化	控制器性能略有下降,可能偶尔出现短暂的响应延迟
2	功率电路板	异常磨损	电路板上个别触点或元器件有磨损痕迹,但不影响控制器正常工作
3	温度传感器线束	轻微松动	温度传感器信号偶尔波动,但不影响电机控制
4	电源接口	轻微渗水	电源接口处有轻微水迹,但未导致电源异常或控制器故障
5	散热器风扇	轻微噪声	风扇运转时发出轻微噪声,但散热效果正常
6	继电器触点	轻微烧蚀	继电器触点有轻微烧蚀痕迹,但不影响其正常动作
7	电路板连接线	轻微变形	电路板连接线轻微变形,但未影响信号传输或电气性能
8	滤波器	性能略有下降	滤波器性能略有下降,但对电机控制影响较小
9	通信接口	信号不稳定	通信接口偶尔出现信号不稳定情况,但很快能自行恢复
10	控制器外壳	轻微划痕	控制器外壳有轻微划痕或磨损,但不影响其功能
11	电路板元器件	轻微腐蚀	电路板上个别元器件有轻微腐蚀,但不影响其工作
12	电源滤波电容	轻微漏电	电源滤波电容有轻微漏电现象,但不影响电源稳定性
13	连接器	轻微干涉	连接器在装配过程中有轻微干涉,但不影响其连接效果
14	绝缘材料	轻微剥离	绝缘材料有轻微剥离现象,但绝缘性能仍满足要求
15	电感器	性能波动	电感器性能出现轻微波动,但对电机控制影响较小

新能源汽车电机控制器典型四级故障举例见表4-19。

表4-19 新能源汽车电机控制器典型四级故障举例

序号	零部件名称	故障模式	故障现象
1	控制电路板	轻微老化	控制器性能有细微下降,但不影响正常功能,仅通过诊断工具可察觉
2	温度传感器	性能轻微失调	温度检测有轻微偏差,但不影响整体温度控制
3	连接线束	轻微松动	线束连接处存在轻微松动,但不影响信号传输
4	电感器	轻微性能波动	电感器性能有轻微波动,不影响电机控制精度
5	电源滤波电容	微小漏电	电源滤波电容存在微小漏电,不影响电源稳定性

续表

序号	零部件名称	故障模式	故障现象
6	电路板接口	轻微腐蚀	电路板接口处存在轻微腐蚀,但接触正常,不影响信号传输
7	散热器	轻微积尘	散热器表面有轻微积尘,散热效果略受影响,但未达到清理标准
8	连接插头	轻微磨损	连接插头接触面有轻微磨损,但接触良好,不影响信号传输
9	继电器	接触面轻微氧化	继电器接触面有轻微氧化,但不影响其动作
10	指示灯	轻微闪烁	指示灯偶尔出现轻微闪烁,但不影响故障指示功能
11	风扇叶片	轻微变形	风扇叶片存在轻微变形,但不影响散热效果
12	绝缘层	轻微磨损	绝缘层有轻微磨损,但绝缘性能仍满足要求
13	电容	轻微老化	电容存在轻微老化,性能略有下降,但不影响正常使用
14	控制盒	轻微划痕	控制盒表面有轻微划痕,但不影响防护性能
15	电路板焊点	轻微氧化	电路板焊点有轻微氧化,但连接正常,不影响电路工作

请注意,以上故障列表仅供参考,实际故障情况可能因不同品牌、型号的电机控制器而有所差异。在故障诊断和维修过程中,应根据实际情况进行判断和处理。

4.3.2 电机控制器的典型故障分析

4.3.2.1 电机无法启动

(1) 故障描述 在新能源汽车启动或加速过程中,电机无法响应来自控制器的指令,导致车辆无法启动或无法加速。此故障现象直接影响车辆的正常行驶,甚至可能导致车辆无法移动。

(2) 故障原因

① 电池电压不足:电池电量低或电池老化导致电压输出不足,无法满足电机启动或加速所需的能量。

② 控制器电源供应故障:电机控制器的电源线路存在问题,如断路、短路或接触不良,导致控制器无法正常工作。

③ 控制器与电机之间的连接问题:控制器与电机之间的连接线束可能存在断路、短路或接触不良等问题,导致控制信号无法传输到电机。

④ 电机故障:电机本身出现故障,如内部短路、绕组烧毁、转子卡滞等,导致无法接收并执行控制信号。

(3) 故障危害

① 安全隐患:电机无法启动或加速可导致车辆无法正常行驶,增加交通事故的风险。

② 用户体验下降:车辆无法正常启动或加速,影响驾驶人的使用体验。

(4) 解决办法

① 检查电池电压:使用电压表检测电池电压,如电压不足,需充电或更换电池。

② 检查控制器电源供应:检查控制器的电源线路,确保线路连接牢固、无断路、短路或接触不良现象。

③ 检查控制器与电机之间的连接:检查控制器与电机之间的连接线束,确保连接牢固,无断路、短路或接触不良现象。

④ 检查电机状态：使用专业工具检查电机内部状态，如电机故障，需更换电机或维修电机。

4.3.2.2 电机抖动或异响

(1) 故障描述 在新能源汽车的电机运行过程中，若出现非正常的抖动或异响，则表明电机或相关系统可能存在问题。这种抖动或异响不仅影响驾驶人的驾驶体验，还可能对车辆的安全运行造成威胁。

(2) 故障原因

① 电机内部损坏：电机内部的零部件，如转子、定子或绕组等，若发生损坏或松动，可能会导致电机在运行时出现抖动或异响。

② 电机轴承磨损：电机轴承是支撑电机旋转的重要部件，若轴承磨损或损坏，将直接影响电机的运行稳定性，从而产生抖动或异响。

③ 电机与控制器之间的匹配问题：若电机与控制器之间的匹配存在问题，如控制信号传输不畅或参数设置不当等，也可能导致电机在运行时出现抖动或异响。

④ 控制器输出信号异常：电机控制器的输出信号直接控制电机的运行，若控制器的输出信号异常，如信号波动过大或失真等，也可能导致电机出现抖动或异响。

(3) 故障危害

① 安全隐患：电机抖动或异响可能导致车辆失控，增加交通事故的风险。

② 驾驶体验下降：异常的抖动和异响会干扰驾驶人的注意力，降低驾驶体验。

③ 车辆寿命缩短：长期的抖动或异响可能导致其他部件的损坏，缩短车辆的使用寿命。

(4) 解决办法

① 检查电机内部：对电机进行拆解检查，查看是否存在零部件损坏或松动，如有必要，则进行更换或修复。

② 更换电机轴承：若电机轴承磨损或损坏，应及时更换新的轴承。

③ 调整电机与控制器之间的匹配：重新调整电机与控制器的匹配参数，确保信号传输畅通且参数设置正确。

④ 修复或更换控制器：若控制器的输出信号异常，应检查控制器的内部电路和元器件，找出故障点并进行修复或更换。

4.3.2.3 控制器过热

(1) 故障描述 在新能源汽车运行过程中，若控制器温度异常升高，甚至达到或超过其正常工作温度范围，发出过热警报，则表明控制器可能存在过热故障。过热故障不仅影响控制器的正常工作，还可能对车辆的安全性和可靠性产生严重影响。

(2) 故障原因

① 控制器散热不良：控制器散热设计不合理、散热片灰尘积累过多、散热风扇故障等原因可能导致控制器散热不良，进而导致控制器温度异常升高。

② 长时间高负荷工作：新能源汽车在长时间高速行驶、爬坡或重载等情况下，控制器需要承受较大的负荷，长时间高负荷工作可能导致控制器温度升高。

③ 控制器内部元器件老化或损坏：控制器内部元器件老化或损坏可能导致其性能下降，电阻增大，从而产生更多的热量，使得控制器温度升高。

(3) 故障危害

① 控制器损坏：过高的温度可能导致控制器内部元器件损坏，影响控制器的正常工作。

② 系统性能下降：过热故障可能导致控制器性能下降，影响车辆的动力性能、续航能力等。

③ 安全隐患：控制器过热可能引发火灾等安全事故，对车辆和人员安全造成威胁。

(4) 解决办法

① 检查散热系统：检查控制器散热风扇是否正常工作，散热片是否清洁，如有必要，进行清洁或更换。

② 降低负荷：在车辆运行过程中，尽量避免长时间高负荷工作，合理安排行驶计划，降低控制器负荷。

③ 更换控制器：若控制器内部元器件老化或损坏，无法修复，需要更换新的控制器。

4.3.2.4 控制器故障灯亮起

(1) 故障描述 在新能源汽车使用过程中，若控制器上的故障指示灯亮起，则通常表示控制器内部存在某种故障，需要驾驶人或维修人员注意并进行相应的检查与修复。故障指示灯的亮起可能会伴随着车辆性能下降或安全隐患，因此必须及时采取措施。

(2) 故障原因

① 控制器内部电路故障：控制器内部电路短路、断路或元器件损坏等，都可能导致故障指示灯亮起。

② 传感器信号异常：与控制器相连的传感器出现故障，如信号失真、传感器损坏等，也可能导致控制器故障灯亮起。

③ 电源供应问题：控制器电源线路存在断路、短路或电压不稳定等问题，可能导致控制器无法正常工作，进而引发故障指示灯亮起。

④ 通信故障：控制器与其他系统模块之间的通信出现问题，如通信线路故障、通信协议不匹配等，也可能导致故障指示灯亮起。

(3) 故障危害

① 车辆性能下降：控制器故障可能导致车辆动力系统、电池管理系统等无法正常工作，进而影响车辆的加速性能、续航里程等。

② 安全隐患：控制器故障可能导致车辆在某些关键时刻无法做出正确响应，如刹车失灵、转向失控等，从而增加交通事故的风险。

(4) 解决办法

① 检查控制器电源：确保控制器电源线路连接牢固，无断路、短路或电压不稳定等问题。

② 检查传感器信号：使用专业工具检查与控制器相连的传感器信号是否正常，如有异常需及时更换或修复。

③ 检查控制器内部电路：对控制器进行拆解检查，查看内部电路是否存在短路、断路或元器件损坏等问题，必要时进行修复或更换。

④ 检查通信线路：检查控制器与其他系统模块之间的通信线路是否正常，如有故障需及时修复或更换。

4.3.2.5 车辆动力不足

(1) 故障描述 新能源汽车在行驶过程中,若出现动力不足的现象,表现为加速缓慢或无法达到预期的行驶速度,则不仅影响驾驶的舒适度,也可能对驾驶安全构成潜在威胁。

(2) 故障原因

① 电机控制器输出功率不足:电机控制器是新能源汽车动力系统的核心部件,负责控制电机的运行。若控制器出现故障或老化,可能导致其输出功率不足,进而影响车辆的加速性能。

② 电池性能下降:电池是新能源汽车的能量来源,若电池性能下降,如电量不足、内阻增大等,将导致电池输出的电流和电压降低,从而影响电机的运行效率和车辆的加速性能。

③ 车辆传动系统故障:传动系统包括变速器、传动轴、差速器等部件,若其中任何一个部件出现故障或损坏,都可能影响车辆的传动效率,导致动力不足。

(3) 故障危害

① 驾驶体验下降:动力不足会直接影响驾驶的舒适度和流畅性,给驾驶人带来不便。

② 安全隐患:在需要快速加速或超车的情况下,动力不足可能导致驾驶人无法及时响应,增加交通事故的风险。

③ 车辆价值降低:长时间的动力不足会加速车辆的老化过程,降低车辆的使用寿命和残值。

(4) 解决办法

① 检查电机控制器:对电机控制器进行检测和诊断,确认其工作状态和输出功率是否正常。如有问题,及时进行修复或更换。

② 检查电池性能:对电池进行充放电测试,检查其电量、内阻等性能参数。如电池性能下降严重,可考虑更换新电池。

③ 检查传动系统:对传动系统的各个部件进行检查和测试,确认其是否正常运行。如有故障或损坏,及时进行修复或更换。

4.3.2.6 能耗异常增加

(1) 故障描述 在新能源汽车行驶过程中,如果观察到能耗异常增加,即电池消耗电量增多,而车辆的续航里程却明显减少,则可能表示车辆能源管理系统存在某些问题。

(2) 故障原因

① 电机控制器效率低下:电机控制器是新能源汽车驱动系统的核心,若控制器效率低下,无法高效地将电能转化为机械能,将导致能耗增加。

② 电池能量转换效率低:电池作为新能源汽车的能量存储单元,其能量转换效率直接影响车辆的能耗。若电池性能下降或老化,能量转换效率将降低,导致能耗增加。

③ 车辆负载过大:车辆负载包括乘客、货物以及车载设备等。若车辆负载过大,将增加车辆行驶时的阻力,使电机需要消耗更多的能量以维持车速,从而导致能耗增加。

(3) 故障危害

① 续航里程减少:能耗异常增加将直接导致车辆续航里程减少,影响车辆的正常使用。

② 行驶成本增加:由于需要更频繁地充电或更换电池,车辆的行驶成本将增加。

③ 环境影响：能耗增加可能导致更多的温室气体排放，对环境造成不利影响。

(4) 解决办法

① 检查电机控制器：对电机控制器进行检测和维修，确保其处于高效工作状态。若控制器损坏严重，可考虑更换新的控制器。

② 检测和更换电池：对电池进行检测，确定其能量转换效率。如电池性能下降严重，应及时更换新电池，以提高能量转换效率。

③ 减轻车辆负载：尽量减少不必要的负载，以降低车辆行驶时的阻力，从而减少能耗。

4.3.2.7 车速与仪表显示不符

(1) 故障描述　在新能源汽车使用过程中，驾驶人可能会发现实际车速与车辆仪表盘上显示的车速存在明显差异，即实际车速高于或低于仪表显示的车速。这种不一致性可能对驾驶体验和行车安全产生不利影响。

(2) 故障原因

① 车速传感器故障：车速传感器负责检测车轮的转速，并将其转换为车速信号。若传感器损坏或受到干扰，可能导致其发送的车速信号不准确，进而造成仪表显示车速与实际车速不符。

② 控制器对车速信号的处理异常：车辆控制器负责接收车速传感器发送的信号，并对其进行处理以得出实际车速。若控制器出现故障或程序异常，可能导致其对车速信号的处理不准确，进而引起仪表显示车速与实际车速不符。

③ 仪表显示故障：仪表盘负责显示车速等车辆信息。若仪表盘本身存在故障或程序异常，可能导致其无法正确显示车速信息，造成与实际车速不符的现象。

(3) 故障危害

① 驾驶体验下降：车速与仪表显示不符会影响驾驶人对车辆速度的判断和控制，降低驾驶的舒适度和流畅性。

② 行车安全隐患：当驾驶人依赖仪表显示的车速进行驾驶时，若实际车速与显示车速存在较大差异，可能导致驾驶人在需要紧急制动或超车时判断失误，增加交通事故的风险。

(4) 解决办法

① 检查车速传感器：对车速传感器进行检查和测试，确认其是否正常工作。如有问题，及时更换或修复传感器。

② 检查控制器：对车辆控制器进行检测和诊断，查看其是否存在故障或程序异常。如有需要，对控制器进行修复或更换。

③ 检查仪表盘：对仪表盘进行检查和测试，确认其显示功能是否正常。如有问题，及时修复或更换仪表盘。

4.3.2.8 车辆行驶中突然熄火

(1) 故障描述　在新能源汽车行驶过程中，车辆突然失去动力，无法正常行驶，这种情况被称为"突然熄火"。这种故障可能导致驾驶人失去对车辆的控制，对行车安全构成严重威胁。

(2) 故障原因

① 电机控制器内部故障导致电机失电：电机控制器是新能源汽车驱动系统的核心部件，

负责控制电机的运转。若电机控制器内部出现故障，可能导致电机失电，车辆失去动力。

② 电池管理系统故障导致电池断电：电池是新能源汽车的能量来源，电池管理系统负责监测和管理电池的状态。若电池管理系统出现故障，可能导致电池无法正常供电，从而引起车辆突然熄火。

③ 车辆安全保护机制触发：新能源汽车通常配备有多种安全保护机制，如过热保护、过充保护、过放保护等。当车辆检测到异常情况时，安全保护机制可能会自动触发，导致车辆断电熄火。

（3）故障危害

① 安全隐患：车辆在行驶过程中突然熄火，驾驶人可能失去对车辆的控制，增加交通事故的风险。

② 影响交通：在交通繁忙的路段，车辆突然熄火可能导致交通拥堵，影响其他车辆的行驶。

（4）解决办法

① 检查电机控制器：对电机控制器进行检查，确认是否存在故障。如有故障，应及时更换或维修电机控制器。

② 检查电池管理系统：对电池管理系统进行检查，确认电池状态是否正常。如有异常，应更换或修复电池，并对电池管理系统进行调试。

③ 检查安全保护机制：检查车辆的安全保护机制是否触发。如触发，应查明触发原因，并采取相应的措施解决问题。

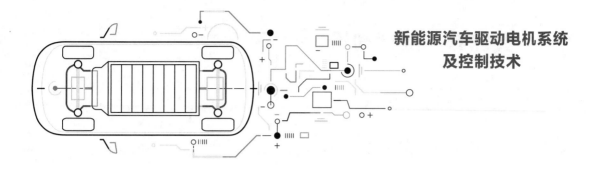

第5章
变速器及电驱动系统技术

新能源汽车变速器及电驱动系统技术是推动汽车行业绿色转型的关键力量。该系统通过高集成度设计，将电机、变速器及控制器紧密融合，实现动力输出的精准调控与高效转换。其无级变速特性，消除了传统燃油汽车换挡顿挫，提升了驾驶平顺性。同时，电驱动系统的高效能、低噪声特点，进一步增强了新能源汽车的竞争力，促进了全球汽车产业的可持续发展。

5.1 变速器的基础知识

5.1.1 变速器的基本要求

5.1.1.1 新能源汽车变速器的基本要求

随着新能源汽车技术的快速发展，变速器作为新能源汽车动力传动系统的重要组成部分，其性能优劣直接影响到整车的动力性、经济性以及驾驶舒适性。因此，对新能源汽车变速器提出一系列基本要求，以确保其能够满足现代新能源汽车的使用需求。

(1) 高效能传动 新能源汽车变速器需要实现高效能传动，以最大限度地减少能量损失，提高整车的能量利用率。这要求变速器在传递动力时具有较低的传动损失，同时在变速过程中能够迅速、平稳地完成换挡，以减少能量损耗和提高动力响应。

例如，某款新能源汽车采用的自动变速器，在车辆启动和低速行驶时采用较大的传动比，以提高转矩输出；在高速行驶时采用较小的传动比，以提高行驶效率。同时，该变速器在换挡过程中能够迅速、平稳地完成，减少动力中断和顿挫感，提升驾驶舒适性。

(2) 宽广的速比范围 为了适应不同路况和驾驶需求，新能源汽车变速器需要具备宽广的速比范围。通过调整速比，可以使车辆在不同速度下都能保持最佳的动力性能和燃油经济性。同时，宽广的速比范围也有助于提高车辆的爬坡能力和加速性能。

例如，某款新能源汽车采用的两挡变速器，在高速挡下能够提供较低的传动比，以实现高速行驶和降低能耗；在低速挡下则能提供较高的传动比，以满足爬坡和加速等需求。这种设计使得车辆在不同速度下都能保持最佳的动力性能和燃油经济性。

(3) 可靠性与耐久性 新能源汽车变速器必须具有较高的可靠性和耐久性，以保证车辆在复杂工况和长期使用中仍能保持稳定的性能。这要求变速器在设计和制造过程中采用高质量的材料和先进的工艺，同时经过严格的测试和验证，以确保其能够在各种环境下稳定运行。

例如，某款新能源汽车变速器在设计和制造过程中，充分考虑了热传导和散热性能的优化。通过在关键部位设置散热片和风扇等散热装置，有效降低了变速器的温度，提高了其可靠性和耐久性。

(4) 轻量化和紧凑化 为了提高新能源汽车的整体性能和燃油经济性，变速器需要实现轻量化和紧凑化设计。轻量化可以减少车辆的能耗和排放，而紧凑化则有助于降低车辆的空间占用和制造成本。因此，在变速器设计和制造过程中，需要采用先进的材料和工艺，以实现轻量化和紧凑化目标。

例如，某款新能源汽车变速器采用铝合金材料制造，相比传统钢材具有更轻的重量和更高的强度。同时，该变速器在结构设计上进行了优化，使得整体结构更加紧凑，减少了空间占用和制造成本。

(5) 智能化控制 随着智能化技术的发展，新能源汽车变速器需要具备智能化控制功能。通过集成先进的传感器和控制系统，变速器可以实时监测车辆的运行状态和环境变化，并根据这些信息自动调整速比和换挡策略，以实现最优的动力性能和燃油经济性。同时，智能化控制还可以提高车辆的驾驶舒适性和安全性。

例如，某款新能源汽车变速器配备了自适应换挡策略控制系统。该系统通过实时监测车辆的行驶状态和环境条件等信息，自动调整换挡策略以适应当前情况。在市区拥堵路况下自动采用较低速比以提高燃油经济性；在高速公路上则采用高速挡以降低能耗和噪声。

(6) 节能环保 新能源汽车变速器在设计和制造过程中需要注重节能环保。这包括采用低能耗、低排放的材料和工艺，以及优化变速器的结构和控制策略，以减少能量损失和排放。此外，变速器还需要具备回收能量的功能，以进一步提高整车的能量利用率和燃油经济性。

例如，某款新能源汽车变速器配备了能量回收系统。在车辆制动或减速过程中，该系统能够将部分动能转化为电能并储存起来供后续使用。这不仅提高了整车的能量利用率，还减少了环境污染和碳排放量。

5.1.1.2 新能源汽车变速器和燃油汽车变速器的比较

新能源汽车变速器和燃油汽车变速器的比较见表5-1。

表5-1 新能源汽车变速器和燃油汽车变速器的比较

比较项目	新能源汽车变速器	燃油汽车变速器
动力来源	电池驱动电机	燃油发动机
传动方式	电机直接驱动或通过减速器驱动	液力传动系统或齿轮传动
速比范围	宽广，适应不同速度和负载	相对较窄，满足常规行驶需求
换挡方式	电机控制，无机械换挡冲击	离合器配合齿轮啮合，有换挡冲击
智能化控制	高度集成智能控制系统，优化动力输出和能效	传统控制系统，响应较慢
能量回收	具备能量回收功能，提高能效	无此功能
节能环保	无尾气排放，节能环保	存在尾气排放，影响环境
可靠性	结构相对简单，维护成本低	结构复杂，维护成本高
轻量化设计	轻量化材料和设计，减少能耗	材质较重，能耗较高
适配性	适配各种电机类型和电池系统	适配特定发动机型号
噪声和振动	噪声和振动较小	噪声和振动较大

5.1.1.3 不同类型新能源汽车变速器的比较

不同类型新能源汽车变速器的比较见表5-2。

表5-2 不同类型新能源汽车变速器的比较

项目	纯电动汽车变速器	混合动力电动汽车变速器	燃料电池电动汽车变速器
变速器类型	固定速比或电子无级变速器	自动变速器/无级变速器/双离合变速器/多速比电子无级变速器	固定速比或电子无级变速器
工作原理	电机直接驱动或通过减速器驱动车轮	内燃机与电机协同工作，通过变速器调节动力输出	电机直接驱动或通过减速器驱动车轮
传动效率	高	中等	高

续表

项目	纯电动汽车变速器	混合动力电动汽车变速器	燃料电池电动汽车变速器
结构复杂性	较低,结构相对简单	较高,需兼容内燃机和电机两种动力	结构类似纯电动汽车变速器
维护成本	低,无复杂机械结构	中等,需维护内燃机和变速器	低,无复杂机械结构
驾驶体验	平顺,加速响应快	平顺,加速响应取决于变速器调校	平顺,加速响应快
能量消耗	较低,直接驱动	适中,内燃机和电机协同工作	较低,直接驱动
环境适应性	高,不受温度影响	中等,受内燃机影响	高,不受温度影响
噪声水平	低,电机运行噪声小	中等,受内燃机噪声影响	低,电机运行噪声小
成本	中等	较高	较高,技术相对新颖
市场普及度	逐步提升	稳步发展	初期阶段,市场渗透率低

5.1.2 变速器的主要类型

5.1.2.1 固定速比变速器

固定速比变速器是一种采用固定传动比的变速器,它能够直接将电机的动力传递给车轮,无须复杂的变速机构。

(1) 固定速比变速器的特点 固定速比变速器的主要特点是其传动比固定不变。这意味着在车辆行驶过程中,无论车速如何变化,电机的输出转速与车轮的转速之间的比值始终保持恒定。这种设计简化了变速器的结构,降低了制造成本,并且提高了能量传递效率。

(2) 固定速比变速器的工作原理 固定速比变速器的工作原理相对简单。当电机启动时,其输出动力通过变速器直接传递给车轮。由于变速器具有固定的传动比,因此电机的转速和车轮的转速之间存在固定的比例关系。这种关系保证了车辆在特定工况下的稳定性和动力性。

(3) 固定速比变速器的应用优势

① 结构简单:固定速比变速器没有复杂的变速机构,使得整个传动系统更加简洁,降低了制造成本和维护难度。

② 成本低廉:由于结构简单,因此固定速比变速器的制造成本相对较低,有利于降低整车的成本。

③ 能量传递效率高:由于没有中间传动环节,固定速比变速器的能量传递效率较高,有助于提高车辆的续航里程。

(4) 固定速比变速器的局限性 尽管固定速比变速器在某些方面具有优势,但其局限性也不容忽视。其中最主要的问题是固定速比变速器无法实现复杂工况下的动力调节。在高速行驶或复杂路况下,车辆需要更高的动力性能和变速范围来应对各种挑战。然而,由于固定速比变速器的传动比固定不变,它无法满足这些需求。因此,固定速比变速器在高速行驶和复杂路况下的应用受到限制。

图 5-1 固定速比变速器

图 5-1 所示为固定速比变速器。

5.1.2.2 电子无级变速器

电子无级变速器作为一种先进的变速器技术,通过电子控制实现无级变速,为新能源汽车提供了更加优越的驾驶体验和能源利用效率。

(1) 电子无级变速器的特点 电子无级变速器是一种利用电机和电池组特性,通过电子控制实现无级变速的变速器类型,主要包括以下特点。

① 无级变速:电子无级变速器能够实现连续的变速范围,没有传统变速器的固定挡位限制,使得车辆在不同速度下都能保持最佳的驱动状态。

② 高效节能:由于采用了电子控制和优化算法,电子无级变速器能够更精确地控制电机的转速和转矩,从而提高能量利用效率,降低能耗。

③ 平稳舒适:由于电子无级变速器的无级变速特性,变速过程中无须频繁换挡,从而避免了换挡冲击和顿挫感,提高了驾驶的平稳性和舒适性。

④ 智能控制:电子无级变速器配备了先进的电子控制系统,能够根据车辆的行驶状态、驾驶人的驾驶意图以及外部环境的变化,自动调整变速策略,实现智能化的驾驶体验。

(2) 电子无级变速器的工作原理 电子无级变速器的工作原理基于电机和电池组的特性。当驾驶人踩下油门踏板时,电子控制系统会接收到加速信号,并根据车辆的当前状态计算出所需的电机转速和转矩。然后,电子控制系统会向电机发送控制指令,调整电机的转速和转矩,从而实现变速。同时,电子控制系统还会实时监测电池组的状态,确保电池组在安全、高效的范围内工作。

(3) 电子无级变速器的应用优势

① 适应城市拥堵环境:电子无级变速器具有宽广的变速范围和平稳的变速特性,特别适用于城市内拥堵和低速行驶的环境。在这种环境下,电子无级变速器能够保持车辆的平稳行驶,提高驾驶的舒适性和安全性。

② 提高能源利用效率:电子无级变速器通过电子控制和优化算法,能够更精确地控制电机的转速和转矩,从而提高能源利用效率。此外,电子无级变速器还可以实现能量回收和动力再生功能,进一步降低能耗。

③ 智能化驾驶体验:电子无级变速器配备了先进的电子控制系统,能够实现智能化的驾驶体验。驾驶人只需要简单地操作油门踏板和方向盘,就能够轻松地驾驶车辆,应对各种复杂的驾驶环境。

图 5-2 所示为电子无级变速器。

图 5-2 电子无级变速器

5.1.2.3 多速比变速器

多速比变速器通过设置多个固定的传动比，使车辆能在不同的速度和工况下保持较佳的动力性能。

(1) 多速比变速器的特点　多速比变速器最显著的特点是其具有多个固定的传动比。这些传动比根据车辆的实际行驶工况进行预先设计，以确保在不同速度下车辆的动力性能和经济性能达到最佳。与固定速比变速器相比，多速比变速器具有更广泛的适应性和更高的效率；而与传统变速器相比，多速比变速器在换挡的平顺性和驾驶的舒适性方面也具有显著优势。

(2) 多速比变速器的工作原理　多速比变速器的工作原理基于多个齿轮组之间的配合。这些齿轮组通过不同的齿数比例，实现不同传动比之间的切换。当车辆需要加速或减速时，变速器控制系统会根据当前车速、加速踏板位置和电池组状态等信息，选择最合适的传动比进行切换。通过这种方式，多速比变速器能够确保车辆在不同速度和工况下都能保持最佳的动力性能。

(3) 多速比变速器的应用优势

① 高效的动力性能：多速比变速器通过设置多个传动比，使车辆能够在不同速度下保持较佳的动力性能。这有助于提高车辆的加速性能和最高车速，同时降低能耗。

② 广泛的适应性：多速比变速器能够适应不同的行驶工况和路况，包括城市道路、高速公路和山区道路等。这使得新能源汽车在复杂多变的实际环境中具有更强的竞争力。

③ 平顺的换挡体验：与传统的变速器相比，多速比变速器在换挡过程中更加平顺，减少了顿挫感和冲击感，提高了驾驶的舒适性和安全性。

(4) 多速比变速器面临的挑战　尽管多速比变速器在新能源汽车中具有显著的优势，但其结构相对复杂、成本较高的特点也带来了一些挑战。

① 多速比变速器的设计和制造需要较高的技术水平及生产成本，这可能会限制其在新能源汽车中的广泛应用。

② 多速比变速器的维护和保养也相对复杂，需要专业的技术人员进行操作，增加了使用成本。

③ 随着新能源汽车技术的不断发展和完善，一些新型的传动系统如电子无级变速器等也逐渐展现出优势，对多速比变速器构成了竞争压力。

图 5-3 所示为多速比变速器。

图 5-3　多速比变速器

5.1.2.4 混合动力变速器

混合动力变速器是混合动力电动汽车中特有的变速器类型。它结合了内燃机和电机的动力源,通过复杂的变速机构实现动力传递和调节。混合动力变速器作为混合动力电动汽车的核心部件之一,其设计和性能直接影响到整车的动力性、经济性和排放性。

(1) 混合动力变速器的特点

① 多动力源协同:混合动力变速器能够同时接收和传递内燃机和电机的动力,实现两种动力源的协同工作。

② 复杂的变速机构:为了满足不同工况下的动力需求,混合动力变速器需要设计复杂的变速机构,以实现动力的有效传递和调节。

③ 高效节能:混合动力变速器能够根据不同工况下的需求,优化动力分配,降低能耗,提高整车效率。

④ 动力强劲:在需要高动力输出的工况下,混合动力变速器能够同时利用内燃机和电机的动力,提供强劲的动力支持。

(2) 混合动力变速器的工作原理 混合动力变速器的工作原理主要涉及动力源的切换、动力的传递和调节等方面。具体而言,当车辆需要加速或爬坡时,混合动力变速器会同时利用内燃机和电机的动力,提供足够的动力输出;而在高速行驶或匀速行驶时,混合动力变速器则会更多地利用电机的动力,降低油耗和排放。此外,混合动力变速器还需要根据电池组的状态和驾驶人的驾驶意图等因素,实时调整动力分配策略,以实现最优化的性能表现。

(3) 混合动力变速器的应用优势

① 提高整车效率:混合动力变速器能够根据不同工况下的需求,优化动力分配,降低能耗,提高整车效率。

② 降低排放:在混合动力变速器的协调下,内燃机和电机的动力能够得到有效利用,从而降低排放水平。

③ 提升驾驶体验:混合动力变速器能够提供平稳、连贯的动力输出,提升驾驶的舒适性和平稳性。

④ 增强车辆适应性:混合动力变速器能够适应不同路况和驾驶需求,为车辆提供灵活多变的动力支持。

(4) 混合动力变速器的技术挑战

① 复杂性高:混合动力变速器需要同时考虑内燃机和电机的特性,设计复杂的变速机构和控制系统,以满足不同工况下的需求。

② 成本高:由于混合动力变速器的复杂性和技术难度较大,其制造成本也相对较高。

③ 维护和保养难度大:混合动力变速器的结构复杂,需要专业的技术人员进行维护和保养,增加了使用成本。

图 5-4 所示为混合动力变速器。

图 5-4 混合动力变速器

5.1.3 单挡变速器

5.1.3.1 单挡变速器的特点

单挡变速器是纯电动汽车传动系统中的重要组成部分,具有以下主要特点。

(1) 结构简单 单挡变速器仅由两级齿轮传动组成,相比多速比变速器,其结构更为简洁,降低了制造成本和维护难度。

(2) 成本低廉 由于结构简单,单挡变速器的制造成本相对较低,有助于降低整车的成本。

(3) 传动效率高 单挡变速器在设计时注重提高传动效率,减少能量损失,使纯电动汽车在行驶过程中能够充分利用电能,提高续航里程。

5.1.3.2 单挡变速器的结构

单挡变速器主要由两级齿轮传动组成,其中第二级齿轮传动集成差速器。这种设计既简化了传动系统的结构,又实现了动力的合理分配。

(1) 第一级齿轮传动 第一级齿轮传动负责将电机的动力传递到第二级齿轮传动。通常,这一级传动采用直齿圆柱齿轮或斜齿圆柱齿轮,以实现平稳、高效的传动。

(2) 第二级齿轮传动(集成差速器) 第二级齿轮传动集成了差速器,将动力分配到左右两侧的车轮上。差速器的作用是调整左右车轮之间的转速差,以适应车辆在转弯时的行驶需求。集成差速器的设计进一步简化了传动系统的结构,提高了传动效率。

5.1.3.3 单挡变速器的减速机构

单挡变速器的减速机构主要有两种基本结构:圆柱齿轮减速和行星齿轮减速。

(1) 圆柱齿轮减速 圆柱齿轮减速是通过不同齿数的圆柱齿轮相互啮合来实现减速的。这种减速机构结构简单、制造方便,适用于低速、大转矩的传动系统。在纯电动汽车中,圆柱齿轮减速通常用于电机与第一级齿轮传动之间的减速。

(2) 行星齿轮减速 行星齿轮减速是利用行星轮系实现减速的。它由一个中心轮(太阳轮)、若干个行星轮和一个内齿圈(环形轮)组成。通过调整这些齿轮之间的齿数比和相对位置关系,可以实现不同的减速比。行星齿轮减速具有传动效率高、结构紧凑、承载能力大等优点,在纯电动汽车传动系统中得到广泛应用。

图 5-5 所示为单挡变速器的减速机构形式。

(a) 圆柱齿轮减速　　(b) 行星齿轮减速

图 5-5　单挡变速器的减速机构形式

5.1.3.4 博格华纳的单挡变速器

图 5-6 所示为博格华纳的单挡变速器,它采用了独特的结构设计,具有 2 级减速、4 个(2 对)齿轮、3 根轴、6 个轴承以及一套 P 挡驻车机构。这款变速器专为新能源汽车设计,以满足其高效、平稳的动力传递需求。

图 5-6 博格华纳的单挡变速器

博格华纳的单挡变速器具有以下技术特点。

(1) 2 级减速设计 该变速器采用 2 级减速设计,通过两级齿轮传动实现减速功能。这种设计可以在保证传动效率的同时,降低电机转速,提高车轮转矩,从而满足车辆在各种工况下的动力需求。

(2) 4 个(2 对)齿轮 变速器内部采用 4 个(2 对)齿轮进行传动。每对齿轮都经过精密加工和匹配,以确保传动的平稳性和可靠性。同时,齿轮的材质和热处理工艺也经过优化,以提高其耐磨性和使用寿命。

(3) 3 根轴 变速器中共有 3 根轴,分别用于连接电机、齿轮和车轮。这些轴经过精确设计和制造,以承受高转矩和高速旋转的要求。同时,轴的材质和热处理工艺也经过优化,以提高其强度和耐久性。

(4) 6 个轴承 为了支撑和固定这些轴,变速器中采用了 6 个轴承。这些轴承能够承受高速旋转和重载的要求,同时保证传动的精度和平稳性。轴承的材质和润滑方式也经过优化,以延长其使用寿命。

(5) P 挡驻车机构 变速器还配备了一套 P 挡驻车机构。当车辆停车时,P 挡驻车机构能够将车轮锁定在位置上,防止车辆滑动或移动。这种设计可以提高车辆的安全性和稳定性。

该变速器的传动比为 6.54 或 9.07。这两个传动比的选择是根据车辆的具体需求和设计目标来确定的。在低速行驶或爬坡等工况下，可以选择较大的传动比（如9.07）以提高车轮转矩；在高速行驶时，可以选择较小的传动比（如6.54）以降低电机转速和提高传动效率。

博格华纳单挡变速器中的驻车机构如图5-7所示。

图5-7 博格华纳单挡变速器中的驻车机构

博格华纳单挡变速器中的差速器如图5-8所示。

图5-8 博格华纳单挡变速器中的差速器

5.1.3.5 高尔夫纯电动汽车同轴单挡变速器

图5-9所示为高尔夫纯电动汽车的同轴单挡变速器，它采用独特的同轴布局设计，配合三相电流驱动的永磁同步电机，构成一个高效的传动单元。这种设计取消了传统的换挡机构，使得车辆在改变驱动方向时仅需要通过电机反转实现，无须进行任何机械操作。因此，减速增扭成为这款变速器设计的核心任务。

高尔夫纯电动汽车的同轴单挡变速器采用了二级圆柱齿轮减速设计。一级传动比为 $2.704(Z_1=27；Z_2=73)$，二级传动比为 $3.609(Z_1=23；Z_2=83)$，总传动比达到了 9.759。这种设计能够在保证传动效率的同时，有效降低电机的转速，从而增加车轮的转矩输出。

（1）一级减速齿轮分析 一级减速齿轮的传动比为2.704，通过小齿轮（$Z_1=27$）和大齿轮（$Z_2=73$）的配合实现减速效果。这种设计能够有效减少动力损失，提高传动效率。

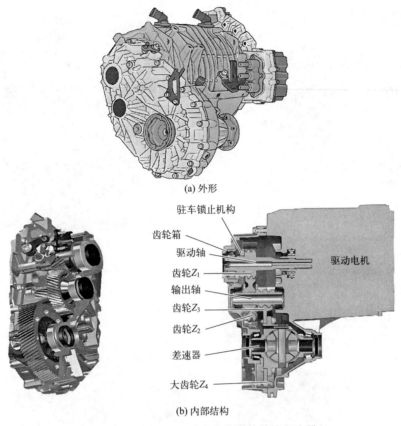

图 5-9　高尔夫纯电动汽车的同轴单挡变速器

同时,一级减速齿轮的齿数比选择也考虑了电机的特性,以保证动力输出的平滑性和稳定性。

(2) 二级减速齿轮分析　二级减速齿轮的传动比为 3.609,同样通过小齿轮 ($Z_1=23$) 和大齿轮 ($Z_2=83$) 的配合实现进一步减速。二级减速齿轮的设计能够进一步降低电机的转速,同时增加车轮的转矩输出。这种设计使得车辆在低速行驶时能够获得更大的牵引力,提高车辆的爬坡能力和通过性。

(3) 总传动比分析　通过一级和二级减速齿轮的配合,高尔夫纯电动汽车的同轴单挡变速器实现了总传动比为 9.759 的高效减速效果。这种设计使得电机能够在较宽的转速范围内高效工作,同时保证了车轮在不同工况下都能获得足够的转矩输出。

高尔夫单挡变速器中的驻车机构如图 5-10 所示,采用机械驻车机构,锁止棘爪卡在挡块上,限制驱动轴的旋转,从而阻止纯电动汽车的移动。

高尔夫单挡变速器的机油润滑如图 5-11 所示,其内部有机油收集盒。

5.1.3.6　雪佛兰 Bolt 同轴单挡变速器

图 5-12 所示为雪佛兰 Bolt 同轴单挡变速器,它采用同轴设计,即输入轴与输出轴处于同一轴线上,这一设计有效简化了传动结构,提高了传动效率。该变速器的传动比为 7.05,适用于雪佛兰 Bolt 纯电动汽车的动力需求,为车辆提供了稳定且高效的动力传输。

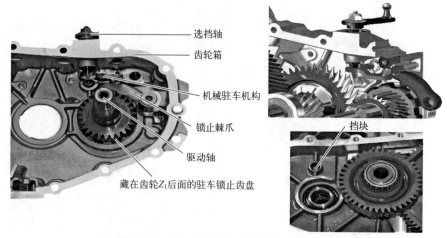

图 5-10 高尔夫单挡变速器中的驻车机构

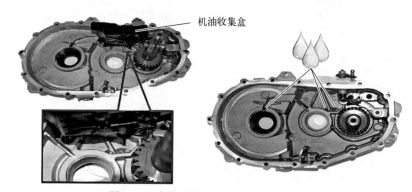

图 5-11 高尔夫单挡变速器的机油润滑

雪佛兰 Bolt 同轴单挡变速器具有以下技术特点。

(1) 同轴设计 同轴设计使得输入轴和输出轴在同一轴线上，减少了动力传递过程中的能量损失，提高了传动效率。同时，同轴设计也使得变速器的结构更加紧凑，减轻了整车的重量。

(2) 单挡传动 雪佛兰 Bolt 同轴单挡变速器采用单挡传动设计，无须复杂的换挡机构，简化了驾驶操作。同时，单挡传动也使得变速器在整个工作过程中都能保持较高的传动效率。

(3) 传动比优化 该变速器的传动比经过精心优化，确保车辆在不同工况下都能获得合适的动力输出。传动比为 7.05，既保证了车辆的动力性能，又确保了行驶的平稳性和舒适性。

(4) 与驱动电机的匹配 雪佛兰 Bolt 同轴单挡变速器与驱动电机之间实现了良好的匹配，确保了动力的高效传递。同时，变速器的设计也考虑到了电机的特性，确保了电机在高效工作区间内运行。

雪佛兰 Bolt 同轴单挡变速器具有以下应用优势。

(1) 高效传动 同轴单挡变速器的高效传动设计，确保了雪佛兰 Bolt 纯电动汽车在行驶过程中能够充分利用电机的动力输出，提高了整车的能源利用效率。

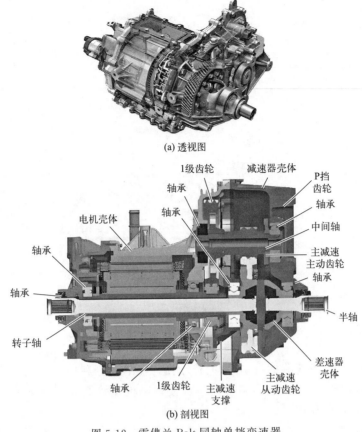

图 5-12 雪佛兰 Bolt 同轴单挡变速器

(2) 简化驾驶操作 单挡传动设计使得驾驶人无须频繁换挡，简化了驾驶操作，提高了驾驶的便捷性和舒适性。

(3) 提升驾驶性能 经过优化的传动比和与驱动电机的良好匹配，使得雪佛兰 Bolt 在加速、爬坡等工况下都能获得稳定且高效的动力输出，提升了整车的驾驶性能。

(4) 轻量化设计 同轴设计使得变速器结构紧凑、重量轻，有助于减轻整车的重量，降低能耗。

5.1.3.7 吉凯恩同轴单挡变速器

图 5-13 所示为吉凯恩同轴单挡变速器，它采用先进的同轴设计，实现了输入轴与输出轴的同轴布局，大大简化了传动结构，提高了传动效率。该变速器拥有 10.0 的传动比，可承受的峰值功率达 64kW，输出端转矩高达 2000N·m，同时保持了 96% 的高效率。此外，吉凯恩同轴单挡变速器还配备了电子断开差速器，能够灵活切断驱动电机的动力，为电动汽车提供了更加智能、灵活的动力控制方案。

吉凯恩同轴单挡变速器具有以下技术特点。

(1) 同轴设计 吉凯恩同轴单挡变速器采用同轴设计，使得输入轴与输出轴处于同一轴线，有效缩短了传动路径，减少了能量损失，提高了传动效率。同时，同轴设计也使得变速器结构更加紧凑，减轻了整车的重量，提高了车辆的性能。

(a) 变速器解剖图

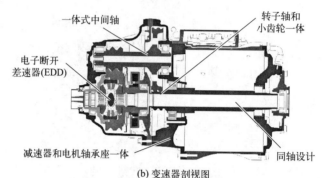

(b) 变速器剖视图

图 5-13　吉凯恩同轴单挡变速器

(2) 高传动比　该变速器拥有 10.0 的传动比，能够充分利用电机的动力输出，提升车辆的爬坡能力和加速性能。同时，高传动比也使得电机在较低的转速下就能提供足够的动力，有助于延长电机的使用寿命。

(3) 强承载能力　吉凯恩同轴单挡变速器能够承受高达 64kW 的峰值功率和 2000N·m 的输出端转矩，能够满足电动汽车在各种复杂工况下的动力需求。

(4) 高效率　该变速器实现了 96% 的高效率，有效降低了能量在传动过程中的损失，提高了电动汽车的续航里程。

(5) 电子断开差速器　吉凯恩同轴单挡变速器配备了电子断开差速器，能够根据驾驶需求和车辆状态灵活切断驱动电机的动力。这一功能不仅有助于提升车辆的驾驶安全性，还能在特定工况下降低能量消耗，提高车辆的经济性。

吉凯恩同轴单挡变速器工作原理如图 5-14 所示，采用同轴设计，仅有一个挡位，无须复杂的换挡装置。该变速器通过两级齿轮组将驱动电机的转矩传递到与电机同心的差速器上，再由此传递到左右两个半轴上，驱动车辆行驶。其独特的"一上一下"同轴布置形式，

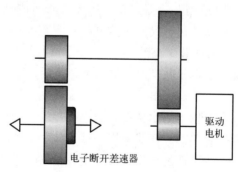

图 5-14　吉凯恩同轴单挡变速器工作原理

使得变速器尺寸更小，安装空间需求更小。

(1) 驱动电机转矩传递 当驱动电机启动时，其产生的转矩首先通过第一级齿轮组向上传递到平行轴上。第一级齿轮组由一个大齿轮和一个小齿轮组成，大齿轮与驱动电机相连，小齿轮与平行轴相连。通过大齿轮与小齿轮之间的转速和转矩关系，实现转矩的传递和增大。

(2) 转矩平行轴传递 经过第一级齿轮组传递的转矩，通过平行轴继续向后传递。平行轴与第一级齿轮组的小齿轮相连，其上的齿轮与第二级齿轮组的大齿轮啮合。平行轴上的齿轮与第二级齿轮组的大齿轮之间的啮合，实现了转矩从平行轴到第二级齿轮组的传递。

(3) 转矩向下传递到差速器 在第二级齿轮组中，大齿轮与平行轴上的齿轮啮合，小齿轮与差速器相连。通过大齿轮与小齿轮之间的转速和转矩关系，转矩再次被增大，并向下传递到差速器上。差速器作为整个传动系统的核心部件，能够将转矩均匀地分配到左右两个半轴上，驱动车辆行驶。

5.1.3.8 吉凯恩双湿式离合器单挡变速器

图 5-15 所示为吉凯恩双湿式离合器单挡变速器，它采用同轴设计，其传动比为 10，可承受的峰值功率为 60kW，峰值转矩为 240N·m，最高转速达到 13000r/min。该变速器通过双湿式离合器系统代替传统的电子断开差速器，实现了左右车轮的转矩自由分配，为车辆提供了更加灵活和稳定的动力输出。

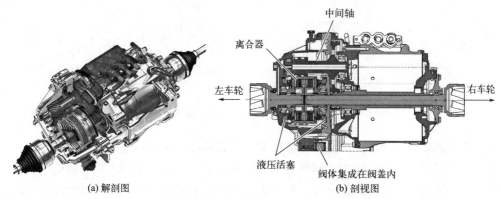

图 5-15 吉凯恩双湿式离合器单挡变速器

吉凯恩双湿式离合器单挡变速器具有以下技术特点。

(1) 同轴设计 吉凯恩双湿式离合器单挡变速器采用同轴设计，即输入轴与输出轴处于同一轴线，这种设计使得传动结构更加紧凑，减少了能量传递过程中的损失，提高了传动效率。同时，同轴设计还有助于降低整车的重量，提高能源利用效率。

(2) 双湿式离合器系统 双湿式离合器系统采用两个独立的湿式离合器，分别控制左右车轮的转矩分配。湿式离合器结构不仅提供了出色的润滑和冷却效果，显著降低了离合器的磨损和发热，从而极大地提高了离合器的使用寿命，同时，该系统的转矩分配灵活性极高，能根据驾驶需求和车辆状态自动调整离合器的结合程度，实现精确的转矩分配，增强了车辆的稳定性和操控性。此外，双湿式离合器系统经过严格设计和测试，具备高可靠性和耐久性，能够在各种复杂工况下稳定运行，为车辆提供稳定可靠的动力传输保障。

(3) 矢量转矩分配系统 吉凯恩双湿式离合器单挡变速器还采用了矢量转矩分配系统。

该系统通过精确控制双湿式离合器的结合程度，实现左右车轮的转矩自由分配。在弯道行驶时，系统可以将更多的转矩传递到弯道外侧的车轮上，从而提高车辆的转弯性能。这种转矩分配方式有助于提高车辆的操控性和安全性。

（4）高传动比 该变速器拥有较高的传动比，达到了10。高传动比使得电机在较低的转速下就能产生足够的转矩，有助于提升车辆的加速性能和爬坡能力。同时，高传动比也有助于降低电机的工作负荷，延长电机的使用寿命。

（5）优异的承载能力 吉凯恩双湿式离合器单挡变速器具有优异的承载能力。它可以承受高达60kW的峰值功率和240N·m的峰值转矩，满足了电动汽车在各种复杂工况下的动力需求。同时，该变速器还具有较高的最大转速，达到了13000r/min，为车辆提供了更加广阔的动力范围。

吉凯恩双湿式离合器单挡变速器工作原理如图5-16所示。吉凯恩双湿式离合器单挡变速器通过两个独立的湿式离合器实现了矢量转矩分配功能。这两个离合器分别控制左右车轮的转矩分配，使得车辆在不同工况下能够灵活调整动力输出，提高行驶稳定性和操控性。同时，当车速升高导致驱动电机转速逼近最高转速时，两个离合器可以打开，使驱动电机与车轮分离，实现电子断开差速器的功能。

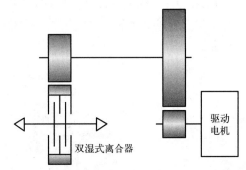

图5-16 吉凯恩双湿式离合器单挡变速器工作原理

（1）矢量转矩分配原理 矢量转矩分配是吉凯恩双湿式离合器单挡变速器的核心功能之一。在车辆行驶过程中，系统根据驾驶需求和车辆状态，通过控制两个离合器的结合程度来实现左右车轮的转矩自由分配。例如，在弯道行驶时，系统可以自动调整两个离合器的结合程度，使更多的转矩传递到弯道外侧的车轮上，从而提高车辆的转弯性能。这种转矩分配方式使得车辆在不同路况下都能保持最佳的行驶状态，提高了行驶的稳定性和安全性。

（2）电子断开差速器功能 当车速升高导致驱动电机转速逼近最高转速时，吉凯恩双湿式离合器单挡变速器可以通过打开两个离合器来实现电子断开差速器的功能。此时，驱动电机与车轮之间的动力传递被切断，从而避免了电机过载和损坏的风险。同时，电子断开差速器功能还有助于提高车辆的行驶安全性和稳定性。在紧急制动或打滑等情况下，系统可以迅速切断动力传递，减少车辆失控的风险。

5.1.3.9 麦格纳单挡变速器

图5-17所示为麦格纳1eDT200单挡变速器，最大输入转矩为200N·m，最大输出转矩为2500N·m；质量（不带油液）为20kg；外形尺寸为230mm×455mm×318mm；输入轴和输出轴中心距为157.5mm；传动比为8.61或9.89；适用电机功率为15~90kW，适用电

压平台为 48~400V。

图 5-18 所示为麦格纳 1eDT350 单挡变速器，最大输入转矩为 300N·m，最大输出转矩为 3500N·m；质量（不带油液）为 28kg；外形尺寸为 338mm×488mm×198mm；输入轴和输出轴中心距为 210mm；传动比为 8.61；适用电机功率为 65~110kW，适用电压平台为 300~400V。

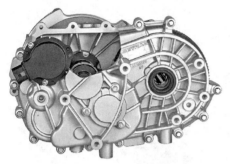 

图 5-17　麦格纳 1eDT200 单挡变速器　　图 5-18　麦格纳 1eDT350 单挡变速器

麦格纳单挡变速器具有以下技术特点。

(1) 高效能传动设计　麦格纳单挡变速器采用了高效能传动设计，通过优化齿轮齿形、材料和热处理工艺，实现了更高的传动效率和更低的能量损失。这种设计使得变速器在传递动力时更加高效，有助于提高车辆的动力性和经济性。

(2) 紧凑轻量化的结构　麦格纳单挡变速器采用了紧凑轻量化的结构设计，通过优化内部结构和材料选择，减少了变速器的重量和体积。这不仅降低了整车的重量，提高了能源利用效率，同时也为车辆设计提供了更多的灵活性。

(3) 卓越的可靠性和耐久性　麦格纳单挡变速器在设计和制造过程中，严格遵循高品质标准和严格的质量控制流程，确保了变速器的可靠性和耐久性。同时，变速器内部的润滑和冷却系统也得到了充分的优化，能够在高负荷和恶劣环境下保持稳定的运行状态。这种卓越的可靠性和耐久性使得麦格纳单挡变速器成为电动汽车和混合动力汽车传动系统的理想选择。

(4) 智能化的控制系统　麦格纳单挡变速器配备了智能化的控制系统，能够实时监测和调整变速器的运行状态。通过与整车控制系统的无缝连接，变速器能够根据不同的驾驶需求和车辆状态，自动调整传动比和转矩输出，实现最佳的动力匹配和行驶性能。此外，智能化的控制系统还具备故障诊断和自我保护功能，能够在出现故障时及时发出警报并采取相应措施，保障驾驶的安全和可靠。

(5) 广泛的适应性和灵活性　麦格纳单挡变速器具有广泛的适应性和灵活性，可适应不同功率和电压平台的电机。无论是小型电动汽车还是大型电动客车，都能找到适合的麦格纳单挡变速器型号。此外，麦格纳单挡变速器还具备多种安装方式和接口设计，可根据车辆的具体需求进行灵活配置。

(6) 环保节能的设计理念　麦格纳单挡变速器的设计和制造过程严格遵循环保节能的理念。通过优化制造工艺和材料选择，减少了对环境的污染和资源的浪费。同时，变速器本身也采用了环保材料和技术，进一步降低了对环境的影响。这种环保节能的设计理念使得麦格纳单挡变速器在电动汽车领域具有更高的可持续发展价值。

5.1.3.10 奥迪 e-tron AKA320 同轴单挡变速器

图 5-19 所示为奥迪 e-tron AKA320 同轴单挡变速器，它采用同轴单挡设计，将电机输出的动力高效地传递给车轮。该变速器具有结构紧凑、传动效率高、可靠性强的特点，为奥迪 e-tron 提供了卓越的驾驶性能和动力传输性能。

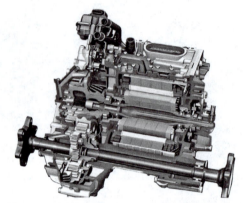

图 5-19 奥迪 e-tron AKA320 同轴单挡变速器

奥迪 e-tron AKA320 同轴单挡变速器具有以下技术特点。

(1) 紧凑而高效的设计 奥迪 e-tron AKA320 同轴单挡变速器采用紧凑而高效的设计，充分融合了轻量化和高性能的需求。这种设计使得变速器体积更小，重量更轻，有助于降低整车的重量，提高能源利用效率。同时，紧凑的设计也使得变速器更易于安装和集成到车辆的动力系统中。

(2) 同轴单挡传动技术 奥迪 e-tron AKA320 同轴单挡变速器采用同轴单挡传动技术，这种技术使得变速器在传递动力时更加直接、高效。通过优化齿轮齿形和传动比，该变速器能够实现高传动效率和低能耗，确保电机输出的动力能够充分、高效地传递到车轮，从而提供强劲的动力和稳定的加速性能。

(3) 先进的差速器设计 差速器作为传动系统中的重要组成部分，对于车辆的操控性和稳定性具有重要影响。奥迪 e-tron AKA320 同轴单挡变速器采用了先进的差速器设计，通过优化差速器结构和材料选择，提高了差速器的传动效率和可靠性。同时，该差速器还具备电子限滑功能，能够根据车辆的行驶状态实时调整左右车轮的转矩分配，进一步提高车辆的操控性和稳定性。

(4) 高效能润滑系统 奥迪 e-tron AKA320 同轴单挡变速器配备了高效能润滑系统，通过优化润滑油的流动路径和润滑方式，确保变速器在高速运转时能够保持稳定的润滑状态。这种高效能润滑系统不仅能够降低变速器的摩擦损失和能耗，还能够延长变速器的使用寿命，提高整车的可靠性。

(5) 智能热管理系统 为了应对电动汽车在高负荷工况下的热管理问题，奥迪 e-tron AKA320 同轴单挡变速器配备了智能热管理系统。该系统通过实时监测变速器的温度状态，自动调节散热风扇的转速和冷却液的流量，确保变速器在高温环境下仍能保持稳定的性能和可靠性。这种智能热管理系统有助于提高变速器的耐用性和安全性。

(6) 环保与可持续性 奥迪 e-tron AKA320 同轴单挡变速器在设计和制造过程中充分考虑了环保和可持续性。通过采用环保材料和制造工艺，降低了对环境的污染和资源的浪费。同时，该变速器的高效能和可靠性也有助于降低车辆的能耗和排放，进一步推动了电动汽车的环保和可持续发展。

5.1.4 两挡变速器

5.1.4.1 两挡变速器的设计原理

两挡变速器通过两个不同传动比的挡位，实现了对驱动电机转矩和转速的有效调节。低速挡减速比设置为11～12，主要满足车辆加速和爬坡时的高转矩需求；高速挡减速比设置为5～9，则主要满足车辆高速行驶时对高转速的需求。这种设计使得驱动电机能够在不同工况下都工作在最佳效率点附近，从而提高整车的动力性能和燃油经济性。

5.1.4.2 两挡变速器的优势分析

(1) 提高加速和爬坡性能　在加速和爬坡过程中，车辆需要较大的转矩来克服阻力。两挡变速器的低速挡减速比设置为11～12，能够在相同驱动电机转矩下提供更大的轮边转矩，从而提高车辆的加速和爬坡性能。相比之下，减速比为9～10.5的单挡变速器在这方面显得力不从心。

(2) 降低驱动电机最大转矩和最高转速　由于两挡变速器能够在不同挡位下实现转矩和转速的调节，因此可以降低驱动电机的最大转矩和最高转速要求。在低速挡下，驱动电机可以输出较大的转矩以满足车辆加速和爬坡的需求；而在高速挡下，驱动电机则可以在较低的转速下运行以满足车辆高速行驶的需求。这种设计使得驱动电机可以更加小型化、轻量化，从而降低整车的成本。

(3) 提高驱动电机的工作效率　两挡变速器能够使驱动电机在更多的工况下运行在最佳效率点附近。这是因为两挡变速器可以根据车速和负荷的变化自动调节传动比，使得驱动电机始终工作在高效区间内。相比之下，单挡变速器的传动比固定不变，无法根据工况的变化进行调节，因此驱动电机的工作效率往往较低。

(4) 降低油耗　由于两挡变速器能够使得驱动电机在更多的工况下运行在最佳效率点附近，因此可以降低整车的油耗。特别是在高速行驶时，由于两挡变速器的高速挡减速比较低(5～9)，因此可以降低驱动电机的转速和功率消耗，从而降低油耗。相比之下，单挡变速器在高速行驶时往往会导致驱动电机工作在较高转速和功率下，从而增加油耗。

5.1.4.3 吉凯恩两挡变速器

吉凯恩两挡变速器是一种集成度极高的传动系统解决方案，它通过创新的设计将两挡变速、同轴传动和双离合器式差速器融为一体。这种设计不仅提高了传动效率，还优化了动力分配，使得车辆在各种工况下都能保持最佳的动力性能和燃油经济性。吉凯恩两挡变速器如图5-20所示。

吉凯恩两挡变速器具有以下技术特点。

(1) 两挡变速设计　吉凯恩两挡变速器采用两挡变速设计，通过高低两个挡位来实现不同工况下的动力传递。低速挡具有较大的传动比，能够提供更大的转矩输出，满足车辆加速和爬坡的需求；高速挡则具有较小的传动比，能够降低驱动电机的转速和功率消耗，提高高速行驶时的燃油经济性。

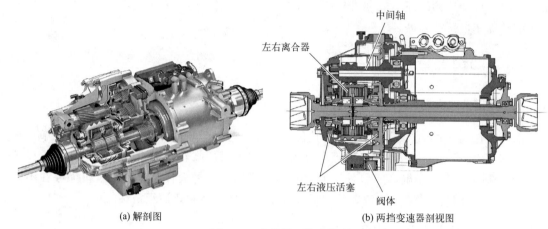

(a) 解剖图　　　　　　　　　　(b) 两挡变速器剖视图

图 5-20　吉凯恩两挡变速器

(2) 同轴传动结构　该变速器采用同轴传动结构，将输入轴和输出轴设计在同一轴线上。这种设计简化了传动路径，降低了传动损失，提高了传动效率。同时，同轴传动结构还使得变速器的结构更加紧凑，减少了空间占用。

(3) 双离合器式差速器　吉凯恩两挡变速器集成了双离合器式差速器，通过两个离合器分别控制左右两侧车轮的动力传递。这种设计能够根据车辆的行驶状态和驾驶需求，实时调节左右车轮之间的转矩分配，实现更加精准的动力控制和驾驶稳定性。同时，双离合器式差速器还能够在车辆转弯时提供必要的差速功能，保证车辆的顺畅行驶。

(4) 高效节能　由于采用了两挡变速、同轴传动和双离合器式差速器等先进技术，吉凯恩两挡变速器在传动效率方面表现出色。它能够在不同工况下实现动力的高效传递和调节，降低能量损失和油耗。此外，该变速器还能够在低速和高负荷工况下提供更大的转矩输出，满足车辆对动力性能的需求。

(5) 紧凑轻便　吉凯恩两挡变速器采用高度集成化的设计，将多个部件和组件融合在一起。这使得整个变速器的结构更加紧凑、轻便，减轻整车重量并提高了车辆的操控性。同时，紧凑的设计还降低了生产成本和维护成本，提高了整车的经济性和市场竞争力。

(6) 智能化控制　该变速器配备了先进的控制系统和传感器技术，能够实时监测车辆的行驶状态和驾驶需求，并根据这些信息自动调整传动比和转矩分配。这种智能化控制使得车辆在各种工况下都能保持最佳的动力性能和燃油经济性，提高了驾驶的舒适性和安全性。

吉凯恩两挡变速器工作原理如图 5-21 所示。吉凯恩两挡变速器是一种基于行星齿轮组

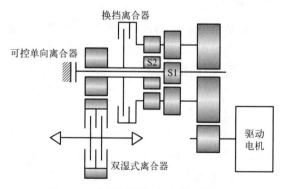

图 5-21　吉凯恩两挡变速器工作原理

的高效变速器，其特点在于采用了由两个太阳轮（S1及S2）和一个行星齿轮架组成的行星齿轮组，且没有齿圈。这种设计使得变速器能够在两个不同的挡位间无缝切换，保证换挡的平顺性和驾驶的舒适性。

(1) 第一挡工作原理 在第一挡时，第一个太阳轮（S1）通过一个可控单向离合器被锁死，这意味着S1不再与行星轮架及行星轮进行相对转动。此时，动力从输入轴传递到行星齿轮组，由于S1被锁死，行星轮架开始推动第二个太阳轮（S2）及其所在轴转动。在这种状态下，行星齿轮组的传动比较大，为1.79。这意味着输入轴每转动一圈，S2及其所在轴将转动1.79圈。结合其他传动部件的传动比，整个系统的传动比达到了17.0。这种高传动比使得车辆在第一挡时能够获得较大的转矩输出，从而满足起步和加速时的动力需求。吉凯恩两挡变速器一挡功率流如图5-22所示。

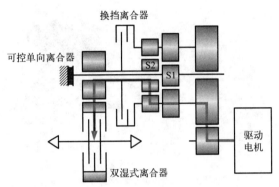

图5-22 吉凯恩两挡变速器一挡功率流

(2) 第二挡工作原理 在第二挡时，变速器内的换挡离合器关闭，单向离合器打开。这意味着S1不再被锁死，而是与行星轮架及行星轮进行相对转动。同时，由于换挡离合器的关闭，整个行星齿轮组被"短路"，即所有部件的转速都变得一致。在这种状态下，行星齿轮组的传动比为1.0，即输入轴、S1、S2和行星轮架的转速相同。这意味着动力在传递过程中没有额外的减速或增速，从而保证了动力的直接和高效传递。此时，结合其他传动部件的传动比，整个系统的传动比为9.5。这种较低的传动比使得车辆在第二挡时能够以较高的速度行驶，同时保持较低的能耗。吉凯恩两挡变速器二挡功率流如图5-23所示。

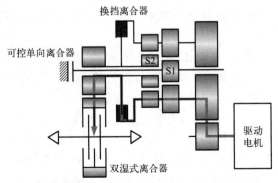

图5-23 吉凯恩两挡变速器二挡功率流

(3) 换挡平顺性分析 吉凯恩两挡变速器在换挡过程中实现了无动力中断。这是因为在换挡时,变速器通过控制单向离合器和换挡离合器的开闭来实现挡位的切换。在换挡过程中,动力始终能够保持传递状态,从而避免了传统变速器在换挡时可能出现的动力中断和顿挫感。这种无动力中断的换挡方式保证了驾驶的舒适性和平顺性。

5.1.4.4 麦格纳2eDT200两挡变速器

图5-24所示为麦格纳2eDT200两挡变速器,最大输入转矩为200N·m,最大输出转矩为2500N·m;质量(不带油液)为26kg;外形尺寸为245mm×462mm×300mm;输入轴和输出轴中心距为188mm;传动比分别为8.61和12.06;适用电机功率为55~90kW,适用电压平台为300~400V。

图5-24 麦格纳2eDT200两挡变速器

麦格纳2eDT200两挡变速器具有以下技术特点。

(1) 高效的双挡位设计 麦格纳2eDT200两挡变速器采用创新的双挡位设计,可以根据车速和负载条件自动切换挡位,实现高效的动力传输。在低速高转矩工况下,变速器能够保持较低的挡位,以提供更大的转矩输出;而在高速行驶时,变速器则能够切换到较高的挡位,以减小能耗并提升续航里程。这种设计使得电动汽车在不同工况下都能保持最佳的驾驶性能和经济性。

(2) 紧凑的模块化结构 麦格纳2eDT200两挡变速器采用紧凑的模块化结构设计,将多个功能部件集成在一个紧凑的壳体内,有效减小了变速器的体积和重量。这种设计不仅降低了整车的重量,提高了能源利用效率,同时也为车辆设计和制造提供了更多的灵活性。

(3) 先进的齿轮材料和热处理工艺 为了提高变速器的耐久性和可靠性,麦格纳2eDT200两挡变速器采用了先进的齿轮材料和热处理工艺。齿轮材料具有优异的耐磨性和抗疲劳性能,能够在高负荷和恶劣环境下保持稳定的运行状态。同时,先进的热处理工艺能够改善齿轮的微观结构,进一步提高其力学性能和耐久性。

(4) 智能控制系统 麦格纳2eDT200两挡变速器配备了智能控制系统,通过高精度传感器和先进算法实时监测车辆的行驶状态和驾驶人的驾驶意图。根据这些信息,控制系统能够自动调整变速器的挡位和转矩输出,以提供最佳的驾驶体验和动力性能。此外,智能控制系统还具备故障诊断和自我保护功能,能够在变速器出现故障时及时发出警报并采取相应措施,确保驾驶的安全和可靠。

(5) 良好的 NVH 性能　在电动汽车中，NVH（噪声、振动和声振粗糙度）性能对于提升驾驶舒适性和乘坐品质至关重要。麦格纳 2eDT200 两挡变速器在设计和制造过程中充分考虑了 NVH 性能的需求，通过优化齿轮齿形、减小内部摩擦和振动以及采用先进的隔音材料等措施，有效降低了变速器在运行过程中产生的噪声和振动，提升了整车的 NVH 性能。

(6) 环保与可持续性　麦格纳 2eDT200 两挡变速器在设计和制造过程中注重环保和可持续性。通过采用环保材料和工艺、降低能耗和排放以及优化回收和再利用等措施，该变速器在生产和使用过程中都能够降低对环境的负面影响。同时，高效的传动性能和低能耗也有助于提升电动汽车的环保性能和可持续性。

5.1.4.5　保时捷纯电动汽车后电驱动系统采用的两挡变速器

图 5-25 所示为保时捷纯电动汽车后电驱动系统采用的两挡变速器，它采用先进的行星齿轮机构设计。该变速器通过智能控制系统根据车辆行驶工况实时切换挡位，确保车辆在起步、加速和高速行驶等不同工况下均能保持最佳的驱动性能和效率。

图 5-25　保时捷纯电动汽车后电驱动系统采用的两挡变速器

保时捷纯电动汽车后电驱动系统采用的两挡变速器具有以下技术特点。

(1) 行星齿轮机构　保时捷纯电动汽车后电驱动系统的两挡变速器采用了行星齿轮机构，这种机构具有结构紧凑、传动效率高等优点。通过精心设计的行星轮系和固定齿轮的组合，实现了两挡传动比的灵活切换，满足了车辆在不同工况下的动力需求。

(2) 传动比设计　该两挡变速器的传动比设计充分考虑了车辆的动力性和经济性。一挡传动比为 16，能够为车辆从静止起步提供更多的加速度，使车辆在短时间内迅速达到较高的速度。而齿比更小的二挡传动比为 8.05，能够确保车辆在高速行驶时保持高效率和高能量储备，有助于车辆持续稳定地高速行驶。

(3) 最高车速　得益于两挡变速器的优秀性能，保时捷纯电动汽车的最高车速可达 260km/h。这一速度表现不仅体现了车辆卓越的动力性能，也充分展示了保时捷在电动汽车技术领域的领先地位。

(4) 驱动电机技术　与先进的两挡变速器相匹配的是一台高性能的永磁同步电机。这款电机凭借其高效、可靠和节能的特性，成为满足车辆动力性能与经济性需求的理想选择。该永磁同步电机拥有高达 330kW 的峰值功率和 550N·m 的峰值转矩，这一强大的动力输出为车辆在各种行驶工况下都提供了充沛的驱动力，保证了卓越的性能表现。同时，其高效能特点使得电机能够充分利用电池组的能量输出，不仅提升了车辆的续航里程，还降低了能耗和排放，充分体现了环保节能的设计理念。

5.2 变速器测试技术

5.2.1 变速器传动效率测试

(1) 测试目的 传动效率测试旨在测量新能源汽车变速器在不同转速和负载条件下的能量传递效率，从而评估变速器的能量损耗情况。通过测试数据，可以分析变速器的设计合理性和性能优劣，进而指导变速器的优化改进和质量控制。

(2) 测试方法 传动效率测试采用实验台架测试方法，将新能源汽车变速器安装在专用测试台架上，通过调整台架的控制参数，模拟车辆在不同工况下的运行状态。在测试过程中，使用精确的测量工具对变速器的输入功率、输出功率进行实时监测和记录，然后计算传动效率。

(3) 测试工具 传动效率测试的测试工具如图 5-26 所示。

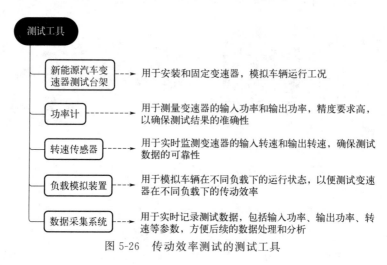

图 5-26 传动效率测试的测试工具

(4) 测试步骤

① 准备阶段：检查测试台架和测试工具的工作状态，确保设备正常运行。安装新能源汽车变速器到测试台架上，并连接好相应的传感器和测量设备。

② 预热阶段：启动测试台架，对变速器进行预热，使变速器内部各部件达到正常工作温度。

③ 测试准备：根据测试要求，设定好测试台架的转速范围和负载条件。设置数据采集系统的采样频率和记录时间等参数。

④ 进行测试：启动测试台架，开始进行测试。在测试过程中，通过调整测试台架的控制参数，模拟车辆在不同转速和负载下的运行状态。同时，使用功率计、转速传感器等测量工具实时监测和记录变速器的输入功率、输出功率、转速等参数。

⑤ 数据分析：测试完成后，对采集到的数据进行处理和分析。首先，计算各转速和负载下的传动效率；然后，根据传动效率的变化趋势和数值大小，评估变速器的能量损耗情况。

⑥ 撰写测试报告：根据测试数据和分析结果，撰写详细的测试报告。报告中应包含测

试目的、测试方法、测试工具、测试步骤、测试数据、数据分析结果等内容。测试报告应客观、准确地反映变速器的传动效率性能，并提出相应的改进意见和建议。

(5) 测试结果　表 5-3 为变速器传动效率测试结果。

表 5-3　变速器传动效率测试结果

序号	转速/(r/min)	负载/(N·m)	输入功率/kW	输出功率/kW	传动效率/%
1	1000	100	20	18.5	92.5
2	2000	200	40	37.2	93
3	3000	300	60	55.5	92.5
4	4000	400	80	73.8	92.3
5	5000	500	100	91.5	91.5

从上述测试结果可以看出，随着转速和负载的增加，变速器的传动效率略有下降。在转速和负载较低时，传动效率较高，能量损耗较小；而在转速和负载较高时，传动效率略有降低，能量损耗增加。这可能与变速器的内部结构设计、材料选择以及制造工艺等因素有关。

基于以上测试结果，可以对变速器的设计和制造提出以下建议。

① 优化变速器内部结构，降低能量损耗，提高传动效率。

② 选用优质材料，提高变速器的耐久性和可靠性。

③ 加强制造工艺控制，确保变速器零部件的精度和质量。

5.2.2　变速器平稳性测试

(1) 测试目的　平稳性测试旨在评估新能源汽车变速器在变速过程中的平稳性，以分析其对驾驶体验的影响。通过测试，可以了解变速器在换挡时的冲击、顿挫等现象，从而优化变速器的控制策略。

(2) 测试方法　平稳性测试采用实验台架与实际车辆结合的方法进行。在测试台架上，模拟不同工况下的变速过程，通过数据采集系统记录变速器的输出转速、转矩等数据。同时，在实际车辆上进行道路测试，由专业驾驶人评估变速器的换挡平稳性。

(3) 测试工具　平稳性测试的测试工具如图 5-27 所示。

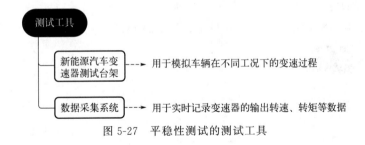

图 5-27　平稳性测试的测试工具

(4) 测试步骤

① 准备阶段：检查测试台架和测试工具的工作状态，确保设备正常运行。安装新能源汽车变速器到测试台架上，并连接好相应的传感器和数据采集系统。

② 设定测试条件：根据测试要求，设定测试台架的转速范围、负载条件以及变速器的换挡策略等参数。

③ 进行台架测试：启动测试台架，模拟不同工况下的变速过程。在测试过程中，数据采集系统实时记录变速器的输出转速、转矩等数据。测试人员根据记录的数据分析变速器的换挡平稳性。

④ 进行道路测试：在实际车辆上进行道路测试。由专业驾驶人驾驶车辆，按照预定的行驶路线和工况进行变速操作。在测试过程中，驾驶人对变速器的换挡平稳性进行评估，并记录相关数据。

⑤ 数据分析与结果整理：对台架测试和道路测试的数据进行分析处理，包括变速器换挡冲击的大小、换挡时间等关键指标。将测试结果整理成表格或图表形式，便于后续的分析和比较。

(5) 测试结果　表 5-4 为变速器平稳性测试结果。

表 5-4　变速器平稳性测试结果

测试序号	工况	转速范围/(r/min)	负载/(N·m)	换挡冲击	换挡时间/ms	驾驶人评估
1	起步加速	0～2000	0～100	1.5g	300	平稳
2	中速巡航	2000～4000	200	1.2g	280	平顺
3	高速超车	4000～6000	300～500	1.8g	320	轻微顿挫
4	减速制动	6000～0	500～0	1.0g	260	平稳

注：$1g=9.8m/s^2$。

根据测试结果，可以看到在大部分工况下，变速器的换挡平稳性表现良好，驾驶人评估为"平稳"或"平顺"。但在高速超车工况下，换挡冲击略大，驾驶人评估为"轻微顿挫"。针对这一问题，可以进一步分析变速器的控制策略，优化换挡逻辑和参数设置，以降低换挡冲击。

5.2.3　变速器耐久性测试

(1) 测试目的　耐久性测试的主要目的是模拟新能源汽车变速器在实际使用中的工作条件，通过长时间、高负荷的测试，评估变速器的使用寿命和可靠性。

(2) 测试方法　耐久性测试采用长时间连续运行的方式，模拟变速器在实际使用中的高负荷、高温等恶劣环境。测试过程中，通过调整测试设备的参数，模拟不同行驶工况下的变速器工作状态，如加速、减速、高速行驶、爬坡等。

(3) 测试工具　耐久性测试的测试工具如图 5-28 所示。

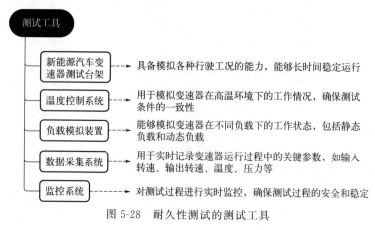

图 5-28　耐久性测试的测试工具

(4) 测试步骤

① 前期准备:检查测试台架、温度控制系统、负载模拟装置和数据采集系统等设备的工作状态,确保所有设备能够正常运行。安装新能源汽车变速器到测试台架上,并连接好相应的传感器和数据采集系统。

② 设定测试参数:根据测试要求,设定测试台架的转速范围、负载条件、温度范围等参数。同时,设置数据采集系统的采样频率和记录时间等参数。

③ 预热阶段:启动测试台架,对变速器进行预热,使其内部各部件达到正常工作温度。预热阶段一般为1~2h。

④ 进行测试:启动测试程序,按照设定的测试参数进行长时间、高负荷的测试。在测试过程中,数据采集系统实时记录变速器的关键参数,如输入转速、输出转速、温度、压力等。同时,监控系统对测试过程进行实时监控,确保测试过程的安全和稳定。

⑤ 暂停检查:在测试过程中,根据需要暂停测试,对变速器进行外观检查、声音监听等操作,以判断变速器是否出现异常情况。如有异常,应及时记录并采取相应的处理措施。

⑥ 结束测试:当达到预定的测试时间或变速器出现严重故障时,结束测试。对测试数据进行整理和分析,评估变速器的使用寿命和可靠性。

(5) 测试结果 表5-5为变速器耐久性测试结果。

表5-5 变速器耐久性测试结果

测试时间/h	输入转速/(r/min)	输出转速/(r/min)	负载/(N·m)	温度/℃	油压/kPa	异常情况
0	0	0	0	25	—	无
20	2000	1500	200	70	200	无
40	4000	3000	300	90	220	无
60	6000	4500	400	110	240	无
...	...	...	...	...	...	...
180	4000	3000	300	100	230	无
200	5000	3750	450	115	250	无

通过对测试数据的分析,可以得出以下结论。

① 变速器在连续运行200h后,各项参数均保持稳定,没有出现明显的异常或失效情况。

② 变速器在高负荷、高温条件下仍能正常工作,表现出良好的耐久性和可靠性。

③ 变速器在变速过程中,油压保持稳定,未出现油压过低或过高的情况,说明润滑系统工作正常。

5.2.4 变速器噪声和振动测试

(1) 测试目的 噪声和振动测试旨在评估新能源汽车变速器在工作过程中产生的噪声和振动水平,以分析其对车内驾驶及乘坐环境的影响。通过测试数据,可以了解变速器在不同工况下的噪声和振动特性。

(2) 测试方法 噪声和振动测试采用实验台架与实际车辆测试相结合的方法。在测试台架上,模拟不同工况下的变速器工作状态,通过噪声和振动测试设备来测量变速器产生的噪声和振动水平。同时,在实际车辆上进行道路测试,以更准确地评估变速器在真实使用环境下的噪声和振动表现。

(3) **测试工具** 噪声和振动测试的测试工具如图 5-29 所示。

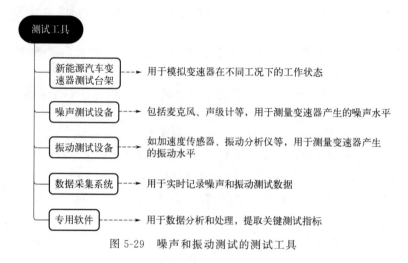

图 5-29 噪声和振动测试的测试工具

(4) **测试步骤**

① 准备阶段：检查测试台架、噪声测试设备、振动测试设备和数据采集系统等设备的工作状态，确保设备能够正常运行。安装新能源汽车变速器到测试台架上，并连接好相关传感器和数据采集系统。

② 设定测试条件：根据测试要求，设定测试台架的转速范围、负载条件等参数。同时，调整噪声测试设备和振动测试设备的参数，确保测试结果的准确性。

③ 进行台架测试：启动测试台架，模拟不同工况下的变速器工作状态。在测试过程中，噪声测试设备和振动测试设备将实时测量变速器产生的噪声和振动水平，数据采集系统则实时记录测试数据。测试人员根据记录的数据分析变速器的噪声和振动特性。

④ 进行道路测试：在实际车辆上进行道路测试。测试过程中，将噪声测试设备和振动测试设备安装在车辆内部合适的位置，以便准确测量变速器在真实使用环境下的噪声和振动水平。道路测试时，车辆将按照预定的行驶路线和工况进行变速操作，以模拟实际使用中的变速器工作情况。测试人员根据测量到的数据评估变速器的噪声和振动表现。

⑤ 数据分析与结果整理：对台架测试和道路测试的数据进行分析处理，提取关键测试指标，如噪声级别、振动加速度等。将测试结果整理成表格或图表形式，便于后续的分析和比较。

(5) **测试结果** 表 5-6 为变速器噪声与振动测试结果。

表 5-6 变速器噪声与振动测试结果

测试工况	行驶速度/(km/h)	噪声级别/dB	振动加速度/(m/s²)
怠速状态	0	42~45	0.2~0.3
城市道路起步加速	0~60	50~55	0.5~0.8
城市道路匀速行驶	40	48~52	0.3~0.5
高速公路匀速行驶	100	55~60	0.4~0.6
高速公路减速制动	100~0	50~53	0.6~0.9

根据测试数据，可以得出以下结论。

① 在急速状态下，变速器产生的噪声和振动水平相对较低，对车内环境影响较小。

② 在起步加速和减速制动过程中，变速器产生的噪声和振动水平相对较高，可能会对车内驾驶和乘坐环境造成一定影响。其中，减速制动时的振动加速度相对较大，需要特别关注。

③ 在城市道路和高速公路上匀速行驶工况下，变速器产生的噪声和振动水平相对稳定，但仍需控制在一定范围内以保证乘坐舒适性。

基于以上测试结果，建议对变速器进行进一步优化设计，以降低在特定工况下的噪声和振动水平。同时，在实际使用中，可以通过合理控制驾驶行为、选择更优质的路面条件等方式来减少变速器产生的噪声和振动对车内环境的影响。

5.2.5 变速器极端条件测试

(1) 测试目的 极端条件测试旨在评估新能源汽车变速器在极端环境下的性能表现，包括高温、低温以及高海拔等条件。通过模拟这些极端环境，可以更全面地了解变速器在这些条件下的工作状况。

(2) 测试方法 极端条件测试采用实验室模拟测试与实地测试相结合的方法。在实验室中，将使用专业设备模拟高温、低温以及高海拔环境，对变速器进行性能测试。同时，为了更真实地反映变速器在实际极端环境下的性能，还将进行实地测试，选取具有代表性的极端环境地点进行实地测试。

(3) 测试工具 极端条件测试的测试工具如图5-30所示。

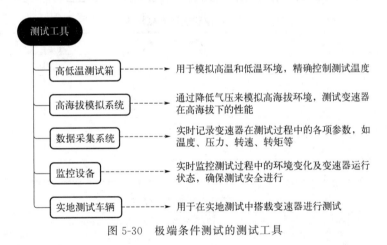

图5-30 极端条件测试的测试工具

(4) 测试步骤

① 准备阶段：检查测试工具的状态，确保其能够正常运行；准备变速器样本，确保其处于良好工作状态；确定测试参数和测试指标，制订详细的测试计划。

② 实验室模拟测试。

高温测试：将变速器置于高低温测试箱中，设定高温测试温度（如70℃），启动测试箱进行加热。在达到设定温度后，保持一段时间（如2h），其间通过数据采集系统记录变速器的各项参数变化。测试结束后，对变速器进行冷却并检查其状态。

低温测试：将变速器置于高低温测试箱中，设定低温测试温度（如-40℃），启动测试箱进行制冷。在达到设定温度后,保持一段时间(如 2h),其间通过数据采集系统记录变速器的各项参数变化。测试结束后,对变速器进行升温并检查其状态。

高海拔测试:将变速器连接至高海拔模拟系统,设定模拟海拔(如 5000m),降低气压至相应水平。在模拟高海拔环境下,对变速器进行性能测试,记录其各项参数变化。测试结束后,将气压恢复正常并检查变速器状态。

③ 实地测试:选择具有代表性的极端环境地点(如高海拔地区、极寒地区等),准备实地测试车辆;在实地测试地点进行变速器性能测试,包括起步、加速、减速、爬坡等工况下的测试,通过数据采集系统记录变速器的各项参数变化;在测试过程中,关注变速器的运行状态和性能表现,记录异常情况;测试结束后,对变速器进行全面检查,评估其在极端环境下的性能表现。

(5)测试结果 表 5-7 为变速器高温测试结果,表 5-8 为变速器低温测试结果,表 5-9 为变速器高海拔测试结果。

表 5-7 变速器高温测试结果

时间/min	温度/℃	转速/(r/min)	转矩/(N·m)	效率/%
0	70	0	0	—
10	70	2000	150	92
20	70	4000	300	90
30	70	6000	450	88
…	…	…	…	…
120	70	6000	450	87

表 5-8 变速器低温测试结果

时间/min	温度/℃	转速/(r/min)	转矩/(N·m)	效率/%
0	−40	0	0	—
10	−40	2000	145	91
20	−40	4000	290	89
30	−40	6000	440	86
…	…	…	…	…
120	−40	6000	440	85

表 5-9 变速器高海拔测试结果

时间/min	气压/kPa	温度/℃	转速/(r/min)	转矩/(N·m)	效率/%
0	51.7	15	0	0	—
10	51.7	15	2000	140	90
20	51.7	15	4000	280	88
30	51.7	15	6000	430	85
…	…	…	…	…	…
120	51.7	15	6000	430	84

① 高温测试数据分析:在 70℃高温环境中,变速器的效率和转矩略有下降,但整体性能保持稳定。这表明变速器在高温环境下具有较好的热稳定性和可靠性。

② 低温测试数据分析：在-40℃低温环境中，变速器的效率和转矩同样出现一定程度的下降。然而，与高温相比，低温对变速器性能的影响更为显著。这提示在设计变速器时，需要特别关注低温环境下的润滑和密封性能。

③ 高海拔测试数据分析：在模拟海拔5000m的环境中，变速器的性能受到气压和温度的共同影响。与常规环境相比，高海拔下的转矩和效率均有所下降。这要求在设计变速器时，充分考虑高海拔环境对变速器性能的影响，采取相应措施以提高其适应性。

通过本次极端条件测试，全面评估了新能源汽车变速器在高温、低温及高海拔环境下的性能表现。测试结果表明，变速器在极端环境下仍能保持较好的稳定性和可靠性，但低温环境对变速器性能的影响更为显著。

(6) 优化建议　基于以上测试结果，提出以下建议。

① 加强变速器的润滑和密封系统设计，提高其在极端环境下的稳定性和可靠性。

② 针对低温环境，研发低温润滑油和低黏度密封材料，以减小低温对变速器性能的影响。

③ 针对不同海拔环境，优化变速器的设计和材料选择，提高其在不同海拔下的适应性。

5.3　变速器的故障诊断

5.3.1　变速器的故障诊断方法

新能源汽车变速器的故障诊断方法多种多样，下面介绍几种常见的方法。

5.3.1.1　故障码读取

(1) 故障码读取的重要性　故障码是变速器控制单元在检测到异常或故障时自动生成的，它们可以提供关于故障类型和位置的重要信息。通过读取这些故障码，可以快速了解变速器出现问题的根本原因，从而采取相应的修复措施。这不仅可以大大提高故障诊断的效率和准确性，还可以避免对变速器进行不必要的拆卸和检查，节省维修成本和时间。

(2) 故障码读取的步骤

① 连接故障诊断仪：需要使用专用的故障诊断仪与变速器的控制单元进行连接，确保故障诊断仪与车辆电气系统兼容，并遵循正确的连接步骤和注意事项。

② 启动故障诊断仪：连接完成后，启动故障诊断仪并按照提示进入变速器故障诊断模式。此时，故障诊断仪将与变速器的控制单元进行通信，并准备读取其中的故障码。

③ 读取故障码：在故障诊断仪的指导下，按照相应的操作步骤读取变速器控制单元中的故障码。这些代码通常以特定的数字或字母组合表示，每个代码都对应着特定的故障类型和位置。

④ 记录故障码：将读取到的故障码记录下来，以便后续进行故障诊断和修复。同时，也可以将故障码与车辆的其他信息（如车型、车龄、里程数等）进行关联，以便更全面地了解故障背景。

(3) 故障码分析与故障诊断　在读取到故障码后，需要对这些代码进行分析和解读，以确定故障的具体类型和位置。以下是一些常见的故障码分析方法和故障诊断步骤。

① 查阅故障码手册：参考车辆制造商提供的故障码手册，查找与读取到的故障码相对应的故障类型和位置。这有助于快速了解故障的原因和可能的影响。

② 系统检查：根据故障码所指示的故障类型和位置，对变速器及其相关系统进行详细检查。这包括检查变速器内部的传感器、执行器、电路和线束等部件是否正常工作。

③ 数据分析和对比：利用故障诊断仪或其他工具获取变速器的工作数据，并与正常数据进行对比。通过分析数据的差异和变化，可以更深入地了解故障的原因和特征。

④ 制订修复方案：根据故障类型和位置的分析结果，制订相应的修复方案。这可能包括更换损坏的部件、调整参数设置或进行系统重置等操作。

例如，故障码"P0735"指示了变速器输入/涡轮转速传感器电路 A 存在问题。以下是对该故障码的分析和诊断步骤。

① 查阅故障码手册：参考车辆制造商提供的故障码手册，查找故障码"P0735"对应的故障类型和位置。根据手册描述，该代码通常与变速器输入/涡轮转速传感器电路有关。

② 检查传感器：首先检查变速器输入/涡轮转速传感器本身是否存在损坏或脱落的情况。使用万用表检测传感器的电阻值和信号输出，确保其在正常范围内。

③ 检查电路连接：如果传感器本身没有问题，接下来检查与传感器相关的电路连接。检查线路是否断裂、短路或接触不良，确保电路畅通无阻。

④ 检查控制单元：如果以上步骤均未发现问题，那么可能是变速器控制单元本身存在问题。此时需要进一步检查控制单元的电路和内部元件，以确定是否存在故障。

5.3.1.2 数据流分析

(1) 数据流分析的重要性　数据流分析是通过对变速器在运行过程中产生的各种参数进行实时监测和记录，分析这些参数的变化趋势和特征，来评估变速器的工作状态。这种分析方法能够捕捉到变速器在故障发生前后的一些细微变化，为故障的诊断提供有价值的线索。通过数据流分析，技术人员可以更加准确地判断故障的类型和位置，提高故障诊断的效率和准确性。

(2) 数据流分析的步骤

① 选择诊断工具：根据具体的车辆型号和变速器类型，选择合适的故障诊断仪或其他诊断工具。这些工具应该具备实时监测和记录数据流的功能。

② 连接诊断工具：将诊断工具与车辆进行连接，确保诊断工具能够正确读取变速器控制单元中的数据流。根据车辆制造商提供的说明，正确设置诊断工具的参数和连接方式。

③ 实时监测数据流：启动诊断工具，开始实时监测变速器的数据流。这包括变速器输入/输出轴的转速、油温、油压、传感器信号等各种参数。确保诊断工具能够准确地记录这些参数的变化情况。

④ 分析数据流：对实时监测到的数据流进行分析。观察参数的变化趋势和特征，找出与正常工作状态不符的异常情况。这些异常情况可能表现为参数值的异常波动、超出正常范围或持续异常等。

⑤ 确定故障原因：根据对数据流的分析结果，结合车辆的使用情况和故障现象，确定故障的原因。可能需要参考相关的技术手册、维修经验和专业知识来辅助判断。

例如，一辆新能源汽车在行驶过程中出现变速器顿挫的现象。通过连接故障诊断仪并实时监测变速器的数据流，技术人员发现以下几种异常情况。

① 变速器输入轴转速传感器信号异常波动，导致变速器控制单元无法准确判断车速和转速，进而影响变速器的换挡逻辑。

② 变速器油温传感器显示油温过高，超出正常范围。这可能是由于变速器内部存在故障导致油温异常升高。

根据这些异常情况，技术人员进一步检查和分析了变速器的相关部件及系统。最终发现变速器内部的一个传感器损坏，导致信号异常波动。同时，变速器内部的散热系统也存在故障，导致油温过高。技术人员对这两个故障进行了修复和更换，并重新测试了变速器的性能。最终，变速器的顿挫现象得到了解决，车辆恢复正常行驶。

5.3.1.3 油液检查

(1) 油液检查的重要性

① 保障润滑性能：良好的油液质量能够确保变速器内部各部件之间的润滑性能，减少磨损和摩擦，延长变速器使用寿命。

② 保证散热效果：变速器在工作过程中会产生大量热量，良好的油液循环能够带走这些热量，保证变速器的工作温度在正常范围内。

③ 传递动力：油液在变速器内部还起到传递动力的作用，保证车辆的正常行驶。

如果油液质量不符合要求或油位过低，会导致变速器内部润滑不良、散热不畅、动力传递受阻等问题，进而引发变速器故障。此外，通过检查油液中的杂质和沉淀物，还可以了解变速器的磨损情况和潜在的故障风险。

(2) 油液检查方法

① 油位检查：首先，将车辆停放在平坦的地面上，然后启动发动机，让其运行几分钟，以使变速器内部油温升高。其次，关闭发动机并等待一段时间，让油温稍微降低。最后，打开变速器油位检查口（通常在变速器底部或侧面），使用干净的抹布或纸巾擦拭检查口周围的油污，然后将油尺插入检查口，确保油尺完全插入并抽出。观察油尺上的油位标记，确保油位在正常范围内。

② 油液质量检查：油液质量检查可以通过观察油液的颜色、气味和黏度来判断。正常情况下，变速器油液应为透明或淡黄色，无异味，黏度适中。如果油液颜色发黑、有异味或黏度异常，则可能表示油液已经变质或受到污染。此时，需要更换新的变速器油液。

③ 杂质和沉淀物检查：在检查油位时，可以观察油尺上是否附着杂质或沉淀物。这些杂质和沉淀物可能来自变速器内部的磨损或污染。如果发现杂质或沉淀物过多，则说明变速器内部存在磨损或污染问题，需要进行进一步的检查和维修。

(3) 通过油液分析判断潜在故障风险　通过对变速器油液的观察和检查，可以对变速器的潜在故障风险进行判断。

① 油液颜色发黑：可能表示变速器内部存在积碳、油泥等污染物，这些污染物会影响变速器的润滑性能和散热效果，增加故障风险。

② 油液有异味：可能表示变速器油液已经变质或受到高温、氧化等因素的影响，导致油液性能下降，增加故障风险。

③ 油液黏度异常：可能表示变速器内部存在磨损或污染问题，导致油液黏度发生变化。过低的黏度可能导致润滑不良，而过高的黏度则可能增加能耗和油温升高，均增加故障风险。

④ 杂质和沉淀物过多：可能表示变速器内部存在磨损或污染问题，需要进行进一步的检查和维修。否则，这些问题可能进一步发展，导致变速器性能下降或故障发生。

例如，某新能源车主反映车辆换挡时有异响，经检查发现变速器油位明显过低。进一步检查油液质量，发现油液颜色发黑，且有明显的沉淀物。这些异常情况说明变速器油液已经变质，且内部可能存在磨损。油位过低导致润滑不良，而油液中的杂质和沉淀物则进一步证实了变速器的磨损情况。据此，技术人员判断变速器内部可能出现了齿轮磨损或轴承损坏等故障。为了避免故障进一步恶化，车主及时进行了变速器油液的更换和维修处理。

5.3.1.4 传感器检测

(1) 传感器在变速器控制系统中的作用　传感器作为变速器控制系统中的感知元件，其主要职责是实时监测变速器的各种运行状态参数，如温度、压力、转速、位置等。这些参数对于变速器的换挡逻辑、动力传递效率以及驾驶体验等方面都具有至关重要的作用。因此，传感器的准确性和可靠性对于变速器的整体性能具有重要影响。

(2) 传感器故障可能导致的后果　当变速器中的传感器出现故障时，可能会导致变速器控制单元接收到错误的信息。这些错误信息可能包括不准确的温度读数、错误的压力值或转速值等。这些错误的参数信息将直接影响变速器控制单元的判断和决策，从而引发一系列的故障和问题。

① 换挡异常：传感器故障可能导致变速器控制单元接收到错误的转速或位置信息，从而导致换挡逻辑出错，引发换挡异常或顿挫感。

② 动力下降：传感器故障还可能导致变速器控制单元无法准确判断车辆的动力需求，从而影响动力传递效率，导致车辆动力下降。

③ 安全隐患：在某些极端情况下，传感器故障甚至可能引发安全隐患。例如，当温度传感器出现故障时，如果变速器油温过高而无法及时发现，可能会引发变速器过热或损坏，甚至可能导致车辆起火等严重后果。

(3) 传感器检测的重要性　鉴于传感器在变速器控制系统中的重要作用以及传感器故障可能导致的严重后果，对变速器中的传感器进行定期检测和维护显得尤为重要。通过定期检测传感器的工作状态和准确性，可以及时发现并解决潜在的故障问题，确保变速器的正常运行和车辆的安全性。

(4) 传感器检测的方法　传感器检测的方法主要包括以下几种。

① 静态检测：在车辆静止状态下，使用专业工具对传感器进行电阻、电压等参数的测量，以判断其是否工作正常。

② 动态检测：在车辆行驶过程中，通过实时监测传感器的输出信号和参数变化，以判断其准确性和可靠性。

③ 故障诊断仪检测：使用故障诊断仪对变速器控制系统进行扫描和诊断，以发现和定位传感器故障。

例如，一位车主发现其新能源汽车在行驶中频繁出现换挡异常的情况。经过专业检查，维修人员发现其中一个转速传感器出现故障，导致变速器控制单元接收到错误的转速信息。由于转速信息不准确，变速器控制单元在判断换挡时机时出现了误差，从而引发了换挡异常的问题。因此，定期检查和更换有问题的传感器，可以确保变速器控制系统接收到准确的数据，从而避免潜在故障的发生。

5.3.1.5 声音和振动检测

(1) 声音和振动检测的重要性 变速器在运行过程中，由于内部齿轮、轴承等部件的相互作用，因此会产生一定的声音和振动。这些声音和振动信号往往能够反映出变速器的运行状态。通过对声音和振动信号的分析，可以判断变速器内部是否存在异常磨损、松动或损坏等问题。这些问题如果得不到及时发现和处理，可能会导致变速器故障，进而影响车辆的正常行驶。

(2) 声音和振动检测的操作方法
① 使用听诊器检测声音：听诊器是一种常见的用于检测机械设备声音的工具。在检测变速器声音时，可以将听诊器贴近变速器外壳，仔细倾听变速器内部的声音。通过对比正常声音和异常声音的区别，可以初步判断变速器内部是否存在问题。
② 使用振动传感器检测振动：振动传感器是一种能够检测机械设备振动信号的装置。在检测变速器振动时，可以将振动传感器安装在变速器外壳上，通过测量变速器在运行过程中的振动数据，来分析变速器内部的运行状态。振动数据通常包括振动频率、振幅等参数，这些参数能够反映出变速器内部各部件的相互作用情况。

(3) 检测结果的分析与判断 在进行声音和振动检测后，需要对检测结果进行分析和判断。如果检测到异常声音或振动信号，需要结合变速器的结构和运行原理，进一步分析可能的原因。可能的原因包括齿轮磨损、轴承损坏、紧固件松动等。针对不同的原因，需要采取相应的维修措施，以确保变速器的正常运行。

例如，某新能源汽车在行驶过程中，驾驶人发现变速器发出异常的响声，并且伴随着车身的轻微抖动。为了准确诊断问题，技术人员立即使用听诊器和振动传感器对变速器进行了检测。技术人员将听诊器贴紧变速器外壳，细心地聆听其中的声音，发现声音中夹杂着不规律的金属摩擦声。同时，振动传感器也捕捉到了变速器在运行时产生的异常振动信号。结合这些声音和振动信息，技术人员判断变速器内部可能存在齿轮磨损或轴承损坏等问题。经过进一步的拆解检查，技术人员发现变速器中的某个齿轮确实存在磨损现象，导致齿轮间的配合不紧密，从而产生了异常的声音和振动。及时更换磨损的齿轮后，变速器的声音和振动恢复正常，故障得到了有效解决。

5.3.2 变速器的故障诊断流程

新能源汽车变速器的故障诊断流程通常包括初步诊断、症状分析、系统检测、内部检查和故障排除等步骤。每个步骤都有其特定的目的和操作方法，确保能够全面、准确地诊断变速器故障。

(1) 初步诊断 初步诊断是故障诊断流程的第一步，目的是对故障现象进行初步了解和分析。在这一步中，技术人员需要与车主进行沟通，了解故障发生的时间、地点、频率等基本情况，并对故障现象进行初步判断。通过初步诊断，可以初步确定故障的范围和可能的原因。

例如，某新能源汽车车主反映，车辆在行驶过程中突然出现换挡顿挫的现象，且伴随异常的金属敲击声。技术人员接到报修后，首先与车主进行了详细沟通。据车主描述，故障发生在城市道路上，车辆加速时顿挫感明显，且声音异常。技术人员根据车主的描述，初步判断问题可能出在变速器上。他们进一步询问了故障发生的频率、持续时间等关键信息，并检查了车辆的行驶记录。基于这些信息，技术人员初步判断故障可能与变速器内部齿轮磨损或离合器失效有关。随后，他们安排了更详细的检测和维修计划，以便准确地定位问题并采取相应的修复措施。

（2）症状分析 症状分析是指在初步诊断的基础上，对故障现象进行更深入的分析和解读。在这一步中，技术人员需要运用专业知识和经验，对故障现象进行详细描述和分类，并根据故障现象的特点和规律，推断出可能的故障原因和位置。

例如，某新能源汽车在行驶过程中，驾驶人发现变速器换挡时存在明显的延迟，并且伴随有异常的响声。技术人员在初步诊断后，进一步对故障现象进行了深入的症状分析。他们首先记录了换挡延迟的详细情况，包括发生频率、持续时间等。随后，技术人员利用专业知识和经验，对异常响声进行了分类和描述，认为这可能是由于变速器内部齿轮磨损或轴承损坏导致的。基于这些症状分析，技术人员推断出可能的故障原因和位置，即变速器内部存在机械磨损或损坏。这使得技术人员能够更准确地定位问题，并采取相应的修复措施。

（3）系统检测 系统检测是故障诊断流程中的重要环节，目的是通过检测工具和方法，对变速器的各个系统进行全面的检查和测试。在这一步中，技术人员需要使用各种专业检测工具和设备，如万用表、示波器、听诊器、振动传感器等，对变速器的电气系统、液压系统、控制系统等进行逐一检测和测试。通过系统检测，可以准确地检测出变速器的故障点和问题所在。

例如，某新能源汽车变速器发生故障，技术人员决定进行系统检测以确定故障点。在检测过程中，技术人员首先利用万用表对变速器的电气系统进行了测试，检查了各个传感器和执行器的电阻和电压，确保它们在正常范围内。随后，使用示波器分析了变速器的控制信号，以确保其波形和频率正确。此外，技术人员还使用听诊器和振动传感器对变速器的机械部分进行了检测。通过听诊器，他们听到变速器内部有异常的摩擦声；振动传感器则显示变速器在运行时存在异常的振动频率。结合这些信息，技术人员能够准确地判断变速器内部的故障点。

（4）内部检查 如果系统检测无法确定故障原因或需要进一步了解变速器内部的情况，那么就需要进行内部检查。内部检查通常需要在变速器拆卸后才能进行，技术人员需要对变速器的内部齿轮、轴承、离合器等关键部件进行检查和测量。在内部检查过程中，技术人员需要注意保护变速器的零部件和密封件，避免造成二次损坏。通过内部检查，可以深入了解变速器内部的磨损情况和故障点。

例如，某新能源汽车变速器发生故障，技术人员决定进行内部检查以获取更精确的诊断。在拆卸变速器后，技术人员首先仔细观察了内部齿轮的磨损情况，发现某齿轮齿面有明显的磨损痕迹。随后，他们进一步检查了轴承和离合器，发现离合器片存在磨损不均的现象。这些发现为技术人员提供了关键的故障信息。在检查过程中，技术人员特别小心，避免对变速器的其他零部件和密封件造成损坏。

（5）故障排除 故障排除是故障诊断流程的最后一步，也是最重要的一步。在这一步中，技术人员需要根据前面的诊断结果和分析，制订相应的修复方案，并对变速器进行修复。在修复过程中，技术人员需要严格遵守操作规程和安全规范，确保修复质量和安全性。修复完成后，还需要进行试车和验证工作，确保变速器故障已经彻底排除并恢复正常工作。

经过一系列的诊断分析，技术人员确定了新能源汽车变速器故障的具体原因，接下来是关键的故障排除步骤。在此例中，故障原因是变速器内部的一个关键齿轮磨损严重。技术人员制订了详细的修复方案,更换了磨损的齿轮,并检查了与其配合的其他部件,以确保它们的完好和兼容性。在修复过程中,技术人员严格遵守了操作规程和安全规范,确保修复工作的高效和安全。修复完成后,技术人员进行了试车和验证工作。经过测试,变速器的换挡平顺,异响消失,各项性能指标均恢复正常。

5.3.3 变速器的典型故障诊断

5.3.3.1 变速器换挡顿挫

(1) 故障描述 换挡顿挫故障主要表现为在车辆换挡过程中,尤其是从静止状态加速或减速时,车辆会出现突然的顿挫感,有时甚至伴随有异响。这种顿挫感可能让驾驶人感到不适,同时可能影响乘客的乘坐体验。

(2) 故障原因

① 变速器内部齿轮磨损:随着使用时间的增加,变速器内部的齿轮可能会因磨损而导致配合不良,进而产生换挡顿挫的现象。

② 控制系统故障:电动汽车的变速器控制系统负责控制换挡过程,若控制系统出现故障,如传感器失效、控制程序错误等,则可能导致换挡顿挫。

③ 电机与变速器匹配问题:电动汽车的电机和变速器需要精确匹配才能实现平滑的换挡过程。如果两者之间的匹配存在问题,则可能导致换挡顿挫。

④ 电池电量不足:电池电量不足可能导致电机输出扭矩不稳定,进而影响到变速器的换挡过程。

(3) 故障危害

① 驾驶体验下降:换挡顿挫会使驾驶人感到不适,降低驾驶的舒适性和乐趣。

② 车辆性能受损:长期的换挡顿挫可能导致变速器内部零部件进一步磨损,加速车辆的老化,影响整体性能。

③ 安全隐患:在某些情况下,换挡顿挫可能导致驾驶人误判车辆状态,从而引发安全隐患。

(4) 解决办法

① 检查并更换磨损的齿轮:对于因齿轮磨损引起的换挡顿挫,需要检查并更换磨损严重的齿轮,确保变速器内部齿轮的良好配合。

② 检查并修复控制系统故障:对于因控制系统故障引起的换挡顿挫,需要检查并修复控制系统中的故障,如更换失效的传感器、更新控制程序等。

③ 优化电机与变速器的匹配:针对电机与变速器匹配问题导致的换挡顿挫,需要对两者进行优化匹配,以实现更加平滑的换挡过程。

④ 充电并确保电池电量充足:确保电动汽车的电池电量充足,以避免因电量不足导致的换挡顿挫问题。

5.3.3.2 变速器异响

(1) 故障现象 变速器异响故障表现为在车辆行驶过程中,变速器内部发出异常的金属敲击声或摩擦声。这些声音可能随着车速、负载或加速踏板的踩踏深度的变化而发生变化。异响的出现通常意味着变速器内部存在某种故障,需要及时检查和修复。

(2) 故障原因

① 齿轮磨损或损坏：电动汽车变速器的齿轮在长时间使用过程中，可能因磨损或损坏而产生异响。这可能是由于润滑不良、负载过大或制造缺陷等原因导致的。

② 轴承故障：变速器中的轴承负责支撑和定位齿轮等部件，如果轴承损坏或磨损，会导致齿轮间的配合不良，进而产生异响。

③ 润滑油问题：电动汽车变速器同样需要润滑油来确保各部件的正常运行。如果润滑油不足、污染或品质不佳，会导致变速器内部部件的摩擦增大，进而产生异响。

④ 控制系统故障：电动汽车的变速器控制系统可能因传感器失效、控制程序错误等原因导致故障，进而引发异响。

(3) 故障危害

① 驾驶体验下降：异响会严重影响驾驶的舒适性和安全性，给驾驶人带来不必要的困扰。

② 变速器性能下降：异响通常意味着变速器内部存在故障，这些故障可能导致变速器性能下降，如加速不畅、换挡顿挫等。

③ 变速器寿命缩短：长期的异响可能导致变速器内部部件进一步损坏，从而缩短变速器的使用寿命。

(4) 解决办法

① 检查并更换损坏的齿轮：对于因齿轮磨损或损坏引起的异响，需要检查并更换损坏的齿轮。同时，需要检查相关部件，确保它们的正常工作。

② 更换或维修轴承：如果轴承故障导致异响，需要更换或维修轴承。在更换轴承时，应选择与原车件相匹配的型号和规格。

③ 检查并更换润滑油：定期检查和更换变速器的润滑油是预防异响的重要措施。应选择适合的润滑油类型和品质，并按照规定的周期进行更换。

④ 检查并修复控制系统故障：对于因控制系统故障引起的异响，需要检查并修复控制系统中的故障，如更换失效的传感器、更新控制程序等。

5.3.3.3 变速器漏油

(1) 故障描述　变速器漏油故障主要表现为变速器油液从密封部位泄漏出来，泄漏的液体通常为黄色或红色的润滑油。漏油现象可能发生在变速器的各个部位，如油底壳、轴承、齿轮箱等。泄漏的油液会在变速器周围形成油渍，并可能伴随异味。

(2) 故障原因

① 密封件老化：变速器密封件长时间使用后，可能因材料老化而失去弹性，导致密封性能下降，进而引发漏油故障。

② 密封件损坏：在变速器的使用过程中，密封件可能因受到外力冲击、挤压或摩擦等而损坏，失去密封效果。

③ 安装不当：在变速器维修或更换密封件时，如安装位置不正确、紧固力度不足或密封面清洁不彻底等，都可能导致密封失效，从而引发漏油故障。

④ 变速器内部零件磨损：变速器内部零件磨损会导致间隙增大，使得润滑油更容易从间隙中泄漏出来。

(3) 故障危害

① 润滑效果下降：漏油会导致变速器内部的润滑油减少，从而影响到润滑效果。当润

滑效果下降时，变速器内部零件的摩擦会增加，进而加剧零件的磨损。

② 变速器性能下降：漏油故障可能导致变速器内部零件的工作状态不稳定，进而影响到变速器的性能。例如，换挡不顺畅、加速无力等。

③ 安全隐患：漏油现象可能导致变速器油液滴落到高温部件上，从而引发火灾等安全隐患。

(4) 解决办法

① 检查并更换密封件：首先检查变速器的密封件是否老化、损坏或安装不当。如有问题，及时更换新的密封件，并确保安装位置正确、紧固力度适当。

② 清洁并检查变速器内部：对变速器内部进行清洁和检查，确保内部无异物、磨损严重的零件及时更换。

③ 检查变速器油位：定期检查变速器的油位，确保油液充足。如油液不足，及时添加同型号的润滑油。

④ 修复或更换变速器：如漏油问题严重，无法通过更换密封件等方式解决，可能需要考虑修复或更换变速器。

5.3.3.4 变速器过热

(1) 故障描述 变速器过热故障通常表现为变速器油温异常升高，同时可能伴随有变速器异响、换挡顿挫等现象。在发现变速器过热时，应及时停车检查，避免造成更严重的后果。

(2) 故障原因

① 变速器内部油液循环不畅：油液循环不畅会导致变速器内部热量无法及时散发，造成油温过高。可能的原因包括油泵故障、油路堵塞等。

② 散热器故障：散热器是变速器散热的重要部件，若散热器损坏或堵塞，将严重影响变速器的散热效果，导致油温升高。

③ 控制系统问题：新能源汽车的变速器控制系统对变速器的工作状态进行实时监控和调节。若控制系统出现故障，可能导致变速器工作异常，从而引发过热问题。

④ 负载过大或连续高速行驶：长时间高负载运行或连续高速行驶会使变速器处于高负荷状态，从而产生大量热量，加剧变速器过热现象。

(3) 故障危害

① 性能下降：变速器过热会导致变速器内部零件因高温而膨胀，从而影响变速器的传动效率和换挡性能。

② 寿命缩短：长期过热会加速变速器内部零件的磨损和老化，缩短变速器的使用寿命。

③ 安全隐患：过热可能导致变速器内部油液燃烧，引发火灾等严重安全事故。

(4) 解决办法

发现变速器过热时，应立即停车检查，并关闭发动机，避免继续行驶造成更严重的后果。

① 检查油液循环：检查变速器油液循环是否正常，如油泵、油路等部件是否损坏或堵塞，若有问题应及时维修或更换。

② 检查散热器：检查散热器是否损坏或堵塞，如有问题应及时清理或更换。

③ 检查控制系统：使用诊断工具检查变速器控制系统是否存在故障，如有问题应及时

修复。

④ 减轻负载：在行驶过程中，尽量避免长时间高负载运行或连续高速行驶，以减轻变速器的工作负担。

5.3.3.5 控制系统故障

(1) 故障描述 当新能源汽车变速器的控制系统出现故障时，可能出现以下现象。

① 无法换挡：驾驶人操作换挡杆或拨动换挡拨片时，变速器无法按照指令进行换挡。

② 换挡逻辑混乱：在换挡过程中，变速器可能出现不符合驾驶意图的换挡动作，如跳挡、乱挡等。

③ 故障指示灯亮起：仪表盘上的变速器故障指示灯可能亮起，提示驾驶人变速器存在问题。

(2) 故障原因

① 控制单元损坏：控制单元是控制系统的核心部件，负责处理传感器数据、执行换挡指令等。当控制单元损坏时，可能导致整个控制系统无法正常工作。

② 传感器失效：控制系统依赖传感器获取变速器及车辆的实时数据。若传感器失效或数据异常，将影响控制系统的判断和执行。

③ 线路故障：控制系统中存在着复杂的线路网络，负责传输传感器数据、控制指令等。若线路出现短路、断路等故障，将影响控制系统的正常运行。

(3) 故障危害

① 行驶安全隐患：无法换挡或换挡逻辑混乱将影响车辆的行驶稳定性和安全性，可能导致驾驶人操作失误或车辆失控。

② 驾驶体验下降：故障将影响驾驶的平顺性和舒适性，给驾驶人和乘客带来不良的驾驶体验。

③ 车辆维修成本增加：若故障未能及时发现和处理，将可能导致变速器内部零件损坏加剧，从而增加车辆的维修成本。

(4) 解决办法

① 检查控制单元：利用专业设备对控制单元进行检测和诊断，确定是否损坏或存在故障。若控制单元损坏，需及时更换。

② 检查传感器：对变速器及车辆的传感器进行检查和测试，确定是否失效或数据异常。若传感器故障，需更换或调整传感器。

③ 检查线路故障：对控制系统中的线路进行逐一排查，确定是否存在短路、断路等故障。若线路故障，需及时修复或更换。

5.4 电驱动系统一体化集成技术

5.4.1 电驱动系统的组成

电驱动系统是指将驱动电机、电机控制器和变速器（减速器）等集成为一体，三合一电驱动系统目前已成为电动汽车电驱动系统的主流。

（1）驱动电机　驱动电机是电驱动系统的动力源，它负责将电能转换为机械能，从而驱动车辆行驶。电机的性能直接影响着电驱动系统的动力性、经济性和可靠性。在选择电机时，需要考虑其功率、转矩、转速、效率等参数，以确保其能够满足车辆在不同工况下的需求。

（2）电机控制器　电机控制器是电驱动系统中的关键控制部件，它负责接收来自驾驶人的指令，并根据车辆的实际工况，对电机进行精确控制。电机控制器通过调节电机的电流、电压和频率等参数，实现对电机转矩、转速和功率的精确控制。同时，电机控制器还具备故障诊断和保护功能，确保电驱动系统的安全可靠运行。

（3）变速器　变速器是电驱动系统中的传动部件，它负责将电机的动力传递到车轮上，并根据车辆的行驶速度和负载情况，调节传动比，以实现最佳的动力输出和行驶性能。变速器通常包括多个挡位，每个挡位对应不同的传动比。在低速行驶或爬坡时，变速器可以选择较大的传动比，以提供更大的转矩输出；在高速行驶时，变速器可以选择较小的传动比，以降低电机的转速和功率消耗。

驱动电机、电机控制器与变速器之间具有以下关系。

（1）驱动电机与电机控制器的关系　电机控制器根据驾驶人的指令和车辆的实际工况，对驱动电机进行精确控制。电机控制器通过调节电机的电流、电压和频率等参数，实现对驱动电机转矩、转速和功率的精确调节。驱动电机作为动力源，其性能参数和运行状态直接影响电机控制器的控制策略及效果。

（2）驱动电机与变速器的关系　驱动电机通过变速器将动力传递到车轮上，变速器的传动比决定了电机输出的转矩和转速与车轮之间的转换关系。驱动电机和变速器之间的匹配关系对于电驱动系统的性能至关重要。合理的匹配关系可以确保电机在不同工况下都能发挥出最佳的性能，同时降低能耗和排放。

（3）电机控制器与变速器的关系　电机控制器和变速器之间通过信号传递和协调控制，实现电驱动系统的整体优化。电机控制器根据驾驶人的指令和车辆的实际工况，选择合适的挡位和传动比，以实现最佳的动力输出和行驶性能。同时，电机控制器还需要实时监测变速器的运行状态，确保其安全可靠运行。

图 5-31 所示为某三合一电驱动系统。该系统峰值功率为 142kW，峰值转矩为 340N·m，峰值转速为 11000r/min，搭载该电驱动系统的纯电动汽车，0～100km/h 加速时间为 7.6s，最大爬坡度可达 40%。纯电动汽车采用三合一电驱动系统，使底盘结构大大简化，留出更

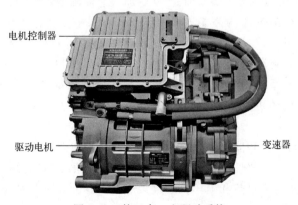

图 5-31　某三合一电驱动系统

多空间，用于安装电源系统。

在电驱动系统中，驱动电机、电机控制器和变速器是相互依存、相互影响的。它们之间的协调配合对于提升电驱动系统的整体性能至关重要。因此，在设计和优化电驱动系统时，需要综合考虑驱动电机、电机控制器和变速器的性能和匹配关系，以实现最佳的动力输出、能效和可靠性。

5.4.2 电驱动系统一体化集成技术的特点

5.4.2.1 电驱动系统一体化集成技术的优点

(1) 结构紧凑，减轻重量 一体化集成技术将电驱动系统的多个部件和组件集成在一个紧凑的空间内，有效减少了整个系统的体积和重量。这不仅有利于提升车辆的能量密度和续航里程，还有助于提高车辆的操控性和稳定性。

例如，某品牌新能源汽车的新车型的电驱动系统采用了高度集成化的设计。这款车型的电驱动系统通过一体化集成技术，将电机、控制器、减速器等多个关键部件集成在一个紧凑的模块中。这一设计不仅显著减少了整个系统的体积，还大幅减轻了重量。具体来说，相较于传统分散式设计，该车型的电驱动系统体积减小了约30%，重量减轻了约20%。这种紧凑轻量的电驱动系统为车辆带来了多重好处。首先，由于减轻了整车重量，车辆的能量消耗得到了降低，从而提升了续航里程。其次，紧凑的结构设计使得车辆的重心更低，提高了操控性和稳定性，使驾驶更加安全舒适。

(2) 提高系统效率 一体化集成技术能够优化电驱动系统的各个部件之间的匹配和协调，降低系统内部的能量损耗，从而提高整个系统的效率。这有助于提升新能源汽车的动力性能和续航里程，减少能耗和排放。

例如，某品牌电动汽车的电机和控制器集成系统通过优化两者的匹配和协调，实现了更高效的能量转换和传递。具体来说，这一集成系统将电机和控制器紧密结合，通过精确控制电机的工作状态，实现了更高的能量利用效率。同时，减少了两者之间的能量传递损耗，从而提高了整个电驱动系统的效率。这一技术的应用，使得该品牌电动汽车在相同电池容量下，能够获得更长的续航里程和更高的动力性能。

(3) 简化装配和维修过程 一体化集成技术使得电驱动系统的装配和维修过程更加简单方便。由于多个部件和组件已经集成在一起，因此减少了装配时的连接和调试工作，降低了生产成本。同时，当系统出现故障时，也可以更加快速准确地定位问题并进行维修。

例如，某知名汽车制造商的新款车型的电驱动系统采用了高度集成的模块化设计。在装配过程中，由于电机、控制器和传动装置等核心部件已被预先集成在一个模块内，工人只需将该模块安装到车辆底盘上，并连接少量外部接口即可完成装配，大大减少了装配时间和复杂度。当系统出现故障时，维修人员只需根据故障提示信息，定位到相应的模块，然后进行模块的更换或维修，无须对各个单独部件逐一检查，极大地提高了维修效率。

(4) 提高系统的可靠性和安全性 一体化集成技术通过对电驱动系统各个部件的优化设计和集成，提高了系统的可靠性和安全性。例如，通过优化电机的散热设计和控制系统的保护功能，可以有效防止电机过热和损坏；通过集成故障诊断和预警系统，可以及时发现并解决潜在的安全隐患。

例如，某高端电动汽车电驱动系统集成了先进的热管理和故障诊断技术。在热管理方面，一体化集成技术优化了电机的散热设计，通过智能温度监测和散热风扇的自动调节，确保电机在高负荷工作时不会过热，从而避免了因过热导致的损坏和故障。在故障诊断方面，该系统集成了先进的预警和诊断系统，能够实时监测电驱动系统的运行状态，一旦发现异常，立即发出预警，并自动记录故障信息，为维修人员提供快速准确的故障定位。

5.4.2.2 电驱动系统一体化集成技术的缺点

(1) 技术复杂度高 一体化集成技术需要对电驱动系统的多个部件和组件进行高度的整合和优化设计，因此需要具备较高的技术复杂度和专业知识。这对于企业的研发能力和技术水平提出了较高的要求。

例如，某新能源汽车制造商新推出的电驱动系统采用了高度集成化设计，其中涉及电机、控制器、传感器等多个部件的整合和优化。为实现这些部件之间的高效协同工作，该企业需要具备深厚的电驱动系统研发经验和专业知识。在研发过程中，团队不仅要对各个部件的性能参数进行深入理解，还需要在算法控制、热能管理等多个方面进行综合考虑，以确保系统整体的稳定性和可靠性。

(2) 维修成本较高 由于一体化集成技术的复杂性和高集成度，当系统出现故障时，可能需要更换整个模块或部件，这会增加维修成本和难度。同时，由于系统的复杂性，维修人员需要具备更高的专业知识和技能水平。

例如，由于某品牌电动汽车的电驱动系统高度集成化设计，一旦某个模块出现故障，往往需要更换整个模块而非单个零件。这种情况下，维修成本显著上升。不仅如此，由于系统复杂性增加，维修人员需要具备更高级别的专业知识和技能，才能准确诊断并修复故障。这不仅要求企业投入更多资源来培训维修人员，也增加了维修过程中的时间成本和人力成本。

(3) 散热问题 一体化集成技术将多个部件和组件集成在一起，可能导致系统的散热问题。例如，电机、控制器等部件在工作过程中会产生大量的热量，如果不能及时有效地进行散热，可能会导致系统性能下降甚至损坏。

例如，某型电动汽车电驱动系统采用了高度集成的设计，将电机、控制器等关键部件紧密集成在一起。然而，由于这些部件在运行时会产生大量的热量，且空间限制使得散热布局变得更加复杂。如果散热设计不合理或散热系统出现故障，热量无法及时排出，会导致系统内部温度升高，进而影响电机的性能、控制器的稳定性和系统的整体效率。严重时，甚至可能导致部件损坏或系统失效。

(4) 灵活性受限 一体化集成技术虽然提高了系统的整体性能和效率，但也使得系统的灵活性受到一定的限制。由于系统的各个部件和组件已经高度集成在一起，因此可能无法根据不同的需求进行灵活的调整和配置。

例如，某款电动汽车的电驱动系统采用了高度集成化的设计，优化了系统部件的匹配与协同。然而，由于这些部件的高度集成，导致系统难以根据用户的不同需求进行灵活调整。对于需要更高动力性能或更长续航里程的用户，由于系统内部结构的限制，可能无法简单地通过更换或升级部分组件来实现。这种局限性在一定程度上限制了系统的灵活性和可定制性，使得一体化集成技术在某些应用场景下可能无法完全满足用户的个性化需求。

5.4.3 典型的电驱动系统一体化集成技术介绍

5.4.3.1 博格华纳的三合一电驱动系统

图 5-32 所示为博格华纳的三合一电驱动系统。博格华纳三合一电驱动系统是一款高度集成的电驱动解决方案,它将电机、电机控制器和减速器三者合而为一,实现了电驱动系统的轻量化、紧凑化和高效化。该系统采用先进的控制算法和优化的结构设计,能够提供稳定、高效的动力输出,满足新能源汽车在不同工况下的需求。

图 5-32 博格华纳的三合一电驱动系统

(1) 电机 作为电驱动系统的核心部件,电机负责将电能转换为机械能,驱动车辆行驶。博格华纳三合一电驱动系统采用高性能永磁同步电机,具有高效率、高功率密度、低噪声等特点。通过精确的转矩控制和转速调节,确保车辆在不同工况下都能获得稳定、高效的动力输出。

(2) 电机控制器 电机控制器负责接收来自车辆控制单元的指令,根据实际需求对电机进行精确控制。博格华纳三合一电驱动系统采用先进的控制算法和硬件设计,具备高可靠性、高稳定性和低故障率等特点。通过实时监测电机的运行状态,确保电机在最佳工作状态下运行,提高电驱动系统的整体性能。

(3) 减速器 减速器负责将电机输出的高速低转矩动力转换为低速高转矩动力,以满足车辆行驶的需求。博格华纳三合一电驱动系统采用紧凑、轻量化的减速器设计,减少了整个系统的重量和体积。同时,减速器采用先进的润滑和散热技术,确保在高负荷工况下仍能保持良好的性能。

博格华纳的三合一电驱动系统具有以下特点。

(1) 高度集成化 博格华纳三合一电驱动系统将电机、电机控制器和减速器三者合而为一,降低了系统复杂度,提高了可靠性和可靠性。

(2) 高效能 系统采用先进的控制算法和优化的结构设计,确保在不同工况下都能提供稳定、高效的动力输出,提高了整车的燃油经济性和动力性能。

(3) 低噪声 系统采用高性能永磁同步电机和低噪声减速器设计,有效降低了整车的噪声水平,提高了驾驶舒适度。

(4) 轻量化 系统采用紧凑、轻量化的设计,降低了整车重量,提高了车辆的能效和操控性能。

博格华纳三合一电驱动系统广泛应用于纯电动汽车、插电式混合动力汽车和增程式电动汽车等新能源汽车领域。它可以用于驱动车辆的前桥、后桥或全桥，满足不同车型和工况的需求。

5.4.3.2 博世的三合一电驱动系统

图 5-33 所示为博世的三合一电驱动系统。博世三合一电驱动系统是一种高度集成的电驱动解决方案，它将电机、电机控制器和变速器（减速器）三大核心部件整合为一个紧凑的单元。这种设计不仅降低了系统的复杂度，提高了可靠性，还使得整车的设计更加灵活，有助于提升车辆的性能和效率。

图 5-33 博世的三合一电驱动系统

博世三合一电驱动系统具有以下特点。

(1) 高度集成化 博世三合一电驱动系统将三大核心部件整合为一个单元，显著降低了系统的复杂度和重量，提高了整车的能量密度和续航里程。

(2) 高效节能 通过优化电机、电机控制器和变速器的设计和匹配，博世三合一电驱动系统实现了更高的能量转换效率和更低的能耗，有助于提升新能源汽车的经济性。

(3) 智能化控制 博世三合一电驱动系统采用先进的控制算法和策略，实现了对电机、电机控制器和变速器的精确控制，提升了车辆的驾驶性能和舒适性。

(4) 高可靠性 博世三合一电驱动系统采用了高品质的材料和先进的生产工艺，保证了系统的稳定性和可靠性，降低了故障率和维护成本。

博世三合一电驱动系统已经被广泛应用于新能源汽车领域，包括纯电动汽车、混合动力汽车等。该系统不仅可以为车辆提供高效、可靠的动力支持，还可以实现更智能的能量管理和故障诊断功能，提高了车辆的整体性能和安全性。

5.4.3.3 采埃孚的三合一电驱动系统

图 5-34 所示为采埃孚的三合一电驱动系统。采埃孚三合一电驱动系统是一种高度集成的电驱动解决方案，它将电机、控制器和减速器三个核心部件集成在一个紧凑的模块中。这种设计不仅提高了系统的整体性能和效率，还大大简化了装配和维修过程，降低了生产成本。

采埃孚的三合一电驱动系统具有以下特点。

(1) 高度集成化 采埃孚三合一电驱动系统采用了高度集成的设计思路，将电机、控制

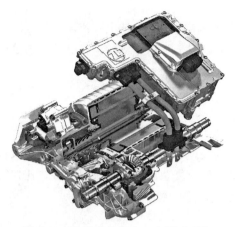

图 5-34　采埃孚的三合一电驱动系统

器和减速器紧密地结合在一起。这种设计有效减少了系统部件的数量和连接点，降低了系统复杂性和故障率。

（2）高效率　通过优化电机、控制器和减速器之间的匹配及协调，采埃孚三合一电驱动系统实现了更高的能量转换效率和更低的能量损耗。这有助于提升新能源汽车的续航里程和动力性能。

（3）轻量化设计　该系统采用了轻量化材料和先进制造工艺，有效减轻了整体重量。这不仅有利于提升车辆的操控性和稳定性，还有助于降低能耗和排放。

（4）智能控制　采埃孚三合一电驱动系统配备了先进的控制算法和传感器技术，能够实时监测和调节系统的工作状态。通过智能控制，系统能够根据车辆行驶条件和用户需求进行自适应调整，确保最佳的性能和效率。

采埃孚三合一电驱动系统具有显著的优势和潜力，能够满足新能源汽车对电驱动系统的高性能、高效率、高可靠性和高灵活性的需求。随着新能源汽车市场的不断扩大和技术的不断进步，采埃孚三合一电驱动系统有望在更多车型上得到应用和推广。

5.4.3.4　麦格纳电驱动系统

图 5-35 所示为麦格纳电驱动系统。麦格纳电驱动系统是一套集成了电机、控制器和减速器于一体的高效驱动方案。该系统采用了先进的材料和工艺，实现了轻量化和紧凑化的设

图 5-35　麦格纳电驱动系统

计,同时保证了高效率和可靠性。

麦格纳电驱动系统具有以下特点。

(1) 高集成度　麦格纳电驱动系统采用一体化设计,将电机、控制器和减速器高度集成在一起,降低了系统的复杂性和故障率,提高了整车的可靠性和稳定性。

(2) 轻量化设计　系统采用轻量化材料和工艺,实现了整体重量的减轻,有助于提高整车的能效和操控性。

(3) 高效率和可靠性　电机、控制器和减速器的优化设计使得整个系统具有更高的能量转换效率和更低的能量损耗,同时保证了系统的长期稳定运行。

(4) 智能控制　控制器采用先进的控制算法和传感器技术,能够实时监测和调节系统的工作状态,确保在各种工况下都能实现最佳的性能和效率。

随着新能源汽车市场的不断发展和技术的不断进步,麦格纳电驱动系统凭借其出色的性能和先进的技术优势,将在新能源汽车领域发挥越来越重要的作用。

5.4.3.5　华为七合一电驱动系统

图 5-36 所示为华为七合一电驱动系统。该系统集成了电机控制器、电机、减速器、车载充电机、电压转换器、高压配电盒以及电池管理系统主控单元七大核心组件,通过高度集成与智能协同,有效提升了新能源汽车的性能、效率与可靠性。

图 5-36　华为七合一电驱动系统

华为七合一电驱动系统具有以下特点。

(1) 高度集成化设计　华为七合一电驱动系统的最大亮点在于其高度集成化的设计。在传统新能源汽车动力系统中,各个关键部件往往分散布置,不仅占用空间大,而且增加了连接复杂度和能量传输损耗。而华为通过先进的工程设计和制造工艺,将这七大核心组件紧密集成于一个紧凑的单元内,有效减小了系统体积和重量,提高了空间利用率,并降低了能量传输过程中的损失,从而提升了整车的动力性能和续航能力。

(2) 智能化控制技术　该系统深度融合了智能化控制技术,实现了对电机、电池等关键部件的精准控制和智能管理。通过先进的传感器和算法,系统能够实时感知车辆状态、环境变化及用户驾驶习惯等信息,并据此调整控制策略,优化动力输出和能量分配。同时,系统还具备远程监控、故障预警和软件升级等功能,为用户提供更加便捷、安全的用车体验。

(3) 高效能电机与减速器匹配　华为七合一电驱动系统搭载了高效能永磁同步电机和经过优化设计的减速器。电机采用先进的电磁设计和热管理技术,具有高效率、低噪声和低能耗的特点；减速器则通过精确匹配电机输出特性，实现了高扭矩输出和平滑动力传递。这一组合不仅提升了车辆的动力性能和加速能力，还确保了行驶过程中的稳定性和舒适性。

（4）**高安全性的电池管理系统** 电池管理系统主控单元是华为七合一电驱动系统的核心之一。该系统具备强大的电池监控和管理能力，能够实时监测电池的电量、电压、温度等关键参数，并根据电池状态智能调整充放电策略，保护电池免受损害。同时，系统还具备多重安全防护机制，如过充保护、过放保护、温度控制等，确保电池在高强度使用环境下的安全稳定运行。

（5）**环保与节能** 华为七合一电驱动系统在设计之初就充分考虑了环保与节能的需求。通过优化系统结构和控制策略，系统实现了高效率的能量转换和传输，减少了能源浪费和排放污染。同时，系统还采用了环保材料和制造工艺，降低了生产过程中的环境影响，符合可持续发展的理念。

（6）**灵活性与可扩展性** 尽管华为七合一电驱动系统具有高度集成化的设计，但其仍保持了良好的灵活性和可扩展性。系统可根据不同车型和用户需求进行定制和优化，以满足多样化的市场需求。此外，随着技术的不断进步和市场的变化，系统还可通过软件升级和硬件扩展等方式实现功能升级和性能提升。

华为的十合一电驱动总成，则是在原有"七合一"的基础上再集成整车控制器、热管理控制器和PTC加热控制器。

5.4.3.6 比亚迪八合一电驱动系统

图5-37所示为比亚迪八合一电驱动系统。比亚迪八合一电驱动系统是将驱动电机、电机控制器、减速器、车载充电器、直流转换器、整车控制器、电池管理器和高压配电箱等八大核心部件高度集成的电驱动系统。这种集成化设计大幅减少了系统复杂性和重量，同时提高了能量密度和效率。

图5-37 比亚迪八合一电驱动系统

比亚迪八合一电驱动系统具有以下特点。

（1）**高度集成化** 八大核心部件集成在一个紧凑的模块中，有效减少了系统的体积和重量，提高了整车的能量密度和效率。

（2）**轻量化设计** 采用轻量化材料和结构优化，降低了系统重量，提高了整车的续航里程和动力性能。

（3）**高效能** 通过智能控制策略和优化设计，实现了电机、控制器和减速器的高效匹配，提高了系统的整体效率。

（4）安全可靠　集成了多种安全保护功能，如过压、过流、过热等保护，确保系统的安全稳定运行。

比亚迪八合一电驱动系统具有以下优势。

（1）提升性能　高度集成的八合一电驱动系统使得整车性能得到显著提升，包括更高的动力性能、更快的加速性能和更好的操控性能。

（2）降低成本　集成化设计减少了零部件数量和复杂性，降低了制造成本和维修成本。

（3）提高可靠性　集成化设计减少了系统的故障点，提高了系统的可靠性和稳定性。

（4）优化空间布局　紧凑的模块设计使得整车空间布局更加灵活，提高了车内空间的利用率。

比亚迪八合一电驱动系统已经在其多款新能源汽车上得到应用，并取得了良好的市场反响。未来，随着新能源汽车市场的不断扩大和消费者对性能、续航里程等要求的不断提高，八合一电驱动系统将成为新能源汽车领域的重要发展方向之一。同时，比亚迪也将继续致力于技术创新和产品升级，为新能源汽车行业的发展做出更大的贡献。

参 考 文 献

[1] 崔胜民. 新能源汽车技术解析 [M]. 2版. 北京：化学工业出版社，2021.
[2] 郭化超，邱玉峰. 新能源汽车驱动电机及控制技术 [M]. 北京：机械工业出版社，2023.
[3] 李建伟. 新能源汽车驱动电机与控制技术 [M]. 北京：化学工业出版社，2022.
[4] 邢玲玲，张晓雯，冯如只. 新能源汽车驱动电机及控制技术 [M]. 哈尔滨：哈尔滨工程大学出版社，2024.
[5] 贾永峰，郑振，张斌. 新能源汽车驱动电机与控制系统 [M]. 北京：中国人民大学出版社，2024.